स्त्री शक्ति

एस. माधवन

डायमंड बुक्स

प्रकाशक : डायमंड पॉकेट बुक्स (प्रा.) लि.
X-30 ओखला इंडस्ट्रियल एरिया, फेज-II
नई दिल्ली-110020
फोन : 011-40712200
ई-मेल : sales@dpb.in
वेबसाइट : www.diamondbook.in
मुद्रक : रेप्रो (इंडिया)

STREE SHAKTI
by : S. Madhwan

प्राकथ्य

नारी जिसकी पूजा कभी श्रद्धा, प्रेम और स्नेहांजलियों द्वारा होती थी, वह घृणा, तिरस्कार, अनाचार, अत्याचार के तले कुचली जा रही थी। दहेज का मामला हो या बाल विवाह का। पुरुष ने उसके साथ अपने स्वामित्व को दर्शाते हुए हमेशा अत्याचार ही किया। नारी का स्वाभाविक गुण शील व संकोच ही उसके लिए अभिशाप बन गया था।

नारी ने अत्याचार, शोषण, अनाचार, उत्पीड़न के विरुद्ध संघर्ष किया और युगों से पिछड़ी नारी फिर से पुरुष के समक्ष आ पहुंची है। ब्रिटेन के बिजनेस अखबार फाइनेंशियल टाइम्स की कारोबारी दुनिया की 50 शीर्ष महिलाओं की सूची इसका सबूत है कि भारतीय महिलाओं का दम खम दिनों दिन बढ़ रहा है। इस सूची में चार भारतीय महिलाओं ने अपनी मौजूदगी दर्ज कराई है। इनमें कोला क्वीन नाम से मशहूर भारतीय मूल की इंदिरा नूयी इस सूची में शीर्ष पर है। ब्रिटानिया की सी.ई.ओ. विनीता बाली को 22वें, बायोकॉन की किरण मजूमदार शॉ को 47वें व एच.टी. मीडिया की शोभना भरतिया को 48वें पायदान पर रखा गया है। भारतीय मूल की पद्मश्री वारियर को भी सूची में जगह मिली हैं। एक अन्य सूची '50 टॉप वुमन टू वॉच' में भी तीन भारतीय महिलाओं को जगह मिली है। इनमें स्विस बैंक यू.बी.एस. इंडिया की सी.ई.ओ. मनीषा ग्रिओरत्रा, ग्लोबल बैंक एच.एस.बी.सी. की प्रमुख नैना लाल किदवई और कंप्यूटर फर्म एच.पी. इंडिया की एम.डी. नीलम धवन शामिल हैं।

विकास के पथ पर तेजी से बढ़ रहे दुनिया के सबसे बड़े लोकतांत्रिक देश भारत के सर्वोच्च पद राष्ट्रपति, संसद में प्रतिपक्ष नेता, लोकसभा अध्यक्ष, रिजर्व बैंक की उपाध्यक्ष, सबसे बड़े व्यावसायिक बैंक की अध्यक्ष एवं कई राज्यों की मुख्यमंत्री महिलाएं हैं। इससे सहज अंदाजा लगाया जा सकता है कि देश में महिलाओं की स्थिति काफी बेहतर हो रही है।

गर्व की बात यह है कि भारतीय नारी अब पुलिस, प्रशासन, सेना, राजनीति, न्याय व्यवस्था, व्यवसायिक जगत, कला, सौंदर्य हर क्षेत्र में आगे बढ़ रही है। आज पुरुष महिला टैक्सी चालक पर भी उतना ही गर्व करते हैं, जितना महिला पायलट पर। खेत में खुरपा, दराती चलाने वाली महिला का भी उतना ही सम्मान करते हैं जितना ऑफिस में बैठकर कलम चलाने वाली महिला का। इनके विश्व सुंदरी और ब्रह्मांड सुंदरी होने पर भी उतना ही गर्व करते हैं।

आज प्रत्येक नारी अपनी अलग पहचान बनाने में जुटी हुई है। यद्यपि कुछ तथाकथित लोगों को यह रास नहीं आ रहा है कि नारी समाज और राष्ट्र को रौशन करने में लगे। ऐसे लोग इनका विरोध और अपमान करने में लगे हैं। ऐसे लोग प्रगतिशीलता का ढोल भी पीटते हैं और औरत की आजादी का भी विरोध करते हैं। नारी इनसे बिना डरे, बिना रुके आगे बढ़ती जा रही है।

विकास के स्तर पर विश्वभर में जितने भी परिवर्तन हुए हैं, उनमें चाहे महिलाओं का आंकड़ा प्रतिशत के रूप में भले ही कम हो, लेकिन हौसलों की यह नदी धीरे-धीरे विस्तार पा रही है। साल दर साल मुट्ठी भर संख्या में ही सही, महिलाएं वैश्विक स्तर पर खुद को साबित करती जा रही हैं। विश्वास है यह नन्हीं नदी एक दिन जरूर समुंदर बन जाएगी इसमें कोई शक नहीं है।

–एस. माधवन

विषय सूची

दो शब्द स्त्री के...

पार्ट 1 - सत्यम्

1. आधी आबादी की जंग अभी जारी है.................................9
2. गलत परम्पराओं, दूषित मान्यताओं में जकड़ी नारी.................17
3. दहेज की बलि चढ़ती स्त्री...28
4. भ्रूण हत्या एक अभिशाप...35
5. तथ्यों और आंकड़ों में महिलाएं...43
6. उत्पीड़न का मनोविज्ञान..47
7. असुरक्षित महसूस करती महिलाएं.......................................59
8. जिसका दर्द वही जाने..67
9. एक सच यह भी..75

पार्ट 2 - शिवम्

1. स्त्री पुरुषों सी नहीं होती..86
2. स्त्री को अबला कहना उचित नहीं......................................101
3. महिलाओं के लिए मददगार...111
4. महिलाओं को मिली राहत..123
5. बैंकों की महिला स्पेशल योजनाएं..128
6. कीजिए खुद को सुपर चार्ज...131
7. अपने लिए वक्त निकालें...138

पार्ट 3 - सुन्दरम्

1. नारी शक्ति के बढ़ते कदम.....146
2. आत्मनिर्भरता ने बढ़ाया स्त्री का आत्मविश्वास.....151
3. बोल्ड भी ब्यूटीफुल भी.....157
4. बेहतर हैं महिलाएं.....167
5. नॉटी वुमन की दुनिया.....179

पार्ट - 1
सत्यम्

1

आधी आबादी की जंग अभी जारी है

'मॉडर्न लाइफ, कमजोर कानून, दूसरों से संवाद न करने की विवशता आदि ऐसे प्राचीन व्यवसाय हैं जिन्हें सभी आज तक जारी रखे हुए हैं। इस व्यवसाय की एकमात्र भुक्तभोगी (महिलाएं) इसकी सजा आज तक भुगतती आ रही हैं। - किरण बेदी

पिछले दो दशकों में हिन्दुस्तान की आधी दुनिया यानी स्त्रियों ने आंधी-तूफान की भांति तरक्की करके समाज में अपनी एक पहचान बना ली है व हर क्षेत्र में स्वयं को साबित कर रही हैं। आज की शहरी युवा महिला पढ़ी-लिखी है, करियर ओरिएंटेड है, पुरुषों से कंधे से कंधा मिलाकर चल रही है। घर हो या ऑफिस, हर जगह उसे बराबरी के अधिकार दिए जा रहे हैं। उसकी लाइफ स्टाइल के तमाम पहलुओं पर गौर फरमाने के बाद ही आधुनिक भाषा में उसे सुपर वुमन का खिताब हासिल हो चुका है, जो इससे पहले किसी सदी की महिलाओं को नहीं मिला।

भारतीय महिला इन दिनों विकास के सुनहरे दौर से गुजर रही है, मगर क्या वाकई यह उसकी आजादी का सर्वश्रेष्ठ युग है या आजादी के नाम पर उन्हें भ्रमित किया जा रहा है या वे स्वयं ही भ्रमित हो रही हैं? इसमें कोई शक नहीं कि आज की महिलाएं पहले की तुलना में काफी ज्यादा कुशाग्र, मेहनती और करियर के प्रति जागरूक हो चुकी हैं। वे अपनी जीवनशैली अपनी सहूलियत के अनुसार चलाना चाहती हैं। महिलाओं की इसी हसरत ने उन्हें आजादी के पर लगाकर आसमान में उड़ना सिखा दिया है, जिसमें उनका दायरा घर की चारदीवारी तक सीमित न रहकर बाहरी दुनिया तक विस्तृत होता जा रहा है, लेकिन क्या इस विस्तृत होते दायरे ने वाकई महिलाओं को आजाद जिंदगी जीने

की समझ दी है या आजादी व विकास के नाम पर महिलाओं के कंधे पर जिम्मेदारियों का बेतुका बोझ ही दिनो-दिन बढ़ता जा रहा है।

आज की महिला दो दशक पहले की महिलाओं की तुलना में ज्यादा आत्मनिर्भर है। उनके पास पहले की तुलना में कहीं ज्यादा अधिकार हैं। इन्हीं अधिकारों के बल पर महिलाएं परम्परावादी भारतीय समाज में अपनी एक अलग जगह बना पा रही हैं। एक समय महिलाओं को सिर्फ घर संभालने योग्य ही समझा जाता था। इसके उलट आज की सुपर वुमेन घर और बाहर दोनों ही मैदानों में बराबर योगदान देती है। वह एक परफैक्ट माँ है तो एक परफैक्ट कर्मचारी भी है। वह आदर्श पत्नी भी है तो बेहरत सहकर्मी भी, लेकिन इन सबके बीच आजादी के नाम पर महिलाएं अपने कंधों पर जरूरत से ज्यादा बोझ ढो रही हैं। खुद को सामंजस्य और आधुनिकता की मिसाल साबित करने के फेर में वे तनाव व उलझनों के बीच फंसी हैं। सभी को संतुष्ट करने की चाहत में सुपर वुमैन खुद को भूलती जा रही है और स्वयं के लिए कुछ पल भी नहीं निकाल पा रही है।

महिलाओं के इस बदले हुए रूप को आजादी का नाम दिया जा रहा है तो इसके भी कुछ अपने ही तर्क हैं। इनमें सबसे पहले आती है महिलाओं की विकसित होती तर्क क्षमता। दो दशक पहले की तुलना में आज की महिलाएं शिक्षा के प्रति कहीं ज्यादा जागरुक हैं। महिलाओं में शिक्षा का स्तर बढ़ने से उनके सोचने-समझने की क्षमता का भी विकास हुआ है। इस विकास ने ही उन्हें दीन-दुनिया की जानकारी दी व खुद के लिए सोचने की समझ विकसित की है। समाज महिलाओं की इसी समझ को उनकी आजादी का नाम देता है। महिलाओं को आजादी की पाठशाला में प्रवेश दिलाने के लिए शिक्षा ही प्रथम अध्याय माना जा सकता है, लेकिन इस अध्याय तक कितने प्रतिशत महिलाएं पहुंच पाती हैं यह प्रश्न वाकई विचारणीय है।

असल में महिलाओं के विकास के नाम पर हमारी नज़र सिर्फ उन शहरी महिलाओं पर रुकती है जो आधुनिकता के बंधन में तरक्की की सीढ़ियां चढ़ रही हैं जबकि असल भारत तो उन छोटे व मझोले शहरों, कस्बों व ग्रामीण क्षेत्रों में बसता है जहां अभी ऐसी स्थिति नहीं है। इन इलाकों में देश की 60 फीसदी महिलाएं रहती हैं जिन्हें विकास की परिभाषा तक मालूम नहीं। शिक्षा के नाम पर इन महिलाओं में से शायद कुछ ही कॉलेज या स्कूल तक पहुंची हों। दीन-दुनिया की जानकारी से दूर इन्हें सिर्फ दो वक्त का भोजन बनाने और

घर के सदस्यों की देखभाल करने के अलावा और कुछ भी नहीं मालूम। क्या देश की महिलाओं का यह तबका विकासशील भारत की आजाद महिलाओं को प्रदर्शित नहीं करता और अगर करता है तो इनकी दशा आज भी कई दशकों पहले जैसी ही क्यों है? देश में महिलाओं की एक बड़ी आबादी को एक सामान्य जीवनशैली जीने वाली शहरी महिला जैसी सहूलियत भी उपलब्ध नहीं है।

आजाद भारत की आजाद महिलाओं को क्या वाकई आजादी के सही मायने पता हैं? क्या वे इसके फायदे और नुकसान से भली-भाँति परिचित हैं? या महज घर के बाहर निकलकर कई भूमिकाएं निभाना मात्र ही उनके लिए आजाद ख्याल का होना है। सामाजिक बंधनों, मान्यताओं और सोच के स्तर पर महिलाओं को आज तक आजादी नहीं मिल सकी है। भले ही वह घर हो या बाहर, हर जगह महिलाओं पर बंदिशें लगाने व उन्हें कमजोर साबित करने वालों की कमी नहीं है।

बड़ी बात यह है कि महिलाओं को उनकी कमजोरी का एहसास कराकर उन्हें पीछे धकेलने में कई बार उनके अपनों का ही योगदान होता है। हालांकि महिलाओं की आजादी के पैरोकार यह दावा करते हैं कि अब समाज का एक बड़ा वर्ग महिलाओं को हर प्रकार की आजादी देता है, वे अपनी पसंद के क्षेत्र में कैरियर बना सकती हैं और अपनी मर्जी के अनुसार जीवनसाथी का चुनाव भी कर सकती हैं। अब इसे आजादी नहीं तो और क्या कहेंगे? पर सवाल यह है कि मात्र कुछ बातों के आधार पर महिलाओं की आजादी को तर्कसंगत माना जा सकता है? शायद नहीं।

आजादी के असल मायने तो अब समझ में आते हैं जब समाज हर क्षेत्र में महिलाओं को बराबरी का अधिकार दे तथा पूरे देश में हर तबके की महिलाओं को एक ही प्रकार की सुविधाएं और अधिकार हासिल हों। इससे भी बड़ी बात यह है कि महिलाएं और पुरुष तब बराबर माने जाएंगे जब पुरुष भी खुशी-खुशी महिलाओं की दुनिया में हिस्सेदारी करना चाहे। जब तक यह मानसिकता नहीं पैदा होती सुपर वुमेन का खिताब महिलाओं को बरगलाने का ज़रिया भर है।

अगर वाकई औरत और आदमी समानता की सरजमीं पर खड़े होते और आज 20 प्रतिशत महिलाएं उद्योग और कारोबार की दुनिया में अपनी भूमिका अदा कर रही है तो कम से कम इससे आधे पुरुष तो उस दुनिया की जिम्मेदारी

उठा रहे होते जिसे आधी दुनिया की निजी पूरी दुनिया मान लिया जाता है। आज भी बच्चे और रसोई औरतों की दुनिया बने हुए हैं चाहे जितनी बराबरी और स्त्री-पुरुष समानता की दुहाइयां दी जा रही हों। 90 प्रतिशत सुपर वुमेन घर पहुंचते ही रसोई में घुसती है, मगर 2 प्रतिशत साधारण पुरुष भी ऐसा नहीं करते। क्या सुपर वुमेन का तबका महिलाओं को और ज्यादा बोझ व जिम्मेदारियों से लादने का बहाना नहीं है?

भेदभाव का शिकार

दुनिया भर में महिलाएं कार्यक्षेत्र में पुरुषों के साथ कंधे से कंधा मिलाकर बढ़ने का रिकॉर्ड कायम करने के बावजूद कम वेतन पाने के भेदभाव का शिकार हैं। जिसके कारण विश्व के कुल कामगार गरीबों 60 प्रतिशत महिलाएं हैं। ग्लोबल इम्पलॉयमेंट ट्रेंड फॉर वुमेन की एक रिपोर्ट के अनुसार भले ही वर्तमान दौर में दुनिया भर में महिलाएं रोजगार की ओर जोर-शोर से उन्मुख हुई हैं, लेकिन उनमें अब भी बेरोजगारी का औसत पुरुषों के मुकाबले कहीं ज्यादा है और तमाम कानून होते हुए भी उन्हें कम वेतन मिलता है। यही नहीं विश्व के कुछ गरीब कामगारों में महिलाओं का हिस्सा 60 प्रतिशत है। कार्यक्षेत्र में महिलाओं द्वारा उच्च पदों पर पुरुष एकाधिकार तोड़ने संबंधी प्रयासों के बारे में 'द ग्लास सीलिंग स्टिल इंटैक्ट' के मुताबिक सामान्य दर्जे की औसत गैलरी भरने वाली महिलाओं के मुकाबले शीर्ष प्रावधान क्षेत्र में स्थान पाने वाली महिलाओं में सफलता का औसत बेहद धीमा, कठिन और कई बार नाउम्मीद करने वाला है।

इन दोनों रिपोर्टों से विश्व कामगार महिलाओं की एक निराशाजनक तस्वीर बनती है। आंकड़ों के कारण विश्व में 2015 तक गरीबी कम करने के लक्ष्य को करारा झटका लगता है। संगठन की पहली रिपोर्ट कहती है। आज पहले से कहीं अधिक महिलाएं घर की देहरी लांघ कर बाहर निकलकर कार्य कर रही हैं। फिर भी सही मायनों में महिलाओं की स्थिति सामाजिक आर्थिक सशक्तिकरण के साथ नहीं है और न ही उन्हें पुरुषों के समान वेतन या अन्य लाभ मिल पाते हैं। आज भी कार्यक्षेत्र में महिलाएं वास्तविक समानता से वंचित हैं। हालांकि 1993 के बाद से विश्व में कार्यक्षेत्र में महिलाओं और पुरुषों की खाई लगातार कम होती जा रही है।

पिछले कुछ सालों में पुरुषों की औसत बेरोजगारी का औसत 6.1 थी। महिलाओं की बेरोजगारी का औसत 6.4 रहा है। रिपोर्ट के अनुसार विकासशील

देशों में आर्थिक, सामाजिक मजबूरियों के कारण महिलाएं काम करने की स्थिति में नहीं हैं और उनमें बेरोजगारी गंभीर समस्या का रूप लेती जा रही है। 2002 की एक रिपोर्ट के अनुसार विश्व में महिलाओं के लिए रोजगार में विकास नहीं हुआ है। आंकड़ों के मुताबिक 1996-2000 और 2000-2002 के बीच महिलाओं में रोजगार का प्रतिशत केवल 0.7 प्रतिशत बढ़ा है। उसमें भी विश्व के लगभग 60 देशों में महिलाओं की प्रबंधन नियुक्तियों में केवल 20 से 40 प्रतिशत की हिस्सेदारी रही। शीर्ष स्तर पर महिलाओं की भागीदारी अब भी पूर्ण तौर पर स्वीकार नहीं की जाती है। वर्ष 1999 से 2003 के बीच राजनीति के क्षेत्र में राष्ट्रीय संसद में महिलाओं की हिस्सेदारी केवल 13 से 15.2 के बीच रही है। आंकड़ों के मुताबिक आमतौर पर उत्तरी और दक्षिणी अमेरिका तथा पूर्वी यूरोप में पूर्वी एशिया, दक्षिण एशिया और पश्चिम एशिया की अपेक्षा महिलाएं प्रबंधन स्तर तक अच्छी तादाद में पहुंची हैं। रिपोर्ट के अनुसार महिलाओं को शीर्ष स्तर तक पहुंचने में काफी मशक्कत करनी पड़ती है और आमतौर पर शीर्ष पर पहुंचने के बाद समाचार पत्रों में छाई रहने वाली महिलाएं गिनी-चुनी संख्या में ही हैं।

पिछले साल जब फोर्ब्स ने विश्व की सबसे शक्तिशाली महिलाओं की सूची जारी की तो टॉप 100 में सिर्फ चार भारतीय महिलाएं थीं। बॉम्बे स्टॉक एक्सचेंज के अनुसार 4,000 से अधिक जो लिस्टेड कंपनियां हैं उनके बोर्ड में सिर्फ 4.9 प्रतिशत महिलाएं हैं इसलिए यह ताज्जुब की बात नहीं है कि प्रमुख निर्णायक जगहों पर महिलाओं की गिनती न के बराबर है। वूमेन ऑन टॉप अब भी दुर्लभ है। अंतर्राष्ट्रीय स्तर पर जो टॉप की 500 कंपनियां हैं, उनमें सिर्फ 10 प्रतिशत महिलाएं ही वरिष्ठ प्रबंधक हैं। भारत में वरिष्ठ प्रबंधन में महिलाएं सिर्फ 3 प्रतिशत हैं।

दरअसल, बहुत कम पुरुष महिलाओं को बराबरी का दर्जा देने के लिए तैयार हैं। पुरुष असुरक्षित हैं और इसलिए वे महिला से खौफ खाते हैं। वे इस किस्म के वक्तव्य देते हैं, इसे एक बार देख लो और मैं इसे फाइनल कर दूंगा। तुम क्यों परेशान होती हो? इस किस्म के बयान होशियार और विचारवान महिला को बहुत परेशान कर देते हैं। महिला अगर ज्यादा नहीं तो इंटेलिजेंस में पुरुष के बराबर तो हैं। जब पुरुष निर्णायक होता है तो उसे डायनेमिक समझा जाता है, लेकिन जब महिला उसी किस्म की दृढ़ता प्रदर्शित करती है तो वह पुरुष की आंख की किरकिरी बन जाती है।

आज पुरुष और महिलाएँ कंधे से कंधा मिलाकर काम कर रहे हैं, लेकिन लिंग आधारित भेदभाव अब भी मौजूद है। हाल ही में एक दवा कंपनी में एक महिला को पदोन्नति सिर्फ इसलिए नहीं दी गई कि प्रबंधन का मानना था कि उसकी जल्दी शादी हो जाएगी। जिससे वह अपने काम के लिए पर्याप्त समय व समर्पण नहीं दे पाएगी। करियर महिला किसी की मां, पत्नी, बहू आदि हो सकती है। उसे इन जिम्मेदारियों को भी पूरा करना होता है। इस कारण उसके जीवन में ऐसे अवसर आते हैं जब उसे करियर और घर के बीच चयन करना होता है। ऐसे में संगठन के सहयोग की आवश्यकता होती है। साथ ही महिलाओं को भी विशेष लाभ या सहयोग की उम्मीद नहीं करनी चाहिए।

महिलाओं को कार्यस्थल पर सेक्सुअल पॉलिटिक्स का भी सामना करना पड़ता है। एक अधेड़ उम्र का विवाहित सुपरवाइजर अपनी कम उम्र की सहकर्मी पर सेक्सुअल नज़र रखता है। इस मामले में बॉस भी पीछे नहीं रहता, उसकी कोशिश यह रहती है कि खूबसूरत महिला उसका बिस्तर गर्म करे। यदि महिला इस मामले में सचेत रहें, पुरुषों की सोच के चंगुल से बच कर रहें तो वह आगे बढ़ सकती हैं। बिजनेस जगत में महिलाओं को अब भी खतरा ही समझा जाता था, लेकिन अब धीरे-धीरे स्थितियां सुधर रही हैं। बैंकिंग, बायोटेक्नोलॉजी से लेकर राजनीति तक में अधिक महिलाएं प्रवेश कर रही हैं। जब उनकी तादाद बढ़ेगी तब उनके साथ होने वाला भेदभाव भी खत्म होगा।

छोटी उम्र में शहनाई

बाल विवाह के मामले में मध्य प्रदेश राजस्थान से ज्यादा पीछे नहीं है। नेशनल हेल्थ सर्वे रिपोर्ट के अनुसार मध्य प्रदेश में लड़कियों की शादी की औसत उम्र 17 वर्ष पाई गई है। एक निजी संस्था से सोशल वर्क की स्टडीज कर रहे स्टूडेंट द्वारा भोपाल और उसके आस-पास में किए गए एक सर्वे में पाया कि यहां शादी की औसत उम्र 17.4 है। आंकड़ों के अनुसार इनमें से दो प्रतिशत लड़कियां ऐसी भी थीं जिनकी शादी मात्र 12 से 14 साल की उम्र में कर दी गई है। जिसके चलते उन्हें नादानी की उम्र में गर्भवती होना पड़ा। भोपाल की गरीब बस्तियों में 30 प्रतिशत महिलाएं अंडर एज मदर्स बन जाती हैं।

सर्वे में इस बात का खुलासा हुआ कि ज्यादातर लड़कियों की शादी जबरन उनके माता-पिता द्वारा की गई है और कई केसेस में तो पैसा लेकर

माता-पिता ने बेटियों की शादी दोगुना-तिगुना उम्र के पुरुष से कर दी। इसके अलावा जहां लड़कियां चाइल्ड लेबर के रूप में काम कर रही हैं वहां के मालिक द्वारा शादी कर उन्हें बंदी बनाने के केस भी सामने आए। इसके अलावा 5 प्रतिशत केसेज में लड़कियां बहकावे में आकर खुद ही चली जाती हैं। ज्यादातर लोगों का मानना था कि नियम बनने के बाद भी मैरिज रजिस्ट्रेशन न होने के पीछे बाल विवाह होना सबसे बड़ा कारण है। लोगों ने माना कि उनकी शादी 18 से कम उम्र में होने के कारण वे डर के मारे रजिस्ट्रेशन के लिए जाते ही नहीं हैं।

सर्वे के दौरान कुछ ऐसे मामले भी सामने आए जिनमें पिछले तीन सालों में कुछ लड़कियों ने खुद बाल विवाह के खिलाफ बिगुल फूंका है। इन लड़कियों ने अपने परिवार वालों को साफ शब्दों में कहा है कि यदि वे कम उम्र मे उनकी शादी तय करते हैं तो उसका पुरजोर विरोध करेंगी और फिर भी यदि वे नहीं मानते हैं तो वे उनके खिलाफ पुलिस के पास जाने का भी माद्दा रखती हैं।

महिलाओं के वोट की कीमत

देश की लगभग आधी आबादी महिलाओं की है। आज महिलाओं के वोट की कीमत को किसी भी राजनीतिक पार्टी के द्वारा समझा नहीं जाता है न ही महिलाएं इस बारे में सोचती हैं कि उनके वोट की कीमत क्या है? आज भी महिलाएं अपने निजी स्वविवेक से वोट नहीं डालतीं। वोट देने के पहले न तो वे सामान्यतया किसी प्रकार का विचार करती हैं और न ही उन्हें किसी तरह के सोच-विचार की स्वतंत्रता है। वास्तव में अपना वोट तो पारिवारिक निर्णय पर ही आधारित रहता है।

आज भी महिला अपना वोट अपने पति, पिता अथवा भाई की पसंद पर देती हैं। देश में स्यापा करने वाली महिलाएं भी भारत जैसे प्रजातांत्रिक देश में वोट के सार्वभौमिक अधिकार को कितना बौना, अप्रभावी और फिजूल मानती हैं, यह जानकर बहुत ग्लानि होती है। आज महिलाओं को चाहिए कि वे अपने लिए कुछ ऐसे सार्थक प्रयास करें ताकि हर लोकतांत्रिक आंदोलन में वे अपनी भूमिका का सच्चाई से निर्वाह कर सकें। वास्तव में राजनीतिक दलों की कमोबेश एक जैसी वादाख़िलाफी, जनप्रतिनिधियों के एक जैसे दुर्व्यवहार ने चुनावों के प्रति आम मतदाताओं की रुचि को कम किया है।

मतदान के पर्व महिलाओं को कुछ बिंदुओं पर अवश्य सोचना चाहिए। पिछले 5 सालों में अपेक्षा के अनुरूप क्या हुआ है? क्या किचन का बजट बिगड़ गया है? क्या बच्चों को स्कूल में भेजना मुश्किल होता जा रहा है? क्या आपको शहर में कहीं अकेले जाने में डर लगने लगा है? क्या आपकी जीवनशैली में कुछ परिवर्तन आया है? अगर महिलाएं इतना ही विश्लेषण कर वोट डालें तो जरूर उनकी स्थिति में अपेक्षित सुधार आ सकता है। यह भी जरूरी है कि महिलाएं जागरुक होकर किसी वोट बैंक का हिस्सा न बनें।

जातियों में विभाजित होकर पुरुषों के साथ वोट न दें। महिला नाम ही एक विशिष्ट वर्ग का परिचायक है और सभी जाति की महिलाओं की समस्याएं भी एक जैसी हैं इसलिए जाति के कुचक्र से निकलकर तथा पुरुष वर्ग की अनुगामिनी मात्र न बनकर, स्वतंत्र विचार से प्रजातंत्र के इस उत्सव में उत्साह से भागीदारी करें तो महिलाओं को वह 'हक' प्राप्त हो सकता है जिसके लिए वे पिछले कई वर्षों से पुरुषों के आधिपत्य वाली व्यवस्था में लड़ रही हैं। जैसे शराब की दुकानों के विरोध में महिलाएं बिना किसी संगठन का बैनर लिए, जाति तथा वर्ग के दुराग्रह से परे एक जैसी समस्या के खिलाफ संगठित और एकजुट हुई हैं, उसी तरह की एकजुटता वे चुनाव के मामले में भी दर्शाएं तभी जाकर लोकतंत्र में अपनी हक की हिस्सेदारी पाने के लिए वे किसी भी एहसानफ़रामोशी राजनीतिक दल की मोहताज नहीं रहेंगी।

(टुडे एंड टुमारो, स्वतंत्र मत, राज एक्सप्रेस)

2

गलत परम्पराओं, दूषित मान्यताओं में जकड़ी नारी

'पति के लिए चरित्र, संतान के लिए ममता, समाज के लिए शील और दुनिया के लिए करुणा संजोने वाली माहकृति को नारी कहते हैं।' – रमशा

कहने को औरत को सम्मान की नजर से देखा जाता है, लेकिन क्या सचमुच ऐसा है? औरत की दुनिया बदलने के ढोल जरूर पीटे जा रहे हैं मगर, सही मायने में उसकी दुनिया में आंशिक बदलाव आया है। आज भी गलत परम्पराओं, अंधविश्वासों और दूषित मान्यताओं ने भारतीय समाज को जकड़ रखा है। इसी का परिणाम है कि यहां तलाकशुदा, परित्यक्ता और विधवा स्त्रियों के संबंध में कोई अच्छी धारणा नहीं है।

तलाकशुदा और परित्यक्ता को हेय दृष्टि से देखा जाता है। माना जाता है कि खोट कहीं न कहीं उन्हीं में होगी। युवा होने पर उन्हें और भी संदेह की दृष्टि से देखा जाता है। उन्हें समाज में वांछित सम्मान नहीं मिलता, जबकि एक सच्चाई यह भी है कि अक्सर भूल स्त्री की नहीं होती। स्त्री तो अधिकांश तलाक से बचने की कोशिश करती है।

यदि विवाह हुए अधिक समय न हुआ हो और कोई संतान भी न हो तो कोशिश होने लगती है कि विधवा या तो मायके चली जाए अथवा अन्य से विवाह कर लें। मन में सोच यह रहती है कि कुछ समय पूर्व ही परिवार में आई स्त्री यहीं रह गई तो संपत्ति में हिस्से की हकदार हो जाएगी। कभी बच्चों के कारण, कभी परिवार को टूटने से बचाने के लिए और कभी घर की बात बाहर न जाए, स्त्री के ही खाते में हैं। कैसी विडंबना है कि पुरुष को कभी 'परित्यक्त' नहीं कहा जाता जबकि स्त्री के आगे झट से 'परित्यक्त' लगा दिया

जाता है। दूसरा पुरुष भी उसे संदेह की दृष्टि से देखता है और उसे स्वीकारने से पूर्व दस बार सोचता है।

पुरुष जब भी विवाह के लिए विज्ञापन छपवाता है, उसे सदैव सुशील, शिक्षित, गृहकार्य में दक्ष, सुंदर, कुंआरी कन्या की अपेक्षा होती है। विधवा या परित्यक्ता को अपनाने के लिए भी वह तब तक तैयार नहीं होता है, जब तक खुद अधेड़ या विधुर हो न अथवा जब काफी कोशिशों के बाद भी उसे कोई लड़की नहीं मिल पा रही हो। उसकी यह अपेक्षा भी होती है कि विधवा या परित्यक्ता स्त्री संतानविहीन हो, भले ही पहली पत्नी से खुद उसकी दो-तीन संतानें हों। यह दोहरा मापदंड पुरुष के अहम् को उसकी सत्ता तथा उसके 'अपरहैंड' होने की मानसिकता को दर्शाता है।

इसी तरह युवा स्त्री के विधवा होने का दोष भी उसी के माथे मढ़ दिया जाता है। सास कहती है - 'अभागन तेरे ही भाग्य फूटे थे कि मेरे बेटे की मौत हो गई।' दुःख में डूबी बेचारी बहू (पत्नी) यह भी नहीं कह सकती कि तुम्हारा भी तो बेटा था। क्या यह तुम्हारा दुर्भाग्य नहीं हो सकता?

यही नहीं, यदि विवाह हुए अधिक समय न हुआ हो और कोई संतान भी न हो तो कोशिश होने लगती है कि विधवा या तो मायके चली जाए अथवा अन्य से विवाह कर ले। मन में यह सोच रहती है कि कुछ समय पूर्व ही परिवार में आई स्त्री, यहीं रह गई तो संपत्ति में हिस्से की हकदार हो जाएगी। वस्तुतः जिस घड़ी पीड़ित स्त्री को सहानुभूति और विश्वास मिलना चाहिए, उस घड़ी उनके साथ दुर्व्यवहार होता है। शुभ प्रसंगों से उसे दूर रखा जाता है।

दैहिकता से जुड़ा चरित्र

औरत के चरित्र को दैहिकता से जोड़े रखने की सामाजिक वजहें बहुत सीधी-सीधी नहीं काफी गहरी और जटिल हैं। स्त्री चरित्र को सबसे बड़ा और कभी-कभी तो एकमात्र पैमाना मान लिया है। दरअसल दुनियाभर में औरतों की वर्जिनिटी और यौन शुचिता एक खस्ती रही है। स्त्री की मौनाकांक्षाओं के कुचलने के भी हर संस्कृति के अपने-अपने बहाने रहे हैं। किसी ने वंश की शुद्धता का बहाना बनाया तो किसी ने व्यभिचार रोकने का, पर फल वही निकला -स्त्री की अग्निपरीक्षा अलग-अलग तरीकों से। स्त्री पर दबाव अपने स्वामी के लिए पवित्र बने रहने का।

समझ में नहीं आता कि जिसने कुछ गलत नहीं किया उसकी इज्जत क्यों गई? उसे शर्म क्यों आई? शायद इसी मानसिकता के चलते बलात्कार के पर्यायवाची शब्दों में इज्जत, अस्मत जैसे शब्द आते हैं। बलात्कार होने पर इज्जत लुट गई, अस्मत लुट गई, किसी को मुंह दिखाने लायक नहीं रही, मुंह पर कालिख पुत गई, वगैरह। दोषी था एक पुरुष, अनाचार किया एक पुरुष ने, नियम-कानून तोड़ा एक पुरुष ने और अपवित्र हो गई लाचार स्त्री। घर-परिवार से लेकर समाज तक उसे गिरी हुई नज़रों से क्यों देखता है। कितना जायज है समाज का ये दृष्टिकोण।

इस अहं से भरे पुरुषवादी समाज की मनमानी देखिए - एक स्त्री का तथाकथित दंभ तोड़ने के लिए भी बलात्कार किया जाता है। प्रताड़ना करने हेतु आज भी गांवों में स्त्री को निर्वस्त्र करके घुमाया जाता है। क्षेत्रीय अखबारों में इस तरह की आचंभिक खबरें अक्सर आती हैं, क्योंकि कहीं न कहीं हम स्त्री के अस्तित्व को देह के इर्द-गिर्द ही देखते हैं। गांवों में महिला सरपंचों तक के साथ ऐसी घटनाएं हुई हैं, जहां पुरुषों की जकड़ के आगे स्त्री को पदावनत करने का और कोई उपाय नजर नहीं आया तो यह किया।

यौन शुचिता के कुचक्र

समाज में विवाह की रात तक लड़की की यौन झिल्ली का साबुत होना एक अति आवश्यक गुण माना जाता है या यूं कहें कि ऐसा होना जरूरी ही माना जाता है। यह झिल्ली लड़की के चरित्र का प्रतीक व लड़की के भाई-बाप इत्यादि मर्दों के लिए घराने की इज्जत का प्रतीक मानी जाती है ताकि यह प्रमाण रहे कि स्त्री को विवाह पूर्व किसी पुरुष ने छुआ नहीं है। यौन शुचिता के इस सामाजिक हठ ने स्त्री पर वहां कई तरह के प्रतिबंध लगा रखे हैं जिसमें साइकिल चलाना, खेलना-कूदना, नाचना, उछलना भी मना है ताकि झिल्ली साबुत रहे और भूले से भी यह गुमान न हो कि लड़की खराब चरित्र की है।

अनेक गांवों में सुहागरात को दूल्हा और दुल्हन के कुछ रिश्तेदार विवाहित जोड़े के कमरे के बाहर बैठते हैं ताकि सुबह देख कर प्रमाणित करें कि चादर पर रक्त का निशान है। अतः दुल्हन कुंवारी थी उसकी झिल्ली अब तक साबुत थी। यदि चादर पर रक्त न मिला, तो यह मान लिया जाता है कि लड़की कुंवारी नहीं है, ऐसे में लड़की को अनेक प्रकार की प्रताड़ना को भोगनी होती

है। हो सकता है उसे घर से निकाल दिया जाए या उसकी हत्या भी कर दी जाए।

खतना के बहाने

कुछ अफ्रीकी देशों में सामाजिक, धार्मिक आदेशों के तहत स्त्री की योनि का अंग-भंग किया जाता है। हालांकि जिनकी ये रस्म है वे इसे अंग-भंग मानने के लिए तैयार नहीं हैं। वे इसे महिला खतना कहते हैं। यह पुरुष के खतना से बिल्कुल अलग होता है। स्त्री के अंग-भंग के पश्चात् यौन उत्तेजना, यौन सुख प्राप्ति की क्षमता समाप्त हो जाती है। इन समाजों में खुलेआम यह कहा जाता है कि चूंकि इससे स्त्री की यौन आकांक्षा पर प्रतिबंध लग जाता है अत: समाज में व्यभिचार रोकने में मदद मिलती है।

संयुक्त राष्ट्र संघ की महिला आयोग के अनुसार दुनिया के अधिकतर इस्लामिक देशों में लड़कियों का खतना करने की प्रथा है। संयुक्त राष्ट्र द्वारा जारी आंकड़ों के अनुसार दुनिया में 12 से 14 करोड़ महिलाओं और बच्चियों को खतना की यातना से गुजरना पड़ता है। खतना में एक खास तरह के औजार डालकर नारी की लघु शिशिनका (क्लाइटोटिस) को काटकर अलग कर दिया जाता है। इससे भयंकर खून बहता है। कई बार क्लाइटोटिस के साथ जननांग का काफी हिस्सा काट कर हटा दिया जाता है। ऐसा करने के पीछे उद्देश्य यह है कि इससे नारी उत्तेजना व कामुकता खत्म हो जाएगी क्योंकि क्लाइटोटिस को उत्तेजक अंग माना जाता है।

अमानवीय तरीके से की जाने वाली खतना के वक्त स्त्री को काफी दर्द सहना पड़ता है। खतना करने वाली महिलाओं (कहीं-कहीं पुरुष भी लड़कियों का खतना करते हैं) को किसी भी तरह का प्रशिक्षण हासिल भी नहीं होता है। खतना करने के लिए घरेलू चाकू-छुरी का ही इस्तेमाल किया जाता है जिससे संक्रमण होने का भय रहता है। संक्रमण, गहरे घाव, अत्यधिक रक्तस्राव की वजह से प्रतिवर्ष लाखों स्त्री तड़प-तड़प कर जान दे देती हैं।

अनेक देशों में खतना के अलावा योनि की सिलाई (स्टीचिंग) का भी चलन है। विवाहोपरान्त जब पुरुष लंबे समय के लिए घर से बाहर नौकरी के लिए जाता है उस वक्त पत्नी को अत्यंत अमानवीय यातना से गुजरना पड़ता है। उस वक्त पुरुष अपनी आंखों के सामने अपनी पत्नी की योनि को सिलवाकर जाता है जिससे उसकी पत्नी किसी दूसरे पुरुष के साथ यौन संबंध

न बना सके। पत्नी यह टाके पति के आने के बाद ही खोल सकती है। अकुशल हाथों से की गई सिलाई की वजह से अनेक बार टांके पक जाते हैं फलस्वरूप उसमें मवाद भर जाती है। ऐसी स्थिति में उस महिला का जीवन नरकमय हो जाता है। इस स्थिति में स्त्री को घुट-घुट कर जीना पड़ता है।

सामंतकाल से चली आ रही एक प्रथा आज भी कुछ देशों में अब भी जारी है। इसके तहत पुरुष अपनी पत्नी को मेटल (धातु) के अंडरगारमेंट पहनाकर उस पर ताला लगा कर चाबी अपने पास रखता है। जिससे स्त्री किसी दूसरे पुरुष के साथ संबंध न बना सके। ऐसी स्थिति में स्त्री को असहनीय दर्द होता है। मल-मूत्र त्यागने में काफी परेशानी होती है। इसके बावजूद वह कुछ नहीं कर पाती है।

स्त्री के खतना, योनि की सिलाई, धातु के अंडरगारमेंट पहनाना जैसी जघन्य व अमानवीय प्रथा दुनिया के अधिकतर मुस्लिम देशों में जारी है। जिसमें अफ्रीका के लगभग 28 देश हैं। इनमें से सूडान, सिमटा, ल्योन, दिजिबोती, युगांडा आदि देशों में इस प्रथा को जश्न जैसे माहौल में मनाया जाता है। ढोल-मंजीरे की आवाज में स्त्री की चीख दबकर रह जाती है। लोग खुशियां मनाते हुए झूमते और गाते रहते हैं। इनके अलावा सऊदी अरब, यूरोप, उत्तरी अमेरिका, इंडोनेशिया, मलेशिया, ब्राजील, कांगो, कजाकिस्तान, तुर्कीस्तान आदि देशों में इस प्रथा को खुशियों के रूप में मनाते हैं। यह सब गांवों के खास लोगों की मौजूदगी में किया जाता है।

संयुक्त राष्ट्रसंघ में महिला आयोग द्वारा लड़कियों के खतना करने जैसे वीभत्स परम्परा पर रोक लगाने की मांग की है। आयोग ने इस परम्परा का निर्वाह करने वाले देश की सरकार को पत्र लिखकर इस क्रूर परम्परा पर रोक लगाने की मांग की है। इनके अलावा जबरन विवाह, बहुपत्नी प्रथा, कुत्ता के बीच मुकाबलों में महिला को पुरस्कार के रूप में रखना जैसी अमानवीय परम्परा को भी खत्म करने की बात कही गई है।

अनेक देशों में बाल विवाह जैसी बुराई भी है। अनेक देशों में 10 से 12 साल की उम्र में ही लड़की की शादी कर दी जाती है। लड़के की उम्र लड़की से दुगुनी या उससे अधिक होती है। उस मासूम उम्र में लड़की को सेक्स के बारे में कुछ भी जानकारी नहीं होती। उस वक्त अधिक उम्र के पुरुष द्वारा कमसिन लड़की के साथ जबरन संबंध बनाया जाता है। लड़की के लिए पहली रात किसी भयानक रात से कम नहीं होती। अनेक देशों में बाल विवाह

को मान्यता मिली हुई है, वहां मासूम के साथ अत्याचारों का सिलसिला जारी है। वहीं जिन देशों में बाल विवाह पर रोक है वहां चोरी-छिपे इस प्रथा को जारी रखा गया है और मासूमों पर अत्याचार किया जा रहा है।

दक्षिणी अफ्रीका के कुछ समाज में आज भी लड़कियों की वर्जिनिटी टेस्ट (कुंवारी होने की जांच) करवाया जाता है। इसमें दुल्हन वर्जिन (कुंवारी) होने पर दूल्हा अच्छी खासी रकम दुल्हन के परिवार वालों को देता है। यदि दुल्हन वर्जिन न हुई तो उसे पत्थरों से पीट-पीट कर मार दिया जाता है। इस प्रथा को रोकने के प्रयास किए जा रहे हैं। अफ्रीकी संसद में भी इस पर कई बार विचार किया गया, परन्तु हर बार यह प्रस्ताव गिर गया। जिसे लेकर संयुक्त राष्ट्र संघ का महिला आयोग काफी चिंतित है।

बहुपत्नी प्रथा

अधिकतर अफ्रीका देशों में बहुपत्नी प्रथा का प्रचलन है। अफ्रीकी समाज के पुरुष केवल अपनी यौन संतुष्टि के लिए कई-कई शादियां करते हैं। पति शादी करके अय्याशी करते हैं। पत्नी खेतों और जंगलों में काम करती है। वहां के पुरुष इसे अपना अधिकार मानते हैं। यही नहीं कुछ देशों में पुरुष महिला को निवेश मानते हैं। पत्नी को वस्तु और मुद्रा के रूप में भी इस्तेमाल करते हैं।

पत्नी को किसी के हाथ बेच देना, उसके बदले किसी चीज को ले लेना, किसी को उपहार में अपनी पत्नी को दे देना आम बात है। स्त्री पुरुष के हाथों का खिलौना बनी एक से दूसरे के पास पहुंचती रहती है। हर पुरुष अपने हिसाब से उसका इस्तेमाल करता रहता है। पुरुष प्रधान समाज में स्त्री इन क्रूर प्रथा के चंगुल में फंसी हुई है। कोई भी स्त्री किसी भी पुरुष या प्रथा के खिलाफ विरोध करने की हिम्मत नहीं कर पाती है।

पुरस्कार के रूप में स्त्री

पाकिस्तान और अरब देशों में कुछ इलाकों में कुत्तों के बीच मुकाबला रखा जाता है। इस मुकाबले को जीतने वाले को उपहार स्वरूप सुंदर स्त्री दी जाती है। प्रभावशाली लोगों द्वारा यह गेम खेला जाता है। हारने वाला व्यक्ति जीतने वाले व्यक्ति को अपने गांव की किसी महिला या खरीदकर लाई गई महिला को इनाम में देता है। गांव की महिला के घर की कोई महिला या पुरुष

इसका विरोध करता है तो उसकी हत्या कर दी जाती है। दिन के खेल के बाद रात को जश्न मनाया जाता है। शराब और शबाब के साध नाच-गाने का कार्यक्रम धूम-धड़ाके के साथ चलता है। इस बीच बारी-बारी से पुरुषों द्वारा महिला के साथ जबरन बलात्कार किया जाता है। महिला के विरोध की चीख सुनकर किसी भी पुरुष का दिल नहीं पसीजता है। रात भर में उस महिला को अनेक पुरुषों की हवस का शिकार होना पड़ता है। अधिकतर महिला यह सब बर्दाश्त नहीं कर पाती हैं। वह मर जाती हैं। जो बच जाती हैं, वह बाद में आत्महत्या कर लेती हैं। पाकिस्तान के सिंध प्रान्त में महिलाओं को इनाम में देने की इस परम्परा के खिलाफ अनेक बार आवाज उठी, लेकिन आज तक इस जघन्य प्रथा पर रोक नहीं लगाई जा सकी। पाकिस्तान के महिला संगठन 'वुमेन लिविंग अंडर मुस्लिम लॉ' द्वारा इस प्रथा के खिलाफ लगातार आवाज उठाई जा रही है।

पाकिस्तान में महिलाओं के साथ कट्टरपंथियों का रवैया बिल्कुल अच्छा नहीं है। महिलाओं को वहां खराब और बेकार चीज समझी जाती है। पाकिस्तान में जनरल जिया उल हक के जमाने में 1979 में बनाए गए हदूद जिसे इस्लामिक जिन्ना कानून भी कहा जाता है। इस कानून की आड़ में महिलाओं को परेशान किया जाता है। इसके अन्तर्गत बलात्कार को साबित करने के लिए एक महिला को चार गवाह पेश करने पड़ते हैं। जब वह ऐसा नहीं कर पाती है तो उसे बदचलन करार दिया जाता है। उस पर कोड़े बरसाए जाते हैं या पत्थरों से मारा जाता है। अदालत द्वारा बलात्कार करने वाले पुरुष पर कोई कार्यवाही नहीं की जाती है।

अनेक देशों में लड़कियों के विवाहपूर्व यौन झिल्ली जोड़ने के सर्जिकल ऑपरेशन का चलन भी बढ़ रहा है जिससे कि सुहागरात पर लड़की की योनि से भरपूर खून का रिसाव हो। ऑपरेशन कर कुंवारी बनाने के पीछे पिता, भाई, चाचा वगैरह की इज्जत का सवाल है।

ऑनर किलिंग

अभी तक बेटियों को जन्म के पहले या जन्म के वक्त मार दिया जाता था, पर अब तो वर्षों के प्यार का भी गला घोटने में अपनों के हाथ नहीं कांपते हैं। प्रति वर्ष हजारों लड़कियों का इज्जत के नाम पर कत्ल कर दिया जाता है।

ऑनर किलिंग यानी वह हत्या जिसमें हत्या करने वाले को ग्लानि या गिल्टी नहीं अपितु गर्व का एहसास होता है। देश के दुश्मन या तमाम लोगों के लिए मुसीबत बने व्यक्ति की हत्या कर देना तो गर्व का एहसास कर सकता है, लेकिन किसी अपने को मार देना वह भी सिर्फ इस बात पर कि उसने आपकी मर्जी के खिलाफ अपनी जिंदगी का एक कदम उठा लिया, इसमें किस तरह का गर्व होगा, यह तो ऑनर किलिंग का तमगा हासिल करने वाला ही बता सकता है?

भारत में हरियाणा और पश्चिमी उत्तर प्रदेश के कुछ हिस्सों में आए दिन ऑनर किलिंग की घटनाएं सुनने को मिल जाती हैं। खास प्रथा के अंतर्गत अगर किसी लड़के-लड़की ने अपने गोत्र के व्यक्ति से प्रेम या विवाह करने की हिम्मत की तो उन्हें गांव से निकाला जाता है या हत्या कर दी जाती है। इसका विरोध करने वाले को भी इसका गंभीर परिणाम भुगतना पड़ सकता है।

महिलाओं और मासूमों की ख़रीद-फ़रोख़्त

गरीब राज्यों की महिलाओं और मासूमों की खरीद-फरोख्त की बात की जाए तो यह मालूम पड़ता है कि दो-चार पांच रुपए के लिए महिलाओं को बेच दिया जाता है। तो एक बड़ी समस्या है, जिसका सामना इन राज्यों की गरीब महिलाओं को करना पड़ता है। दलाल और कुटनियां तो इस काम में लगे ही हैं साथ ही इन बच्चियों और महिलाओं के तथाकथित प्रेमी, पति और भाई भी इसमें अपनी भूमिका बखूबी निभा रहे हैं।

इसके अलावा प्लेसमेंट एजेंसियों की भूमिका भी कम महत्त्वपूर्ण नहीं है। इन्हें दिल्ली या अन्य बड़े शहरों में काम के बहाने भेज दिया जाता है। प्लेसमेंट एजेंसी के माध्यम से इन्हें सो काल्ड बड़े घरों में घरेलू नौकरानी का काम दिया जाता है। इन घरों का अभिजात्यपूर्ण वातावरण ही इन गरीब परिवार की महिलाओं का जीना हराम कर देता है। छोटी-छोटी बातों पर इन्हें सजा देना आम बात है। सजा भी ऐसी कि सुनने वाले की रूह कांप उठे। अपने घर में सजा देने वाली या वाले वह लोग होते हैं जो सामाजिक मंचों पर गरीब, दबी-कुचली महिलाओं की दशा पर घड़ियाली आंसू बहाते हैं। ये लड़कियां दिनभर घर का काम करती हैं और रात में उनका मालिक शोषण करता है।

पेट के लिए एड्स से समझौता

मध्यप्रदेश में बाछड़ा जाति के अलावा नट, सांसी, बेड़िया, कंजर आदि कई आदिवासी जाति व जनजाति की महिलाएं देह व्यापार करती हैं, इनमें बाछड़ा तथा बेड़िया जाति प्रमुख हैं। प्रदेश में लगभग एक दर्जन जिलों में बाछड़ा व बेड़िया जाति निवास करती हैं। जिनमें 40–45 प्रतिशत महिलाएं अपनी सामाजिक परम्पराओं को अपनाकर वेश्यावृत्ति के पेशे में लगी हुई हैं। इन जातियों की परम्पराएं, रीति–रिवाज, संस्कार आदि काफी मिलते–जुलते हैं। इन जातियों में अपनी पुत्री से देह व्यापार करवाने की प्रथा है। यह इसे धार्मिक मान्यता भी मानते हैं। सामाजिक प्रथा के अनुसार महिला परिवार की मुख्य कमाऊ सदस्य होती है। देह व्यापार करने वाली लड़की को परिवार पूरा मान–सम्मान और महत्त्व देता है। इन्हें सभी तीज–त्यौहार, उत्सव आदि में शामिल किया जाता है।

परिवार की सबसे बड़ी लड़की के द्वारा देह व्यापार करवाया जाता है। देह व्यापार व व्यवसाय का प्रशिक्षण उस लड़की की बुआ द्वारा दिया जाता है। लड़की को देह व्यापार में उतारते समय 'नथ' उतरवाई की सामाजिक रस्म की जाती है। इसमें सबसे पहले वाले ग्राहक से एक मोटी रकम लेकर यह रस्म पूरी की जाती है। इसके बाद लड़की के जीवन में वेश्यावृत्ति की शुरुआत हो जाती है। इन जातियों में अविवाहित लड़कियों द्वारा ही देह व्यापार कराया जाता है। विवाहित महिलाओं द्वारा देह व्यापार करवाना वर्जित है। देह व्यापार करने वाली लड़की अपने समुदाय के किसी भी युवक से प्रेम या यौन संबंध नहीं बना सकती है। इसका उल्लंघन करने वाली लड़की को जातिगत दंड व सामाजिक बहिष्कार किया जाता है। कठोर दंड के रूप में इनसे 'आर्थिक दंड' भी लिया जाता है।

जाति के अधिकतर पुरुष अपनी बेटी व बहन के लिए ग्राहक ढूँढ़ते हैं। इन जाति के युवक किसी लड़की से विवाह करना चाहता है तो उसे भारी रकम चुकानी पड़ती है। इसकी वजह है लड़की वाले अपने परिवार के कमाऊ सदस्य को खोना नहीं चाहते हैं। बाछड़ा जाति के कुछ परिवार तो शहरों में देह व्यापार करते हैं। उनकी आमदनी अच्छी होती है। वे उच्च मध्यवर्गीय जीवन जी रहे हैं। कुछ विदेशों में जाकर अच्छी कमाई करके भी लौटी है। जिनके पास सुख–सुविधाओं के सारे साधन मौजूद हैं। दूसरी ओर ऐसे परिवार

भी हैं जो गांव के आस-पास रहकर देह व्यापार करती हैं। दिन भर में मुश्किल से अपने परिवार के लिए रोटी जुटा पाती हैं।

विदिशा जिले के गंजबासौदा तहसील के ठंडी सड़क पर रहने वाली जातिगत वेश्याओं से बातचीत करने पर पता चला कि अधिकतर वेश्याएं इन नरकीय जीवन से मुक्ति चाहती हैं। यदि सरकार उनके लिए आय का साधन उपलब्ध कराए तो वे यह काम भी छोड़ सकती हैं। इस पेशे से जुड़ी अधिकतर महिलाओं ने देह व्यापार जैसे घृणित कार्य को छोड़कर अच्छी जिन्दगी जीने की इच्छा जाहिर की। उनका यह भी कहना है कि इसका विकल्प उनके पास नहीं है, क्योंकि सामाजिक व्यवस्था के अनुसार अपने समाज के पुरुष के साथ शादी नहीं कर सकती तथा दूसरे समाज के लड़के उन्हें अपनाएंगे नहीं।

मानव जीवन और आज के विकसित सभा समाज के लिए देह व्यापार एक अभिशाप कहा जा सकता है। इसमें घोर निंदनीय तथा अमानवीय पहलू यह है कि वेश्यावृत्ति जैसे घृणित एवं क्रूरतापूर्ण व्यवसाय के लिए अपने ही खून द्वारा नर्क में धकेलना तथा कम उम्र की लड़कियों को इस धंधे में उतारना, जिसकी वजह से हजारों लड़कियां अनेक प्रकार की शारीरिक व मानसिक रोग या एड्स जैसी जानलेवा बीमारी से पीड़ित हो जाती हैं। देह व्यापार में लिप्त महिलाओं ने बताया कि अधिकतर पुरुष संबंध बनाते समय कंडोम का इस्तेमाल करना नहीं चाहते हैं। ऐसे में उन्हें कंडोम के बिना ही संबंध बनाने के लिए राजी होना पड़ता है यानी पेट के लिए एड्स से समझौता करना पड़ता है।

क्या जायज़ क्या नाजायज़!

हाल ही में सुप्रीम कोर्ट ने वेश्यावृत्ति को वैध बना देने के लिए कहा है। सुप्रीम कोर्ट ने हाल ही में केन्द्र सरकार को कहा है, "जब आप कहते हैं कि वेश्यावृत्ति दुनिया का सबसे पुराना पेशा है और जब आप कानून से उस पर पाबंदी लगाने में सक्षम नहीं हैं तो उसे वैध क्यों नहीं बना देते?"

पक्ष

- दिल्ली उच्च न्यायालय ने हाल ही में एक निर्णय देकर दो शर्तों के साथ समलैंगिकता को वैध ठहरा दिया। इस निर्णय ने इस तर्क को जन्म दे दिया कि जब पुरुषों के बीच समलैंगिकता को बढ़ावा मिल रहा है तो फिर वेश्यावृत्ति में स्त्रियों को सजा क्यों?

- सार्वजनिक स्थान पर प्रलोभन देकर या प्रेरित कर वेश्यावृत्ति करने या स्कूल, हॉस्पिटल, होटल आदि के 200 मीटर की दूरी तक में इस प्रकार के कार्यों में लिप्त होने पर पीटा कानून में स्त्रियों को अधिक सजा दिए जाने का प्रावधान है फिर भी वेश्यावृत्ति के अपराध कम नहीं हो रहे हैं तो ऐसी स्थिति में कानूनी जामा पहनाने से क्या नुकसान है?
- ऑस्ट्रेलिया, नीदरलैंड और न्यूजीलैंड जैसे देशों में सेक्स वर्करों के लिए कानून बनाया जा चुका है जिससे इस प्रकार के अपराधों में कमी हुई है।
- एड्स की बीमारी की रोकथाम में यह हितकर है, क्योंकि वेश्यावृत्ति के लिए चिकित्सीय जांच की सुविधा कानूनी रूप से उपलब्ध होगी।
- वेश्यावृत्ति के मामले में कानूनी प्रावधानों के माध्यम से सजा देने से सेक्स के अपराधों में कमी नहीं आई है।
- गरीबी 30 से बढ़कर 37 प्रतिशत हो चुकी है। ऐसे में स्त्रियों और बच्चों के वेश्यावृत्ति के व्यापार में बढ़ोतरी को रोकने के लिए यह उचित कदम होगा।
- मजबूरी में काम करने के कारण लड़कियों का कई तरीकों से शोषण होता है इसलिए आपत्तिजनक कार्यों में रोकथाम के लिए इसे कानूनी जामा पहनाया जाना चाहिए।

विपक्ष

- समस्या की जड़ गरीबी में निवास करती है इसलिए इस संबंध में उचित कानून, रोजगार, नैतिक शिक्षा के माध्यम से ही हल संभव है।
- पुरुषों के समलैंगिक संबंध एक अप्राकृतिक अपराध है। मामला विचाराधीन है, इसलिए उस पर टिप्पणी करना न्यायोचित नहीं है।
- देह व्यापार के वाणिज्यिक प्रयोग की रोकथाम के लिए इस व्यापार में सहयोग देने वाले लोगों के विरुद्ध कठोर कदम उठाया जाना जरूरी है ताकि देह शोषण से निजात मिल सके।
- समाज से दूर रेड लाइट एरिया घोषित करने के संबंध में कानून बनाए जाने के बावजूद सुखद परिणाम हासिल नहीं हुए हैं।
- भारत अपनी संस्कृति से एक विशिष्ट पहचान रखता है। ऐसे में वेश्यावृत्ति को कानूनी वैधता देना संस्कृति को छिन्न-भिन्न करना होगा।

(परिवार, देशबंधु, नायिका, लोकमत समाचार)

3
दहेज की बलि चढ़ती स्त्री

'काव्य और प्रेम दोनों नारी हृदय की सम्पत्ति है। पुरुष विजय का भूखा होता है और नारी समर्पण की।' – महादेवी वर्मा

समय के साथ इंसान में काफी सकारात्मक परिवर्तन हुए हैं, लेकिन ये शर्म की बात है कि आज भी समाज में दहेज जैसी कुप्रथा बदस्तूर जारी है। आधुनिक होने के साथ-साथ हम कितने सभ्य हुए हैं, इसका अंदाजा इसी बात से लगाया जा सकता है कि विश्व के अधिकांश देशों में महिलाओं को आज भी किसी न किसी रूप में उत्पीड़न का शिकार होना पड़ता है।

भारत में दमन और शोषण के लिए यहां अनेक कुप्रथाएं हैं। नियोगी प्रथा, देवदासी प्रथा, सती प्रथा जैसी अनेक कुप्रथाएं स्त्री जीवन को प्रताड़ित करने के लिए काफी है। कुप्रथाओं की फेहरिस्त काफी लंबी है। इनमें दहेज प्रथा भी शामिल है।

कब तक जलती रहेगी अबला?

अंतर्राष्ट्रीय स्तर के मेडिकल जर्नल लान्सेट में छपे ताजे अध्ययन की रिपोर्ट के अनुसार भारत में सबसे अधिक युवा महिलाएं जलकर मरती हैं। जलने की इन घटनाओं में रसोई की दुर्घटना, आत्मदाह या घरेलू हिंसा के विभिन्न प्रकार शामिल हैं। नेशनल क्राइम रिपोर्ट ब्यूरो की एक रिपोर्ट के मुताबिक देश में हर 93वें मिनट पर एक महिला को आग के हवाले कर दिया जाता है।

यूनिसेफ की एक रिपोर्ट के मुताबिक देश में हर साल पांच हजार महिलाओं को कम दहेज लाने के कारण मौत की नींद सुला दिया जाता है और इन्हें हादसा करार देकर दोषी अपना दामन बचा लेते हैं। अनेक महिला मरते

समय अपना बयान तक नहीं दे पाती या ससुराल वाले उसे ऐसा करने पर मजबूर कर देते हैं।

लान्सेट की रिपोर्ट के मुताबिक 15 से 34 साल की उम्र की महिलाओं की संख्या मरने वालों में सबसे अधिक है। अध्ययन में पाया गया है कि 1.93 लाख महिलाएं सालाना जलकर मरती हैं। जो कि सालाना सभी मौतों का दो प्रतिशत है और इसमें 1.09 लाख महिलाएं युवा हैं। यदि हम भारतीय पुलिस के आंकड़ों पर गौर करें जो नेशनल क्राइम रिकॉर्ड ब्यूरो के आंकड़ों पर आधारित होते हैं तो पता चलता है कि इसमें मौतों की संख्या काफी कम बताई गई है। ब्यूरो आंकड़ों की तुलना में लान्सेट के आंकड़े छह गुणा ज्यादा हैं।

जलकर मरने वालों में स्त्रियों एवं पुरुषों का अनुपात देखें तो पता चलता है कि पुरुषों की तुलना में तीन गुना महिलाएं जलकर मरती हैं। इन मौतों में अधिकांश रसोई में होने वाली दुर्घटनाओं के कारण जलना बताया गया है जिनमें अलग-अलग कारणों से हत्या और आत्महत्या दोनों शामिल हैं।

यह आंकड़ा वाकई अचंभित करने वाला है कि हमारे देश में इतनी बड़ी संख्या में महिलाएं जलकर मर जाती हैं और समाज में यह मुद्दा उद्वेलित करने वाला मामला नहीं बन सका है। किसी भी अस्पताल में बर्न वार्ड का जायजा लेकर इस हकीकत से रू-ब-रू हुआ जा सकता है कि वहां जली या झुलसी महिलाएं अधिक हैं या पुरुष और वे किस तरह जले हैं। पुरुष भी जलते हैं, लेकिन कभी दंगों की आग में तो कभी जातीय हिंसा की चपेट में आकर।

कुछ साल पहले गुजरात से खबर आई थी कि वहां हर साल तीन सौ से भी अधिक महिलाओं की स्टोव फटने से मौतें हुईं। इन तमाम मौतों में कहीं न कहीं उनके आत्मीय जनों का हाथ था। ताज्जुब की बात यह है कि हर साल ऐसी घटनाओं के रिकॉर्ड पुलिस थानों में दर्ज होने के बावजूद उन्हें इन मौतों पर संदेह नहीं होता और दुर्घटना का मामला दर्ज कर फाइल बंद कर दी जाती है।

हमारे समाज में स्त्री को जला देने या जल जाने की प्रथा इतनी प्रचलित कैसे हुई। मनु के विधान पर संचालित समाज में अपने पति की मौत के बाद उसकी चिता पर उसकी पत्नी खुद आत्महत्या कर लेती थी या परम्परा तथा रिवाज के नाम पर उसे जलने के लिए मजबूर किया जाता था।

मुगलकाल में राजपूताने में जौहरव्रत का उल्लेख मिलता है जहां राजा की हार होने पर उसकी रानियां आग में कूदकर जौहर कर लेती थीं। निश्चित ही

हमारे धार्मिक रीति-रिवाजों में कहीं इसकी स्वीकृति है जैसे हवन करना, होलिका जलाना आदि। कहा जाता है कि कुछ का पीड़ा भरा जीवन तो जलने से खत्म हो जाता है, लेकिन कुछ जो जलती तो नहीं हैं लेकिन विभिन्न प्रकार के उत्पीड़नों के चलते वह ठीक से जीती भी नहीं हैं। ऐसों का तो कोई आंकड़ा मौजदू नहीं है। दहेज का ही नहीं बल्कि असुंदर होने का, बेटी पैदा करने का, घर से निकाले जाने का आदि कई प्रकार के उत्पीड़नों की वे शिकार होती हैं।

सोचने वाली बात है कि यदि किसी व्यक्ति से किसी का तालमेल नहीं बैठता हो, जीवनशैली में लोग एक-दूसरे के साथ समझौता नहीं कर पा रहे हों तो अलग होने का रास्ता चुनने के बजाए हत्या जैसे अपराध को अंजाम क्यों देते हैं?

तलाक की बढ़ती दर को लेकर अक्सर चिंता प्रकट की जाती है, लेकिन यदि यह विकल्प नहीं होगा तो अपराध के अंजाम पर पहले नहीं सोच पाता है या बच निकलने की गुंजाइश होती है इसलिए भी लोग ऐसा कर लेते हैं। लड़की को खुद तथा उसके मायके वालों को भी समस्या का अंदाजा तो होता है, लेकिन वे भी सही समाधान निकालने के बजाए इंतजार करते हैं कि सब ठीक हो जाएगा।

भारत की पहली महिला आई.पी.एस. अधिकारी किरण बेदी मानती हैं कि यदि महिलाएं तय कर लें कि जिस घर में महिलाएं हैं, वहां महिलाओं पर अत्याचार नहीं होगा तो सब कुछ बदल सकता है। किरण बेदी का मानना है कि समाज में महिला की स्थिति बदल रही है और आगे भी बदलेगी, लेकिन पांच हजार साल की मानसिकता बदलने में वक्त लगेगा। उन्हें आने वाले दिनों में घरेलू हिंसा विरोधी कानून से बड़ी उम्मीदें हैं।

वे कहती हैं कि महिलाओं में जागरुकता बेहद जरूरी है। उन्हें इस बात का अफसोस है कि तीन साल प्रताड़ित होने के बाद एक हजार में से एक महिला ही शिकायत दर्ज करवाने पहुंचती है। शिकायत दर्ज करवाने के बाद भी सजा मिलने की दर बहुत कम है। अपने लंबे अनुभव का हवाला देते हुए किरण बेदी कहती है कि जरूरत इस बात की है कि महिलाएं बदलें।

दरअसल होना तो यही चाहिए कि ससुराल वालों की छोटी से छोटी मांग का प्रतिरोध शुरू से हो, जबकि लड़कियां प्रयास करती हैं कि उनकी मांगें पूरी हों और उसके सहारे ससुराल में उनका मान-सम्मान बढ़े। उन्हें भी अब यह

सीखने और जानने की जरूरत है कि उनका सम्मान और आत्म-सम्मान इसी में है कि वे स्वयं अपनी घर-गृहस्थी चलाने लायक बनें, न इस घर (मायके) का आसरा रखें न उस घर (ससुराल) का। ऐसी स्थिति में यदि कोई ससुराली कुछ मांग करे तो उसे टके सा जवाब मिले और आइंदा ऐसा सोचे भी न, इसका भरपूर संकेत पहले ही मिल जाए।

दोषियों को नहीं मिलती सजा

एक अनुमान के मुताबिक दहेज हत्या के दो से पांच फीसदी मामलों में ही दोषियों को सजा होती है, जबकि शेष मामलों में अभियुक्त साफ बच निकलते हैं। दोषियों को सजा न मिल पाने की वजह से उनके हौसले बुलंद हो रहे हैं। दहेज से जुड़े अपराधों में बेतहाशा बढ़ोतरी होने के कारण 1961 में दहेज विरोध कानून बना। 1984 और 1986 में इस कानून में और ज्यादा संशोधन किए गए। महिला संगठनों की कोशिशों के कारण दहेज हत्या को सी.आर.पी.सी. की धारा 304 में भी शामिल किया गया। साथ ही महिलाओं को दहेज के लिए मानसिक यातना के अपराध को सेक्शन 498 ए में शामिल किया गया, लेकिन दहेज के लालची लोगों के कारण ये कानून कोई कारगर साबित नहीं हो पाए।

ऐशो आराम है इसका कारण

प्राचीनकाल में लड़की को गृहस्थी शुरू करने में सहूलियत देने के मकसद से रोजमर्रा में काम आने वाले घरेलू सामान दिए जाते थे। इसके अलावा दहेज में वो सामान शामिल होता था, जो दुल्हन को उसकी सहेलियों व अन्य रिश्तेदारों से उपहारों के रूप में मिलता था मगर, बीते समय के साथ इसमें भावनाएं कम और लालच ज्यादा शामिल होता गया, जिससे इसका रूप दिनोदिन खौफनाक होता गया। अफसोस की बात यह भी है कि दहेज लेन-देन के मामले में शिक्षित वर्ग सबसे आगे है। लड़का जितना ज्यादा पढ़ा-लिखा होगा, दहेज की मांग भी उतनी ही ज्यादा हो जाती है।

लोग टेलीविजन पर दिखाए जा रहे सुख-सुविधा के नित नए साधनों को देखकर रातों-रात इन्हें पा लेने की ख़्वाहिश करते हैं और सीमित साधनों के कारण अपनी इच्छा पूरी न होने पर मायके से ये सब लाने के लिए लड़की पर दबाव डालते हैं। ऐसा न करने पर उसे तरह-तरह की मानसिक और

शारीरिक यातनाएं दी जाती हैं। निम्न और मध्यम वर्ग के साथ-साथ समाज का उच्च तबका भी दहेज उत्पीड़न और दहेज हत्याओं के मामले में काफी आगे है। यह भी देखने में आया है कि उत्तर भारत की तुलना में दक्षिण भारत में दहेज हत्या की घटनाएं कम होती हैं। इसकी एक अहम वजह यह भी है कि दक्षिण भारत के हिन्दू परिवारों में चचेरे-ममेरे भाई-बहनों के बीच विवाह कर दिए जाते हैं। लड़की अन्य परिवार में जाने की बजाए एक ही परिवार में रह जाती है। दोनों परिवारों में पहले से ही संबंध होने के कारण शादी के बाद भी सामंजस्य बना रहता है और दहेज जैसा कोई विवाद नहीं उठता।

गांवों के मुकाबले शहरों में दहेज हत्या की घटनाएं ज्यादा होती हैं। इसके कई कारण हैं, मसलन गांवों में आज भी लोग बुजुर्ग का आदर करते हैं और उन्हें डर रहता है कि अगर, उन्होंने दहेज मांगने जैसी मांग उठाई तो उनका घर में ही सख्त विरोध किया जाएगा। गांवों में संयुक्त परिवार होने तथा पूरे गांव को एक ही परिवार के रूप में देखने की प्रवृत्ति के कारण इस तरह के अपराध कम पाए जाते हैं। इसके अलावा गांवों में पैसे कमाने की होड़ भी इतनी नहीं होती जितनी शहरों में देखने को मिलती है। गांव के लोग अपनी सीमित आमदनी और सीमित साधनों में ही संतुष्ट रहते हैं।

कौन है इसका जिम्मेदार

दहेज उत्पीड़न के लिए पुरुष प्रधान समाज को जिम्मेदार ठहराकर इस ज्वलंत मुद्दे से दामन नहीं बचाया जा सकता, क्योंकि इसके लिए महिलाएं भी कम कसूरवार नहीं हैं। अमूमन सास, ननद, जेठानी और देवरानी ही वधू को दहेज कम लाने पर प्रताड़ित करती हैं या दहेज लाने के लिए दबाव डालती हैं। यह एक कड़वी सच्चाई है कि कठोर दहेज कानून बनने के बाद भी दहेज उत्पीड़न से जुड़े अपराधों की तादाद दिनोंदिन बढ़ती जा रही है।

सर्वोच्च न्यायालय ने दहेज हत्या के एक मामले का फैसला सुनाते हुए इस पर चिंता प्रकट की और कहा, "हमारे देश में सामने आने वाला यह तथ्य दुर्भाग्यपूर्ण और चिंताजनक है कि वधू हत्या की घटनाएं खतरनाक रूप में बढ़ रही हैं। अगर, समाज से यह बुराई दूर करनी है तो यह बहुत जरूरी है कि जब कभी इस प्रकार के कायरतापूर्ण अपराधों का पता लगे और मुजरिम पर अपराध साबित हो जाए तो अदालतों को ऐसे अपराधियों के साथ कठोरता से पेश आना चाहिए और ऐसा दंड देना चाहिए कि दूसरे लोग सबक लें।

शिकंजा कसने की पहल

आधुनिकता का दंभ भरने वाले भारतीय समाज को अब यह मान लेना चाहिए कि बेटियां बोझ नहीं हैं। आज लड़कियां हर क्षेत्र में लड़कों से आगे निकल रही हैं, चाहे वह शिक्षा हो या करियर। उन्होंने अपनी विद्वता से साबित कर दिया है कि उन्हें बोझ मानने का जो अभिशाप इस समाज ने दिया है, वह गलत है।

वे सब कुछ सहकर और अप्रभाव में एक मुकाम बनाती हैं। यही नहीं, जब लड़के मां-बाप को छोड़कर चले जाते हैं तो ये ही बेटियां उनके बुढ़ापे में सहारा बनती हैं। हालांकि अब समाज में बदलाव की बयार बह रही है और वह दिन दूर नहीं जब एक सभ्य समाज की इबादत गढ़ते भारतीय समाज में दहेज की कुप्रथा पूरी तरह समाप्त हो जाएगी। इसकी पहल भी हो रही है। अब पढ़ी-लिखी और अच्छा वेतन पा रही युवतियों से आधुनिक लड़के बिना दहेज शादी करने के लिए तैयार हो रहे हैं। खासतौर से तब जब उन्हें एक-दूसरे पर भरोसा हो जाता है।

यह तो तय है कि कानून बना देने भर से दहेज का खात्मा नहीं होगा। पहले भी सरकार आगाह करती रही है कि दहेज लेना ही नहीं, देना भी अपराध है। लेकिन क्या हुआ? लोग आज भी गुपचुप 'लेन-देन' करते हैं और पुलिस या महिला आयोग को खबर तक नहीं होती। ये सब चीजें उपहार के नाम पर ली और दी जाती हैं। इनमें कार, कम्प्यूटर, टी.वी., फ्रिज, मोटर-साइकिल, जेवर आदि छोटी-बड़ी चीजें शामिल हैं, लेकिन फिर भी अब बदलाव दिखेगा, क्योंकि भारत सरकार एक कदम और आगे बढ़ रही है। केन्द्र सरकार की योजना सिर चढ़ गई तो फिर विवाद समारोह के दौरान उपहारों की एक सूची बनानी होगी। एक इलफनामे में इसका जिक्र करना होगा।

यानी हर दंपति के लिए यह अनिवार्य होगा कि उपहारों के लेन-देन का कोटा सरकार को दें, लेकिन एक संभावना यह भी है। अधिकारी को सौंपी जाने वाली उपहारों की सूची कुछ और हो और आपसी लेन-देन की कुछ और। इनकी छानबीन मुश्किल है जब तक कि दोनों पक्ष ईमानदारी न बरतें यानी पहले तो दहेज को लेकर नज़रिया बदलें।

दहेज की कुप्रथा से मुक्त करने के लिए जरूरी है कि परम्पराओं से अलग हटकर सोचा जाए। इसके अलावा हम जब तक बेटियों को बोझ समझने

की मानसिकता से बाहर नहीं निकलेंगे तब तक दहेज प्रथा का अंत हो ही नहीं सकता।

एक पक्ष दहेज कानून के दुरुपयोग का

दहेज शब्द सुनते ही हमारे मन-मस्तिष्क में केवल एक ही तस्वीर आती है। दहेज की वजह से प्रताड़ित की जाती महिला। दहेज से बच पाना आसान नहीं, इस बात को हर कोई स्वीकार कर चुका है। सरकार के लाख प्रयत्नों के बावजूद इस पर अंकुश लगा पाना काफी कठिन है। आज भी आए दिन न जाने कितनी महिलाएं दहेज के कारण प्रताड़ित होती हैं।

दहेज लेना जितना बड़ा गुनाह है, दहेज देना भी उतना ही बड़ा गुनाह है। इसके बावजूद लेना-देना चल रहा है। समाज में आज दहेज निरोधक कानून कुछ लोगों के लिए किसी वरदान से कम नहीं है। इस कानून का धड़ल्ले से दुरुपयोग हो रहा है। यह कानून आपसी रंजिश निकालने, अपनी बात मनवाने और पैसे ऐंठने का ज़रिया भी बनता जा रहा है। यह एक कटु सत्य है कि स्वयं लड़की और उसके मायके के लोग इस कानून का दुरुपयोग करके लड़के वालों से अपनी मांगें मनवाते हैं। ऐसे में आज इस कानून का दुरुपयोग रोकने के लिए कोई रास्ता ढूँढ़ने की जरूरत है तभी ज़रूरतमंदों को न्याय मिलेगा।

(स्वतंत्र मत, देशबंधु, मधुरिमा)

4

भ्रूण हत्या एक अभिशाप

'स्त्री और पुरुष तो कभी दोस्त हो ही नहीं सकते। वह तो सृष्टि को चलाए रखने का प्रकृति का षड्यंत्र है।' - प्लेटो

नन्हीं कली खिलना चाहती है। अगर आपने इसे बढ़ने में मदद की, तो ये फूल बनकर फिजा में खुशबू बिखेरा करेगी। वाकई निराली हैं हमारी बेटियां। एक बेटी ही बहन है, पत्नी है, जननी है और परिवार को जोड़कर रखने वाली डोर भी। एक मायने में सृष्टि की सृजनकर्ता हैं बेटियां... ये बेटियां ममता की मूरत हैं। इनकी उपलब्धियां असीम हैं।

आज वह दुःख व दिक्कत में है। उसे समाज से अस्तित्व के लिए लड़ना पड़ रहा है जो उसे पूजता है। पाखंडी व आडंबरी समाज अपनी जननी को ही जड़ों से उखाड़ फेंकने पर आमादा है। बेटी के नाम पर सौ-सौ कसमें खाने वाले ही उसे पीड़ा दे रहे हैं। बेटी को पराई कहने वालों ने कभी उसे हृदय से स्वीकार किया ही नहीं। दुःखद पहलू यह है कि बेटी के शोषण की शुरुआत हमारे घरों से होती हुई समाज में फैल रही है। मानवता के दरिंदे तो लड़की के जन्म लेने से पहले ही उसकी हत्या करने से भी गुरेज नहीं कर रहे हैं।

भ्रूण हत्या महापाप

देवी स्वरूप, निःस्वार्थ भाव से अपनी सुख-सुविधाओं का बलिदान करने वाली मां अजन्मे शिशु को मारने की स्वीकृति कैसे दे सकती है? क्या उस बच्ची को जीने का अधिकार नहीं है? बेचारी उस बच्ची ने कौन-सा अपराध किया है? यह कृत्य मानवीय दृष्टि से भी उचित नहीं है। प्रत्येक प्राणी जीना

चाहता है। जीने के अधिकार से किसी को वंचित करना पाप है। संसार के किसी भी धर्म में भ्रूण हत्या को अच्छा नहीं बताया गया है। वैदिक धर्म में ब्रह्म-हत्या से भी अधिक बड़ा पाप यानी भ्रूण हत्या को महापाप बताया गया है।

प्रत्येक प्राणी को जीने का अधिकार

संसार में मनुष्य को ही नहीं प्रत्येक प्राणी मात्र को जीने का अधिकार है। किसी भी प्राणी के प्राणों को बलपूर्वक लूट लेना हिंसा है।

एक गृहस्थ जीवन-यापन के लिए अनावश्यक हिंसा से बच नहीं सकता, किन्तु अनावश्यक हिंसा को रोक सकता है। जिस हिंसा के बिना जीवन चल सकता है, वैसी हिंसा से मनुष्य की क्रूरता प्रकट होती है। संसार में पर्यावरणीय न्याय चलता है। बड़े जीव छोटे जीवों का भक्षण करते हैं। शक्तिशाली पशु दुर्बल पशुओं का वध कर अपना पेट भरते हैं, किन्तु जब मनुष्य अकारण किसी जीव की हत्या करता है, प्राण वियोजन करता है तो वह मानवीय वृत्तियों से हटकर दानवीय वृत्तियों को पोषण देता है। प्रेम, सौहार्द व सदाचार की भावना प्रतिदिन घटती जा रही है। वर्तमान युग में अपराधों की संख्या दिन-प्रतिदिन बढ़ती जा रही है। इनमें जघन्य अपराध है-भ्रूण हत्या।

इच्छित संतान प्राप्त करने की चाहत आधुनिक शिक्षित व सभ्य समाज की पहचान-सी बन गई है। इस मंजिल तक पहुंचने के लिए वैज्ञानिक आविष्कार अनन्य सहयोगी बने हैं। परिणामस्वरूप शिशु का लिंग-परीक्षण कराना व अनचाही संतान से छुटकारा पाना आज के युग में सहज हो गया है।

भारत में लगभग दो दशक पूर्व भ्रूण-परीक्षण पद्धति की शुरुआत हुई, जिसका नाम है-एमिनो सिंथोसिस। इसका उद्देश्य था गर्भस्थ शिशु के क्रोमोसोमों के संबंध में जानकारी हासिल करना। यदि इनमें किसी भी तरह की विकृति हो, जिससे शिशु की मानसिक व शारीरिक स्थिति बिगड़ सकती हो, तो उसका उपचार करना, किन्तु अब यह उद्देश्य बिल्कुल बदल गया है। आज अधिकांश माता-पिता गर्भस्थ शिशु के स्वास्थ्य की चिंता छोड़कर भ्रूण परीक्षण केन्द्रों में यह पता लगाते हैं कि गर्भस्थ शिशु लड़का है या लड़की। यह कटु सत्य है कि लड़का होने पर अब भ्रूण के साथ कोई छेड़छाड़ नहीं की जाती है, किन्तु लड़की की इच्छा न होने पर उस भ्रूण से छुटकारा पाने की प्रक्रिया अपनाई जाती है। उस भ्रूण की चीत्कार को अनसुनी कर दी जाती

है। हालांकि देश में भ्रूण परीक्षण पर रोक है। इसके बावजूद चोरी छिपे यह परीक्षण किया जा रहा है।

चिंतित समाजशास्त्री

बढ़ती हुई भ्रूण हत्या के मामलों से देश के प्रबुद्ध समाजशास्त्री चिंतित हैं। उनका मानना है कि आने वाले कुछ वर्षों में ऐसी स्थिति आ जाएगी, जिससे विवाह योग्य लड़कों के लिए लड़कियां नहीं रहेंगी। अपेक्षा है कि सामाजिक सोच बदली जाए, मानदंड बदले जाएं। लड़के और लड़कियों के बीच भेद रेखा को समाप्त किया जाए।

एक कहावत है – लड़का करेगा कुल को रौशन लड़की पराया धन। इस प्रकार की भ्रांत धारणाओं के विकसित होने के परिणाम स्वरूप ही कन्या भ्रूण हत्याएं बढ़ी हैं। आज की परिस्थितियों में लड़का हो या लड़की, इस बात का महत्त्व नहीं रहा है। बच्चा चाहे वह लड़का हो या लड़की उसे शिक्षा व संस्कारों से संस्कारित किया जाना चाहिए। लड़कियों के जन्म से घबराने की अपेक्षा उनके जीवन के निर्माण की ओर ध्यान दिया जाना चाहिए, यह समाज के लिए अधिक श्रेयस्कर होगा। संस्कारी और सुयोग्य कन्याओं के सुरभित गुणों से परिवार भी सुरक्षित बनेगा जो समाज व राष्ट्र के लिए उपयोगी सिद्ध होगा।

लड़कियां ढूँढ़ते रह जाओगे

लिंग भेदभाव की मानसिकता से पीड़ित लोग पुरुष प्रधान समाज रचते-रचते स्वयं के जन्माधार को भी भूल गए हैं। भूतकाल की इस भूल के परिणाम निःसंदेह भविष्य को भुगतने होंगे। पिछले दिनों आई एक रिपोर्ट के अनुसार 2020 तक भारत में करीब 1.5 करोड़ युवाओं को कुंवारा रहना पड़ेगा। इसकी वजह तेजी से घटता लिंग अनुपात है। सबसे समृद्ध माने जाने वाले प्रदेश पंजाब, हरियाणा, पश्चिमी उत्तर प्रदेश और राजस्थान में एक हजार पुरुषों पर करीब 800 महिलाएं ही बची है। हालात यदि ऐसे ही रहे तो शायद बुजुर्गों को लड़कियां दीपक लेकर खोजना पड़ेगा।

दिल्ली के कुंवारों के लिए यह बुरी खबर है कि उनके लिए दुल्हनों की कमी हो रही है। ज्यादातर कुंवारे 45 की उम्र पार कर चुके हैं, पर प्रौढ़ हो चुके लोगों को दुल्हन नहीं मिल पा रही है। एक अध्ययन के अनुसार 57.

28 प्रतिशत पुरुष राजधानी में विवाह की उम्र को पार कर चुके हैं। दिल्ली ही नहीं यह हाल पूरे देश का है। मानवशास्त्र सर्वेक्षण की रिपोर्ट के अनुसार देश के कुंवारों के लिए ज्यादा संख्या में दुल्हन नहीं है। सर्वेक्षण के मुताबिक देशभर में 59.47 प्रतिशत कुंवारे पुरुष हैं। लक्ष्य द्वीप में सबसे ज्यादा कुंवारे पुरुष हैं, जिनका प्रतिशत 66.49 है। ग्रामीण क्षेत्र में यह अनुपात 864 तथा कुछ क्षेत्रों में 814 के आंकड़ों को छू रहा है। संभावना व्यक्त की जा रही है कि 2020 तक यह अनुपात 700 तक पहुंच जाएगा।

पुरुषों की तुलना में महिलाओं की कमी का यह सिलसिला उत्तर भारत, हरियाणा, राजस्थान, पंजाब में विशेष रूप से दिखाई दे रहा है। पंजाब में लड़कियों की तादाद तेजी से घटती जा रही है। नई रिपोर्ट्स के अनुसार अब वह दिन दूर नहीं जब आपको नवरात्रों पर जिमाने के लिए कन्या कहीं नज़र नहीं आएंगी। योजना एवं कार्यक्रम क्रियान्वयन मंत्रालय के सांख्यिकी विभाग ने महिलाओं की जनसंख्या और पुरुषों से उसके अनुपात में लगातार कमी पर चिंता व्यक्त की है। विभाग के अनुसार सन् 1901 की जनगणना में महिलाएं देश की कुल जनसंख्या का 49.2 प्रतिशत थी, लेकिन 1997 में यह घटकर 48.1 प्रतिशत हो गई। 2001 में यह घटकर 47.3 प्रतिशत पहुंच गई। पुरुषों के मुकाबले महिलाओं की संख्या में कमी के कारणों पर गंभीर विवादास्पद बहस चल रही है। ब्रितानी जनजागरण अधिकारी इस कमी के लिए सामाजिक कारणों का अधिक जिक्र कर रहे हैं। उनका मानना है कि जातीय, सगोत्र विवाह, बहुपति विवाह, खानपान की आदतों की वजह से अनुपात में कमी आ रही है। जबकि समाजशास्त्री जलवायु, गर्भधारण के मौसम, भौगोलिक कारणों को अनुपात असंतुलन के लिए जिम्मेदार ठहरा रहे हैं। सांख्यिकीय विज्ञान के अनुसार इसका कारण है, जन्म के समय लिंग अनुपात में पुरुषों का जन्म दर ज्यादा होना। उनके अनुसार प्रति 100 लड़कियों के जन्म के आगे 105 लड़के जन्म लेते हैं। यानी लिंग अनुपात में असंतुलन जैविक कारण से है तथा लड़कियों की उच्च शिशु मृत्यु दर होने की वजह से भी असंतुलन कायम हो रहा है। मादा शिशुओं की मृत्यु दर 1985 में प्रति हजार 98 से 1991 में 80 हो गई, जबकि इस अवधि में नर शिशुओं की मृत्युदर 96 से घटकर 79 हो गई। अनुपात असंतुलन के कारणों के बारे में जानकारी प्राप्त करने पर यह मालूम पड़ा कि 40 प्रतिशत से भी अधिक गरीबी रेखा के नीचे गुजर-बसर करने वाले रोजी-रोटी के कमाने की कसौटी में लड़कियों के प्रति भेदभाव

करते हैं, जिसकी वजह से लड़कियों की मृत्यु दर अधिक है। बालिका भ्रूण हत्या ही पुरुष व स्त्री के अनुपात को असंतुलित कर रहा है। इंडियन मेडिकल सोसाइटी के अनुसार लिंग जांच के 95 मादा लिंग की पुष्टि होने पर 90 प्रतिशत लोग गर्भपात करा देते हैं।

इंस्टीट्यूट ऑफ डेवलपमेंट एंड कम्युनिकेशन (आई.डी.सी.) के सर्वे के अनुसार, कन्या भ्रूण हत्या में पढ़े-लिखे लोगों की संख्या ज्यादा है। संस्था के मुताबिक 2002 में लिंग निर्धारण टेस्ट करवाने वालों में स्नातक या इससे अधिक पढ़े लिखे लोग 45 प्रतिशत थे, जो 2006 में बढ़कर 49.6 प्रतिशत तक पहुंच गए। अध्ययन बताते हैं कि जहां पढ़े लिखे लोग भ्रूण हत्या के लिए आधुनिक तरीकों जैसे अल्ट्रासाउंड तकनीक आदि का इस्तेमाल करते हैं, वहीं ग्रामीण लोग कन्या जन्म के बाद उसकी हत्या करते हैं।

यूनिसेफ के अनुसार विकसित देशों में जन्म के समय लड़कों की तुलना में लड़कियों की मृत्यु दर कम होती है। मगर, भारत में 0-4 और 5-9 वर्ष की उम्र की बच्चियों में मृत्यु दर में वृद्धि हुई है। रिपोर्ट के अनुसार, प्रजनन के काल में स्त्रियों में उच्च मृत्यु दर होना भी लिंग अनुपात का एक कारण है। स्त्रियों में 15-40 वर्ष के प्रजनन आयु वर्ग में 30 प्रतिशत मृत्यु दर है। प्रजनन काल में मृत्यु के मुख्य कारण कम उम्र में विवाह, अपर्याप्त चिकित्सा सुविधा, असंतुलित खान-पान की वजह से कुपोषण का शिकार होना आदि बताया गया है। कुपोषण की वजह से अधिकतर महिलाएं एनीमिया का शिकार हो जाती हैं जिसकी वजह से प्रसव उपरान्त होने वाले रक्तस्राव से वे मृत्यु की शिकार हो जाती हैं।

रिपोर्ट के अनुसार एनीमिया की वजह से 40 प्रतिशत औरतें प्रसव के समय मृत्यु की गोद में समा जाती हैं। अवैध गर्भपात भी लिंग अनुपात को असंतुलित करने का एक कारण है। इसकी वजह से अनेक स्त्रियां काल के गाल में समा जाती हैं। महिलाओं के अनुपात में गिरावट की वजह से अनेक गंभीर समस्या उत्पन्न होने की संभावना है।

गंभीर होंगे परिणाम

लिंग असंतुलन यदि इसी दर से जारी रहा तो वह दिन दूर नहीं जब हमारे समाज की पहचान पुरुषों से ही होगी। आज भी देश में कई इलाके ऐसे हैं, जहां लड़कियों की संख्या कम होने की वजह से उड़ीसा, असम और साउथ

से लड़कियों को लाकर उनसे शादी करने का चलन है। इतना ही नहीं हैदराबाद समेत देश के कुछ इलाकों में बूढ़े शेख गरीब लड़कियों को खरीद कर ले जाते हैं।

गरीबी के चलते उन लड़कियों के माता-पिता भी उन्हें बेचने के लिए मजबूर होते हैं। समाजशास्त्रियों का मानना है कि लिंग अनुपात बिगड़ने से सबसे ज्यादा नुकसान युवाओं को होगा। सामाजिक मापदंडों के अनुसार अकेला पुरुष विवाह जैसे बंधन को जन्म नहीं दे सकेगा। ऐसे में गरीब लोग वेश्यावृत्ति और अमीर लोग लड़कियां खरीदकर काम चलाएंगे। तब चाहतों का नकाब ओढ़े खड़े वह चेहरे शायद ही अपनी आने वाली पीढ़ी के लिए वैवाहिक सुख दे पाएं। ऐसे में लड़कियों के प्रति अपराध और सेक्स के बाजार को रोकना भी काफी मुश्किल होगा।

एक समाजशास्त्री नीलम थापर के अनुसार महिलाओं की संख्या में कमी की वजह से यौन अपराध की संख्या में वृद्धि की संभावना है। यौन इच्छा पूर्ति के लिए युवतियों और कमसिन लड़कियों को वेश्यावृत्ति के जाल में और अधिक फंसाया जाएगा। बहुपति जैसी प्रथा जन्म ले सकती है। विवाह के लिए औरतों की ख़रीद-फ़रोख़्त हो सकती है। जो जितना धन देगा, वह स्त्री को अपनी पत्नी बनाने का अधिकारी होगा। जिससे हिंसा भी बढ़ेगी।

मुश्किलें और भी हैं...

दिल्ली हाईकोर्ट द्वारा समलैंगिक संबंधों को कानूनी ठहराए जाने के बाद से 'गे कल्चर' को हरी झंडी मिल गई है। ऐसे में लड़कियां न मिलने के भय से लड़कों के सामने यह विकल्प खुलकर सामने आ सकता है। गौर करें तो अभी भी पुलिस और सेना में इस तरह के तमाम उदाहरण सामने आए हैं। महिलाओं के न होने पर पुरुष आपस में ही संबंध बना लेते हैं।

'बेटी मूवमेंट' एक अच्छा प्रयास

कन्या भ्रूण हत्या पर होने वाली कई चर्चाओं तथा इस कृत्य को रोकने के लिए बनाई गई योजनाओं को प्रतिसाद तो मिला..., लेकिन लड़ाई अब भी बाकी है। अब ग्लैमर जंगल भी इस लड़ाई में शामिल हो गया है। पिछले दिनों इंडियन टेलीविजन अकादमी द्वारा आयोजित एक फैशन शो 'बेटी मूवमेंट' के अंतर्गत आयोजित किया गया।

इंडियन टेलीविजन अकादमी (आई.टी.ए.) की संस्थापक अनुरंजन के दिमाग में करीब पांच साल पहले 'बेटी मूवमेंट' का विचार जन्म लिया था। मूवमेंट के तहत कन्या भ्रूण हत्या जैसे गैर कानूनी तथा जघन्य कृत्य को रोकने के लिए समाज में संदेश पहुंचाने की कोशिशें की जा रही हैं। इसी के अन्तर्गत रैम्प पर ग्लैमर जगत की सेलिब्रिटीज के साथ नन्हीं-मुन्नी परियों ने भी चहलकदमी की। सेलिब्रिटीज में रोनित रॉय, संजय गुप्ता, पूजा बेदी जैसे लोग अपनी बेटियों के साथ मौजूद थे। पेरिजाद जोराबिन, गुलशन ग्रोवर, जैकी श्रॉफ, युक्ता मुखी, जीनत अमान, भाग्यश्री, अमृता राव, सुचित्रा कृष्णमूर्ति, समीर सोनी, पार्वती ओमनकुट्टम, शर्लिन चोपड़ा तथा ट्यूलिप जोशी जैसे सितारे दूसरी नन्हीं बच्चियों के साथ नज़र आए। इन नन्हीं बच्चियों में बालिका वधू की 'आनंदी, अविका गौर, चीनी कम वाली स्वीनी खरा तथा कृष्णा वाली धृति भी रैम्प पर उतरीं। रैम्प पर सितारों के साथ सजे-धजे माहौल में इतराती-इठलाती चलती बेटियों की खुशी ने इस कार्यक्रम नें चार-चांद तो लगाए ही, लोगों तक खुद बचाने का संदेश भी सार्थकता के साथ पहुंचाया।

पिछले कुछ समय में ग्लैमर जगत ने विशेष तौर पर इस संबंध में कदम उठाए हैं। कई चैनल पर प्रसारित होने वाले बेटियों पर आधारित धारावाहिक इसका सबसे बड़ा प्रमाण है। बालिका वधू, देवी, सबकी लाडली बेबो, न आना इस देस लाडो, अगले जनम मोहे बिटिया ही कीजो जैसे कई धारावाहिक इस तरह के विषय उठा रहे हैं। ऐसा भी हुआ है कि ऐसे धारावाहिक बनने लग गए या आगे जाकर कहानी को नाटकीय मोड़ दे दिया गया। चलो कहीं न कहीं बात तो शुरू हुई। टेलीविजन की पहुंच अब हर घर में है इसलिए ऐसा एक भी कदम फायदेमंद सिद्ध होगा।

इसके अलावा कन्या जन्म को लेकर सेलिब्रिटीज से सजे विज्ञापन भी सरकार द्वारा बनाए और दिखाएं ताकि और भी लोगों तक संदेश पहुंचे। दरअसल कन्या भ्रूण हत्या से जुड़ा एक और पक्ष भी रहा है। यह है कि पढ़े-लिखे तथा नगरों में रहने वालों का भी इस तरह के कृत्य से जुड़ना। कन्या भ्रूण हत्या के मामले केवल गांवों या पिछड़े इलाकों में ही नहीं हैं, इनका एक बड़ा प्रतिशत शहरों में भी मौजूद है और उस तक प्रभाव पहुंचाने के लिए ग्लैमर जगत का इस विषय से जुड़ना निश्चित ही लाभ का सौदा साबित होगा। सेलिब्रिटीज से सजे कार्यक्रम इस विषय को और भी बड़े पैमाने पर लोगों तक पहुंचा पाएंगे। यह एक तथ्य है कि पल्स पोलियो, एड्स या ऐसे ही किसी

विषय पर बनी डॉक्युमेंट्री से आम आदमी पर उतना प्रभाव नहीं पड़ता जितना कि पल्स पोलियो के ड्रॉप पिलाने का इसरार करते अमिताभ बच्चन से पड़ता है। जब वे देखते हैं कि उनका नायक भी इस संबंध में पॉजिटिव बात कह रहा है तो कहीं न कहीं उसका मानस उन्हें भी इस ओर प्रेरित करने लगता है। दूसरी ओर चकाचौंध भरी हाई सोसाइटी में भी ग्लैमर वर्ल्ड का खासा प्रभाव रहता है, क्योंकि वे खुद भी इसी तरह की जिंदगी जीते हैं इसलिए जब उनके आसपास कन्या भ्रूण हत्या या इस तरह के विषय का कोई आयोजन किया जाता है तो संदेश तो पहुंचता ही है। कुल मिलाकर ग्लैमर जगत का सामाजिक मुद्दों से जुड़ना सबके हित में ही है।

(संडे मेल, कुबेर टाइम्स, संजीवनी, आस्था)

5
तथ्यों और आंकड़ों में महिलाएं

'मृत्य, कौन डरता है तुमसे? तुमको चुनौती देने का साहस नहीं है किसी में इसीलिए तो कहती हूँ सामने आओ।' – महाश्वेता देवी की कविता

आज की स्त्री का हौसला इतना बढ़ गया है कि वह हर क्षेत्र, हर जगह अपनी पैठ बनाना चाह रही है। इसमें कोई अनहोनी या गलत बात नहीं है। समय के साथ-साथ स्त्री की कदमताल ने उसे अपने होने के प्रति विश्वास दिया है। वह अब ज्यादा कल्पनाशीलता, ज्यादा विचारशीलता, साहस और जीवट का प्रदर्शन कर रही है। वह वो भी कर दिखाने लगी,जो अब तक उसके लिए असंभव नजर आता था। ऐसे में एक खतरा लगातार सिर उठाता दिख रहा है कि अपनी उपलब्धियों और पहचान के शिखर पर पहुंचकर कहीं वह अपने नैसर्गिक गुणों के साथ समझौता तो नहीं कर रही है।

पिछली पीढ़ी की स्त्री ने थोड़ा-सा स्पेस, कुछ निजात और बराबरी के मौके आदि की चाह की थी। परिवार की बेहतरी के लिए पुरुष के साथ आर्थिक मदद की इच्छा और कोशिश की थी और सफल भी हुई थी। सदियों से स्त्री एक गृहिणी, माँ, बेटी, बहू आदि कई रूपों में पारिवारिक मशीन को सुचारू रूप से चलने के लिए तेल व चिकनाई (ग्रीस) प्रदान करती आ रही है। इसमें भले ही शरीर पस्त हो जाए पर मन को तसल्ली मिलती है। जब यह बेचैनी बढ़ती गई तभी महिलाओं ने लगभग हर क्षेत्र में कदम रखना शुरू किया। महिलाओं के लिए जो क्षेत्र वर्जित माने जाते थे, वहां भी उन्होंने अपनी उपस्थिति दर्ज कराई। हर क्षेत्र में असंभव को संभव कर दिखाने की उसकी प्यास बढ़ती गई।

पुरुष की बराबरी में समकक्ष कार्य करना, पुरुष से समानता साबित करना अलग बात है, इसके पीछे स्वस्थ प्रतिस्पर्धा की भावना हो या उस क्षेत्र

विशेषज्ञ में अत्यधिक और स्वाभाविक रुचि हो, तब तो कोई बात नहीं। वर्तमान परिदृश्य जो कुछ सामने ला रहा है, वह मन में भय और शंका-कुशंका पैदा कर रहा है। कई बार लगता है कि स्त्री-पुरुष से मात्र बदला लेने के लिए ये सब कर रही है। पुरुष जो कुछ करता है, बुरे से बुरा कार्य ही क्यों न हो, "मैं कर सकती हूँ या मैं भी क्यों न करूँ" की भावना रहती है। नासमझी में अहं या टकराव तथा आत्मकेंद्रित खुशी पाने के लिए कुछ महिलाएं अपनी कोमलता व सहयोगवृत्ति छोड़ रही हैं। अधिक जिद पर आ जाए तो "मैं करके ही रहूँगी, फिर चाहे इसमें मुझे कुछ भी क्यों न खोना पड़े", जैसा आचरण भी कर रही है।

आज की नारी अपने पक्ष के प्रति पहले की अपेक्षा ज्यादा जागरूक है। आर्थिक आत्मनिर्भरता के महत्त्व को उन्होंने बड़ी गंभीरता से लिया है। वे शिक्षा, करियर, अपने भविष्य, परिवार, वैवाहिक जीवन को लेकर पहले की तुलना में कहीं अधिक सजग है। आज की नारी ने चुनौतियों को स्वीकार कर उनका सामना करने में स्वयं को सक्षम बनाया है। पढ़ाई का मामला हो या कोई अन्य प्रशिक्षण लेने का, आज वे आगे रहती हैं। चुनौतियों को स्वीकार कर उनका सामना करने में उसने स्वयं को सक्षम बना लिया है। यही वजह है कि आज महिलाएं विभिन्न गैर पारम्परिक क्षेत्रों में भी पुरुषों की भांति पूरे उत्साह से सक्रिय हैं और उन्हें सफलता भी मिल रही है।

वर्किंग वुमेन ऑलवेज फिट

महिलाओं को लेकर किए गए एक सर्वेक्षण में पता चला है कि महिलाओं की औसत आयु 78.6 वर्ष है, जो पुरुषों की औसत आयु से सात वर्ष अधिक है। भिन्न प्रकार की जीवनशैली का महिलाओं के स्वास्थ्य पर काफी गहरा और भिन्न प्रभाव पड़ता है। ऐसे में जो विवाहित महिलाएं कामकाजी होती हैं, उनका स्वास्थ्य सर्वोत्तम रहता है, चाहे उनके बच्चे हों या न हों।

स्वास्थ्य की दृष्टि से दूसरा स्थान कामकाजी-अकेले रहने वाली अविवाहित महिलाओं का है। इनमें जिनके बच्चे नहीं हैं, उनका स्वास्थ्य बच्चों वाली महिलाओं से कहीं हद तक बेहतर रहता है। काम न करने वाली महिलाओं का स्वास्थ्य काम करने वाली महिलाओं की अपेक्षा बुरा है। इससे कोई अंतर नहीं पड़ता कि वे विवाहित हैं या अविवाहित, बच्चों वाली हैं या बिना बच्चों वाली।

अस्वस्थता के घेरे

सर्वे के आधार पर यह जानकारी सामने आई है कि महिलाओं की सबसे अधिक मृत्यु हृदय रोग से होती है। उसके बाद स्तन और गुर्दे के कैंसर का नंबर आता है। इन बीमारियों का प्रमुख कारण मोटापा है। 70-80 प्रतिशत महिलाएं ऑस्टोपोरोसिस नाम की हड्डियों की बीमारी का शिकार होती हैं। मासिक धर्म बंद होने के बाद यह समस्या महिलाओं में दिखाई देती है। इसका प्रतिशत पुरुषों की अपेक्षा 6 प्रतिशत अधिक है। महिलाओं में अपने स्वास्थ्य के प्रति उदासीनता की भावना सबसे अधिक होती है। ऐसे में पुरुषों की अपेक्षा महिलाओं में रोग आसानी से अपना वर्चस्व कायम कर लेते हैं।

खान-पान के प्रति उदासीनता

अक्सर देखा जाता है कि महिलाएं अपने खाने-पीने को लेकर तनिक भी चिंतित नहीं रहतीं। खासतौर से भारत जैसे देश में तो ये हमेशा घर के सभी सदस्यों के भोजन कर लेने के बाद ही भोजन करती हैं। बचे हुए खाने में ही संतुष्टि हो जाती है। शरीर को पर्याप्त मात्रा में पौष्टिकता न मिलने पर इसका प्रभाव उसके शरीर पर पड़ता है। सर्वे के अनुसार 94 प्रतिशत महिलाएं परिवार के खान-पान का ध्यान रखती हैं। ऐसे में घर की पोषक ये गृहिणियां अपने ही स्वास्थ्य को प्राथमिकता नहीं देती या नहीं दे पाती। कुछ महिलाएं जो खाने और स्वास्थ्य की ओर ध्यान रखती हैं, वो भी या तो कुछ ज्यादा ही डोज ले लेती हैं या सामान्य से कम, जो कि न लेने से भी ज्यादा खतरनाक होता है।

महिलाओं में बढ़ता मोटापा

मोटापा यानी रोग का घर, लेकिन इसे दुर्भाग्य ही कहेंगे कि आज अधिकतर लोग मोटापे का शिकार होते जा रहे हैं। सर्वे में की गई खोजबीन के अनुसार 36 प्रतिशत महिलाएं औसत वजन से अधिक की हैं। इसके बावजूद वे खुद को मोटा या अधिक वजन वाला मानने को तैयार नहीं हैं। गलत खान-पान और अनियमित दिनचर्या की वजह से अधिकतर महिलाएं मोटापे का शिकार होती हैं। मोटापे के लिए महिलाओं के शरीर में स्थित हार्मोन भी जिम्मेदार होता है। महिलाओं द्वारा ली जाने वाली कई प्रकार की दवाएँ भी

मोटापा उत्पन्न करती हैं। अधिक मोटापे की वजह से अनेक प्रकार की बीमारियों का भी शिकार हो जाती हैं।

व्यायाम में आ रही है कमी

आज भले ही अधिकतर महिलाएं अपने शरीर को लेकर चिंतित हों, लेकिन सर्वे में यह बात सामने आई है कि पहले के लोग जितने नियमित व्यायाम पर ध्यान देते थे, आज उसमें गिरावट आई है। 30-40 आयुवर्ग की महिलाओं में व्यायाम करने में कमी आई है जबकि 55 वर्ष से ऊपर की महिलाएं अब ज्यादा व्यायाम कर रही हैं। नियमित व्यायाम करने वाली महिलाएं खुद को तंदुरुस्त महसूस करती हैं और उनका वजन भी औसत है तथा डॉक्टरों के अनुसार व्यायाम करने वाली महिलाएं अन्य महिलाओं की अपेक्षा अच्छी और स्वस्थ जिंदगी जीती हैं।

अकेलापन एक अभिशाप

जीवन को कभी भी अकेले नहीं जिया जा सकता, इसके लिए एक समाज, परिवार और साथी की नितांत आवश्यकता होती है। सर्वे के अनुसार, महिलाओं के स्वास्थ्य में गिरावट का प्रमुख कारण अकेलापन और गरीबी है। अक्सर पुरुष घर के बाहर घूमकर आ जाता है। महिलाएं घर की चारदीवारी के अंदर कैद होकर रह जाती हैं। महिलाएं बिना प्रयोजन घर के बाहर कदम रखने में संकोच करती हैं।

(घर-परिवार, पुकार, शंख, नायिका)

6
उत्पीड़न का मनोविज्ञान

'मैं मुसीबतों से भरी इस दुनिया में नारी के साथ रहना पसंद करूंगा, बजाय उस स्वर्ग के जहां सिर्फ आदमी हों।' – आर.जी. इंगरसोल

भारत में महिलाओं के प्रति बढ़ते अपराध के आंकड़े चिंता का विषय है। इन अपराधों में बदसलूकी, बलात्कार, अपहरण, दहेज प्रताड़ना आदि शामिल है। महिलाओं के प्रति अपराधों का यह सिलसिला कस्बों और नगरों में ही नहीं बल्कि बड़े शहरों में भी काफी तेजी से फैल रहा है जिससे आज देश की कोई भी महिला अपने को सुरक्षित नहीं महसूस कर रही है।

आजकल शायद ही कोई ऐसा दिन जाता है जब अखबार में दुष्कर्म का समाचार न मिलता हो। एक सर्वेक्षण के अनुसार दिल्ली की छियानवे प्रतिशत महिलाएं अपने आपको असुरक्षित महसूस करती हैं।

बलात्कार, अपहरण और दहेज प्रताड़ना इस समय देश में महिलाओं के प्रति सबसे तेजी से बढ़ता अपराध है। बसों में यात्रा करते समय उनसे छेड़छाड़ होती है, दफ्तरों में वे सुरक्षित नहीं हैं, एकांत में उनके साथ दुर्व्यवहार होने का खतरा रहता है। इस स्थिति का सबसे शर्मनाक पहलू यह है कि सबसे अधिक यौन उत्पीड़न रिश्तेदार या करीबी करते हैं। यह बात भी ध्यान देने योग्य है कि बलात्कार की अधिकांश घटनाएं प्रकाश में नहीं आतीं।

राष्ट्रीय अपराध ब्यूरो की एक रिपोर्ट के मुताबिक बलात्कार करने वालों में पचहत्तर प्रतिशत लोग जान-पहचान वाले होते हैं जिसमें परिवार के सदस्य, अभिभावक, पड़ोसी और रिश्तेदार शामिल होते हैं। बदनामी के डर से असंख्य पीड़ित अबलाएं ऐसे कृत्यों की सूचना अपने परिवार के लोगों को भी नहीं देतीं। यदि परिजनों को पता चल भी जाता है तो अधिकांश लोक-लाज के भय से चुप रहते हैं।

क्या हमारे देश का पुरुष वर्ग सचमुच यौन क्षुधा से पीड़ित वर्ग है? क्या इसके कुछ ऐतिहासिक कारण हैं? क्या इस देश में यौन संबंधी इतनी वर्जनाएं हैं कि पुरुष अपनी दमित वासनाओं की अभिव्यक्ति दुष्कर्म में करता है? क्या कहीं बहुत गहरे में उसके अंदर असुरक्षा भरी हुई है?

मध्य युग में दर्रा खैबर से होकर जितने हमलावर इस देश में आते थे, वे यहां व्यापक नरसंहार करते थे, धन-संपदा लूटते थे और वापस लौटते समय हजारों स्त्रियों को साथ ले जाते थे। ये स्त्रियां मध्य एशिया के बाजारों में नीलाम की जाती थीं। बड़े-बड़े राजाओं, नवाबों के रनिवास या हरम में कितनी ही स्त्रियां होती थीं। आज भी खाड़ी देशों के बहुत अमीर शेख गरीब देश से लड़कियाँ खरीदकर अपने देश ले जाते हैं। समाज में यह धारणा है कि स्त्री भोग्या है। उसकी स्थिति वैसी है जैसी विविध प्रकार के वस्त्रों और व्यंजनों की होती है।

स्त्री का अपना अस्तित्व होता है, उसकी अपनी अस्मिता होती है, अपना व्यक्तित्व होता है, इस धारणा को पनपने में सदियों का समय लगा है, किन्तु पुरुष मन आज भी उसे स्वीकार करने को तैयार नहीं है। हमारी स्मृतियां भी स्त्री के अस्तित्व के विकास में योगदान नहीं देतीं। मनु के अनुसार तीस वर्ष के पुरुष के लिए बारह वर्ष की कन्या उचित है। पांचवीं सदी से लेकर दसवीं सदी के मध्य स्मृतिकारों ने काफी कम उम्र में विवाह पर बल दिया।

फलस्वरूप बाल विवाह की प्रवृत्ति को प्रोत्साहन मिला। जो स्त्रियां कम आयु में किसी कारणवश अपना पति खो देती थीं, उन्हें या तो सती होना पड़ता था या जीवनभर वैधव्य भोगना पड़ता था। ऐसी विधवाएं अपने प्रपंचों में फंस जाती थीं और यौन लोलुप पुरुषों का शिकार बन जाती थीं।

आधुनिक युग के पुनर्जागरण आंदोलन के कारण बाल विवाह को अनुचित माना जाने लगा और विधवा विवाह को स्वीकृति मिलने लगी, किन्तु पुरुषों का रूढ़िवादी मन आज भी खुले मन से इसे स्वीकार नहीं कर पाता है। महिला आज भी निरीह और बेचारी है। अनगिनत महिलाएं आज भी जीवन की मूलभूत सुविधाओं से वंचित हैं। उनकी ओर ध्यान देने की बेहद जरूरत है।

जगह-जगह समारोह, भाषणबाजी, बड़े-बड़े संकल्प और वायदे किए जाते हैं। महिलाओं को पुरुषों के बराबर लाने की बात की जाती है, लेकिन यह सब बातें हवा में उड़ जाती हैं। महिलाओं के बारे में ऐसे आश्वासन दिए

जाते हैं जो कभी पूरे नहीं होते। यदि सचमुच महिलाओं की स्थिति सुधारनी है तो सबसे पहले कन्या भ्रूण हत्या की ओर ध्यान दिया जाना चाहिए। पहले तो उसे जन्म लेने, जीने और सांस लेने का अधिकार हो। फिर उसे कुपोषण से बचाया जाए।

भारत में छह से चौदह वर्ष की आयु वर्ग की लड़कियों पर किए गए एक अध्ययन के अनुसार कोलकाता में 95 प्रतिशत, दिल्ली में 75 प्रतिशत और चेन्नई में 78 प्रतिशत लड़कियां खून की कमी की शिकार हैं। इन्हें पौष्टिक आहार की जरूरत है जो इन्हें नहीं मिल पाता है। ऐसी लड़कियों की आगे चलकर स्थिति और खराब हो जाती है। शादी हो जाने के बाद जब यह लड़कियां गर्भवती होती हैं तो खून की कमी उनके लिए खतरा पैदा कर देती है। कई मामलों में खून की कमी जानलेवा साबित होती है।

दहेज के लिए महिलाओं को प्रताड़ित किया जाना आम बात है। ऐसी घटनाओं में कमी नहीं आ रही बल्कि ऐसी घटनाएं तेजी से बढ़ती जा रही हैं। दहेज पीड़ित महिलाओं द्वारा आत्महत्या की खबरें बराबर आती रहती हैं। इस पर भी कोई उपाय नहीं किया जा रहा है।

कन्या भ्रूण हत्या के मामले में भी कोई ठोस कदम नहीं उठाए जा रहे हैं। ऐसा नहीं है कि इस दिशा में प्रयाास नहीं किए जा रहे हैं, लेकिन इस प्रयास में ईमानदारी होनी चाहिए। कोई ठोस योजना होनी चाहिए। ऐसा कानून बनाना चाहिए कि कोई ऐसा घृणित कार्य करने की हिम्मत न कर सके।

देश के लगभग हर कोने में भ्रूण हत्या की खबरें बराबर आती हैं। इससे बड़े शर्म की बात क्या होगी कि बड़े शहरों में ऐसी घटनाएं ज्यादा घटती हैं। यदि शिक्षित लोग ही कन्या भ्रूण हत्या में शामिल होंगे तो अन्य लोगों के बारे में क्या कहा जा सकता है।

शिक्षा के मामले में भी महिलाएं आज काफी पिछड़ी हैं। हालांकि आंकड़े बताते हैं कि भारत में महिला डॉक्टरों, वैज्ञानिकों और प्रोफेसरों की तादाद अमेरिका से ज्यादा है। यह ठीक है मगर, ऐसी महिलाओं की तादाद हमारे देश में कम नहीं है जो सभी प्रकार की बुनियादी सुविधाओं से वंचित हैं। यदि महिलाओं को थोड़ा-सा सहारा या सहायता मिले तो वे ऊंचाइयों तक जा सकती हैं, लेकिन यह सहारा उन्हें कैसे मिलेगा? क्या महिलाओं को सहारा आसपास के परिवेश से मिलता है। अपने घर-परिवार से मिलता है?

हमें सिर्फ सरकार के भरोसे नहीं रहना है। मुख्य जिम्मेदारी तो परिवार की होती है। जिस दिन माता-पिता बेटी को बोझ समझना बंद कर उसे बेटे के बराबर हक देने लगेंगे उसी समय स्थितियां अपने-आप बदल जाएंगी। भारत की पहली महिला पुलिस अधिकारी किरण बेदी ने महिलाओं के बारे में ऐसी ही सलाह दी है। उनका कहना है, "मैंने उन तमाम स्त्रियों को समझाया कि जो चीजें उन्हें इतनी कोशिशों के बाद मिली हैं, मुझे वे सब मेरे माता-पिता ने जन्म से ही दी थीं इसालिए बेटियां वही बनती हैं जो उनके माता-पिता उन्हें बनाना चाहते हैं।"

आज महिला पुरुष से मुकाबला नहीं कर रही है। उसे महिलाओं से ही समानता चाहिए। शहरी महिला और ग्रामीण महिला में अन्तर बहुत व्यापक है। सुविधाएं शहरों में पढ़ी-लिखी महिलाओं तक पहुंच रही हैं, लेकिन गांव की अनपढ़ महिला आज चाहे सरपंच की कुर्सी पर ही बैठी हो, वह आत्मनिर्भर नहीं है। महिलाओं को आत्मनिर्भर बनाना जरूरी है। जब तक वे आत्मनिर्भर नहीं बनेंगी उनमें साहस नहीं आएगा। आज उन्हें इसी की जरूरत है। साहस से ही महिलाओं की आधी समस्या हल हो जाएगी।

उन्हें आत्मनिर्भर बनाने की जिम्मेदारी किसकी है? क्या इसके लिए सिर्फ सरकार के भरोसे रहा जा सकता है?

महिलाओं में आज जागरूकता की भी जरूरत है। जब तक उन्हें यह एहसास दिलाया नहीं जाएगा कि वे भी किसी से कम नहीं हैं उसकी हिम्मत नहीं बढ़ेगी। उनमें हिम्मत बढ़ाने की जिम्मेदारी भी हमारी है। इस सबके अलावा हौसला भी जरूरी है। थोड़ा-सा भी उन्हें सहारा मिले तो वे खुद को साबित कर सकती हैं। महिलाओं को भी चाहिए कि वे खुद को किसी से कमतर न समझें।

आज कहा जाता है कि महिलाएं पुरुषों से कंधे-से-कंधा मिलाकर चल रही हैं, लेकिन सही मायने में देखा जाए तो यह सब सिर्फ शहरों में ही देखा जा सकता है। देहातों में आज ऐसा नजारा नहीं आता।

देश के कई भागों में महिलाएं घूंघट से बाहर निकलने की कल्पना भी नहीं कर सकतीं। पुरुषों की बराबरी की बात तो बहुत दूर है। ग्रामीण महिलाएं पुरुषों से बराबरी की बात तो सोच भी नहीं सकतीं। ग्रामीण महिलाएं पुरुषों से बराबरी जरूर कर सकती हैं मगर, यह सिर्फ शिक्षा से संभव है। जब तक ग्रामीण क्षेत्रों में भी महिलाओं को शिक्षित नहीं किया जाएगा उनमें जागरूकता

नहीं आएगी। यह बात सौ प्रतिशत सही है कि महिला शिक्षित होगी तो उसका पूरा परिवार शिक्षित होगा।

सभ्यता, संस्कृति, अहिंसा, दयालुता जैसे गुणों की कितनी भी चर्चा की जाए, सभी धर्मों के उपदेशों को कितना भी सुना जाए, किन्तु पुरुष के आदिम स्वभाव में कोई अंतर आता दिखाई नहीं देता। पुरुष हिंसा पर जब उतारू हो जाता है अथवा यौनाचार की दुर्दम्य आकांक्षा उसमें जाग उठती है तब संस्कृति और सभ्यता का लबादा उतारने में उसे देर नहीं लगती। मगर सवाल उठता है कि ऐसा कब तक चलता रहेगा। क्या विकास के साथ स्त्री उत्पीड़न की बातें दफन नहीं होंगी? बिल्कुल हो सकती हैं मगर, यह हम सबको मिलकर करना होगा। एक दो लोगों के वश की बात नहीं है।

महिलाओं से जुड़े आंदोलन तभी सार्थक हो सकते हैं जब महिलाओं को एक खांचे में न रखकर उन महिलाओं की तलाश की जाए जिन्हें रास्ता दिखाने वाला कोई नहीं है और फिर उन पर भी ध्यान केंद्रित किया जाए, लेकिन यह काम करेगा कौन। हम और आप जैसे लोग ही जब तक पहल नहीं करेंगे कुछ नहीं होगा।

न्याय के दरवाजे तक नहीं पहुंचते

महिलाओं के साथ होने वाली छेड़छाड़ की घटनाएं दिन-प्रतिदिन बढ़ती जा रही हैं। हर गली, मोहल्ले, कस्बे, शहर और प्रदेश सहित पूरे देश में असंख्य महिलाएं इन अश्लील हरकतों को रोजाना झेलती हैं। 'कौन इनसे निपटे' कहकर बात को टाल देना तब और घातक हो जाता है, जब यही छेड़छाड़ अश्लील हरकतों और जबरदस्ती की घटनाओं में तब्दील हो जाती है। स्कूल, कॉलेज, ऑफिस, पार्क, बस, रेलवे स्टेशन जैसे सार्वजनिक स्थानों एवं आम रास्तों के अलावा निर्जन स्थलों पर युवतियों से लेकर कामकाजी महिलाओं तक छेड़छाड़ की घटनाएं आम बात हो गई है।

समस्या तब और भी विकट हो जाती है जब इस तरह के अपराध न्याय के दरवाजे तक पहुंचते ही नहीं हैं। किसी न किसी वजह से घटना या तो दब जाती है या दबा दी जाती है। बलात्कार के मामले को लें। अधिकतर मामले दर्ज ही नहीं कराए जाते, क्योंकि इनके दर्ज होने से पीड़िता और उसके परिवार की सामाजिक प्रतिष्ठा को ग्रहण लग जाता है। फिर पूछे जाने वाले सवाल ऐसे होते हैं जैसे पीड़ित महिला के साथ फिर से और बार-बार बलात्कार किया

जा रहा हो। रही बात समाज की, तो पीडिता के साथ-साथ उसके परिवार का भी एक तरह से सामाजिक बहिष्कार कर दिया जाता है। सांत्वना और पीड़ा की समझ तो दूर की बात है।

महिलाओं के साथ होने वाले अपराधों की संख्या बढ़ने का सबसे बड़ा कारण सामाजिक सहयोग का अभाव है। हमारे समाज की सोच पीड़ित को न्याय दिलाने की तो है, लेकिन उसमें लगने वाला वक्त और पीड़िता को दिया जाने वाला व्यवहार सबसे बड़ा दोष है। इसके बाद पीड़िता पर तमाम तरह की बंदिशें लाद दी जाती हैं जो उसे न्याय तक पहुंचने से रोकती हैं।

मजबूर होकर चुप रहना

अधिकतर मामले जिनमें महिला किसी न किसी तरह से पीड़ित होती है, उसमें उसे बोलने नहीं दिया जाता। 'तुम बोलोगी, तो ऐसा हो जाएगा', मत बोलना किसी से, नहीं तो बदनामी होगी, जैसे कथनों से जुबान सिलने के लिए मजबूर किया जाता है। बचपन से उसे पुरुष प्रधान समाज की अवधारणा से वाकिफ कराया जाता है– तुम्हें दूसरे घर जाना है, परिवार की इज्जत का ध्यान रखना भी तुम्हारा काम है, जैसे बीज मंत्र शुरू से कानों में उतारे जाते हैं। परिवार की सामाजिक प्रतिष्ठा, व्यक्तिगत प्रतिष्ठा और परिजनों व भाई-बहनों में भविष्य आदि की दुहाई दी जाती है।

एक महिला पर दबाव तब से होता है, जब वह बच्ची होती है। जब वह बड़ी होती है तो उसे दायरों और हदों का वास्ता दिलाया जाता है। शादी के बाद अगर वह प्रताड़ित होती है तो उसे इज्जत की दुहाई देकर चुपचाप सहते रहने की सलाह दी जाती है। इस तरह से मजबूरियाँ आज हर महिला का गहना बन चुकी है। वह इस गहने को उतारना भी चाहे, तो उसे उतारने नहीं दिया जाता। घरेलू हिंसा के सैकड़ों प्रकरणों में ऐसे मामले देखने में आए हैं, जिनमें पीड़िता को पुलिस तक जाने के नतीजे स्वरूप बेदखली और दोबारा न अपनाए जाने की सजा भोगनी पड़ी।

छेड़छाड़ जैसे मामले में चुप रहना, सहते रहना सामाजिक मजबूरी हो सकती है, लेकिन आप चाहें तो इस अपमानजनक व्यवहार का कड़ा प्रतिरोध कर सकती हैं, वह भी अपने कानूनी अधिकारों का प्रयोग कर। आप चाहें तो ऐसे तत्त्वों को न सिर्फ बेहतर ढंग से समझाइश दिला सकती हैं, बल्कि उन्हें जेल की सलाखों के पीछे भी पहुंचा सकती हैं। हो सकता है

आपका यह प्रयास अनगिनत महिलाओं को अपमानजनक स्थितियों से बचा सकता है।

छेड़छाड़ अपमान है

छेड़छाड़ एक प्रकार से लिंगवादी विमर्श है जो महिला को नीचा दिखाने, उन पर हावी होने, मानसिक और शारीरिक रूप से परेशान करने के लिए की जाती है, जो दूषित मानसिकता का परिचायक है। छेड़छाड़ में छींटाकशी, बदतमीजी, बदसलूकी, अश्लील हरकत, अभद्र व अवांछनीय इशारे या स्पर्श, द्विअर्थी संवाद, गाली-गलौच, सीटी मारना, फब्तियां कसना, गंदी टिप्पणी करना, अश्लील हावभाव और अभद्र प्रस्ताव आदि करतूतें आती हैं जो कानूनन अपराध है।

महिलाओं की लज्जा और शक्ति के साथ खिलवाड़ करना, छेड़छाड़ और अश्लीलता प्रदर्शित करना बहुत गंभीर मामले हैं। यह संविधान के अनुच्छेद-21 के अनुसार जीवन और दैहिक स्वतंत्रता के मौलिक अधिकार का उल्लंघन है। भारतीय दण्ड संहिता की धारा 292 के अनुसार अश्लीलता को बढ़ावा देने वाले को पहली बार अपराध सिद्ध होने पर दो वर्ष की कैद और दो हजार रुपए का जुर्माना, उसके बाद कभी भी दोषी पाए जाने पर पांच वर्ष की कारावास और पांच हजार रुपए जुर्माने का प्रावधान है।

इसके अलावा आई.पी.सी. की धारा 294 के अनुसार किसी सार्वजनिक स्थान पर अश्लील गीत गाना, सुनना या उच्चारण करना, जिससे दूसरों को संकोच होता हो, तो तीन माह के कारावास या जुर्माने अथवा दोनों से दंडनीय है। इसी तरह आई.पी.सी. की धारा 354 महिला की लज्जा भंग करने के आशय से हमला या आपराधिक बल प्रयोग करने पर दो वर्ष तक की कैद या जुर्माने से दंडित किया जा सकता है। इसके अलावा अश्लील ई-मेल भेजना, अश्लील वेबसाइट या अनैतिक तरीके से अश्लील जानकारी भेजना भी आई.पी.सी. के अलावा सूचना प्रौद्योगिकी अधिनियम-2000 के अनुसार अपराध माना गया है। जिनकी जांच का अधिकार सहायक पुलिस अधीक्षक श्रेणी के अधिकारी को दिया गया है।

डरें नहीं शिकायत दर्ज करवाएं

यदि आपके साथ बाहर या कार्यस्थल पर ऐसा व्यवहार हो, तो सबसे पहले नियोक्ता को सूचित करें, क्योंकि इस तरह की घटनाओं को रोकना उनका

कानूनी और विभागीय दायित्व है। यदि दुर्व्यवहार का भारतीय दंड संहिता के अनुसार मामला बनता है, तो आप आवश्यक कानूनी कार्रवाई कर सकती हैं। यदि बदसलूकी करने वाला आपके संस्थान के बाहर का है, तो उसके खिलाफ भी एफ.आई.आर. दर्ज कराई जा सकती है। आप चाहें, तो स्वयं भी पुलिस को शिकायत कर सकती हैं। साथ ही प्रत्येक जिले में कलैक्टर की अध्यक्षता में गठित जिला महिला सहायता समिति में भी शिकायत दर्ज कराई जा सकती है।

अधिकार हैं आपके

भारतीय संविधान में महिलाओं को कई अधिकार मिले हैं जिनमें सम्पत्ति का अधिकार, भरण-पोषण का अधिकार, वसीयत करने का अधिकार, घरेलू हिंसा से राहत पाने का अधिकार, कन्या भ्रूण की जांच रोकने का अधिकार, दैहिक स्वतंत्रता का अधिकार, कामकाजी महिलाओं के अधिकार, विधिक सहायता पाने का अधिकार, दाम्पत्य अधिकार के पुर्नस्थापना का अधिकार तथा समान वेतन पाने का अधिकार सम्मिलित है। अधिकांश महिलाएं ऐसी हैं जिन्हें यह पता ही नहीं होता कि उन्हें कौन-कौन से अधिकार और सुविधाएं प्राप्त हैं। यदि वे इनका उपयोग करें तो अपनी स्थिति को कहीं बेहतर बना सकती हैं।

यहां शिकायत कर सकती हैं

दिल्ली कमीशन ऑफ वुमेन

हेल्पलाइन नंबर 011 - 23379181, 23370597

इन नंबरों पर सोमवार से शुक्रवार तक सुबह 9:30 से शाम 6:00 बजे तक शिकायत की जा सकती है। यहां दहेज उत्पीड़न, बलात्कार, यौन उत्पीड़न, पति की बेवफाई आदि की शिकायत की जा सकती है।

शिकायत दर्ज होने के 15 दिनों के अंदर कमीशन की तरफ से शिकायत करने वाले और जिसके खिलाफ शिकायत की गई है, दोनों को पत्र भेजे जाते हैं। पहले काउंसलिंग के जरिए समझौते की कोशिश की जाती है और अगर प्रकरण नहीं सुलझता तो मामला अदालत के संज्ञान में लाया जाता है। संगठन की ओर से आवेदक को कानूनी मदद और मुफ्त वकील मुहैया कराया जाता है।

रेप क्राइसिस सेल

हेल्पलाइन नंबर 011 - 23370557

दिल्ली कमीशन ऑफ वुमेन ही यह सेल चलाता है। इसकी हेल्पलाइन चौबीस घंटे खुली रहती है। यहां वकील ही फोन अटेंड करते हैं जो पीड़ित को कानूनी सलाह देते हैं साथ ही पीड़िता की काउंसलिंग का भी इंतजाम करते हैं।

लॉयर्स कलेक्टिव

हेल्पलाइन नंबर 011 - 46866666, 24372923

यह स्वयंसेवी संगठन घरेलू हिंसा के मामले में महिलाओं को कानूनी सलाह मुहैया कराता है। इनके हेल्पलाइन नंबरों पर सोमवार से शुक्रवार तक सुबह 9 बजे से शाम 6:30 और शनिवार को सुबह 10 से शाम 4 बजे तक कॉल करके सलाह ली जा सकती है।

जागोरी

हेल्पलाइन नंबर 011 - 26691219

सोमवार से शुक्रवार तक सुबह 9:30 से शाम 5 बजे तक घरेलू हिंसा के खिलाफ यह एन.जी.ओ. काउंसलिंग उपलब्ध कराता है।

महिलाएं कितनी सचेत

एक तरफ महिलाएं अपने अधिकार के लिए संघर्ष कर रही हैं, तो दूसरी तरफ यही महिलाएं अपने उन अधिकारों के प्रति सचेत नहीं हैं, जो उन्हें मिले हैं। महिलाओं की यही दोहरी सोच उन्हें ऐसे दोराहे पर लाकर खड़ा कर देती है जहां से कोई निर्णयात्मक फैसला नहीं ले पाती और पुरुष समाज उन्हें अपनी दासता में जकड़ लेता है।

जब भी महिला अधिकार का मसला उठता है समाज का वह ढुलमुल रवैया सामने आ जाता है, जिसके लिए वह बदनाम रहा है। समाज ने मातृशक्ति के रूप में नारी की वंदना तो की है। उसकी कमर में जिम्मेदारियों की चाभी का गुच्छा देकर परिवार में बराबरी का दर्जा देने की कोशिश की, लेकिन जब अधिकारों के बंटवारे की बात आई तो पुरुष ने वे सारे अधिकार अपने पास रख लिए जो उसके पुरुष होने के अहं के लिए जरूरी थे, क्योंकि यदि ऐसा नहीं होता तो यह समाज 'पुरुष-प्रधान' कैसे कहलाता।

महत्त्व के नजरिए से महिलाओं का आकलन किया जाए तो साफ नजर आता है कि उसका ओहदा सबसे ऊंचा है। जननी के रूप में सृष्टि ने महिलाओं को जो रचयिता के अधिकार दिए हैं भला उससे बड़ा कोई अधिकार हो सकता है। 'नर' और 'नारी' के बीच 'ई' का जो फर्क है, वही नारी शक्ति का परिचायक है। इस शक्ति का आकलन इस प्रचलित मान्यता से किया जा सकता है कि यदि 'शिव' से 'ई' निकाल दिया जाए तो सिर्फ 'शव' बचता है। अर्थात् नारी ही इस जीवन का प्रतीक है। नारी के कारण ही प्राण है।

अधिकार को अंग्रेजी में 'पॉवर' कहा जाता है और 'राइट' भी। वास्तव में देखा जाए तो शक्ति की प्रतीक नारी के पास कभी 'पॉवर' रही ही नहीं। जिस तरह रेलगाड़ी को खींचने वाले इंजन के लिए 'पॉवर' की जरूरत होती है, उसी तरह गृहस्थी की गाड़ी को खींचने वाला 'पॉवर' भी पुरुष को माना जाता है। अधिकार यानी 'राइट' का शाब्दिक अर्थ 'सही' भी है जो कि आदिकाल से अभी तक सिर्फ पुरुष को ही माना जाता रहा है। यदि ऐसा नहीं होता तो सीता को कभी अग्नि परीक्षा नहीं देनी पड़ती और न एक धोबी की बात को सही मानकर दोबारा वनवास भोगना पड़ता।

'राइट' का एक और मतलब सीधा या दायां भी होता है, लेकिन महिलाओं को तो यह शाब्दिक अर्थ भी मयस्सर नहीं है। इसे हमेशा पुरुष के बायीं ओर स्थान दिया जाता है। इतना ही नहीं पूजा-पाठ में यदि कलाई पर पंचरंगा नाड़ा बांधा जाता है तो उसको बायीं कलाई पर ही बांधा जाता है। यहां तक कि भविष्य बांचने वाले भी महिलाओं का दायां हाथ नहीं बल्कि बायां हाथ देखते हैं।

ये आजकल की बात नहीं है, अधिकारों के मामले में महिलाओं को हमेशा ही घाटा उठाना पड़ा है। जननी होने के बावजूद बच्चे के नाम के साथ पिता के नाम को ही प्रमुखता दी जाती है। खानापुरी के लिए आज भले ही स्कूलों के दस्तावेज में माँ का नाम भी शामिल कर लिया गया हो, पर बच्चे का असल पालक पिता को ही माना जाता है। उम्र और समय के साथ-साथ समाज में महिलाओं की पहचान तो बदली है पर अधिकार नहीं। आज अधिकार के नाम पर महिलाओं को जो कुछ देने की बात की जाती है उसमें पुरुष समाज के बड़प्पन का भाव ज्यादा होता है। बेटी के रूप में वह पिता या मां द्वारा प्रदत्त अधिकारों की सीमा में बंधी रहती है तो बहन के रूप में भाई उस पर रौब जमाता है। यही स्थिति विवाह के बाद आती है। जब पति

अपना अधिकार जताने के लिए सौभाग्य के प्रतीक यथा बिंदिया, चूड़ी और सिंदूर को महिला के शरीर पर धारण करवा देता है, जबकि वह स्वयं इन सारे आडंबरों से मुक्त रहता है। इस सवाल का जवाब आज तक कोई खोज नहीं पाया है। अपार पीड़ा सहने के बाद जब नारी मां बनती है तो बच्चे पर पिता का स्वमेव अधिकार हो जाता है। तात्पर्य यह कि जीवन के सभी सोपानों पर महिलाएं अपने उन अधिकारों से वंचित रहती हैं जो उसे मिलना चाहिए। आजादी के बाद तमाम कानूनों, संविधान संशोधनों और नियमों के लागू होने के बावजूद आज भी महिलाओं को पुरुष समाज से अपने अधिकारों के लिए संघर्ष करना पड़ रहा है। यह संघर्ष कभी समाप्त भी होगा, इस बात के आधार भी नजर नहीं आते।

समाज में कुछ हद तक महिलाओं की स्थिति में बदलाव आने की सच्चाई से इंकार नहीं किया जा सकता पर ये बदलाव इतनी धीमी गति से हुए कि इनकी सार्थकता पर सवालिया निशान लग गया। लोकतांत्रिक व्यवस्था ने नारी को समाज में समानता के अधिकार दिलाने की कोशिशों के चलते जो सार्थक पहल की है, उससे तस्वीर बदली तो है और बदलाव की प्रक्रिया जारी भी है पर इसकी गति धीमी है। बाल विवाहों पर रोक, विधवा विवाह के प्रति समाज का बदलता नजरिया, दहेज उन्मूलन और कन्या भ्रूण हत्या का विरोध ऐसे मामले हैं जो बदलाव की दिशा में मील के पत्थर कहे जा सकते हैं। नारी शिक्षा और रोजगार की दिशा में भी सार्थक पहल हुई है, लेकिन अधिकारों का सवाल आज भी अनुत्तरित है। महिला अधिकार और समानता दो अलग-अलग मामले हैं। यदि महिलाएं पुरुषों से समानता के अधिकार पाना चाहती हैं तो इसमें शायद उसे ज्यादा संघर्ष नहीं करना पड़ेगा, लेकिन समानता के अधिकारों के साथ-साथ वह जो विशेषाधिकार की इच्छा रखती है, वह उस पुरुष समाज से दो कदम पीछे खड़ा कर देता है, क्योंकि एक तरफ तो वह पुरुष के समान कंधे से कंधा मिलाकर चलना चाहती है तो दूसरी तरफ महिला होने की खातिर अलग कतार भी चाहती है। नौकरी और शिक्षा से लेकर लोकसभा और विधानसभा की सीटों में वह अपनी निर्धारित हिस्सेदारी चाहती है, क्यों?

समानता का अधिकार या विशेषाधिकार

यदि महिलाएं पुरुषों की तरह समानता का अधिकार चाहती हैं तो उन्हें पुरुषों की ही तरह दायित्व-बोझ उठाने के लिए तत्पर रहना होगा और

विशेषाधिकार वाली जिद को त्यागना होगा, क्योंकि जब पुरुष समाज अपने हिस्से में महिलाओं को कुछ देगा तो वह हमेशा इस बात का एहसास भी कराएगा कि वह 'दाता' है। इस बात से इंकार नहीं कि महिलाओं को उनसे अधिकार मिलना चाहिए पर बजाए विशेषाधिकार के, वे समानता के अधिकार के लिए संघर्ष करें। प्रकृति ने पुरुष और महिला के बीच जो प्राकृतिक भेद किया है उसे तो किसी भी तरह से दूर नहीं किया जा सकता, पर समाज ने अधिकारों को लेकर जो दीवारें खड़ी की हैं उसे तो निश्चित ही गिराया जा सकता है।

महिला और पुरुष के बीच शारीरिक रचना शक्ति और सामर्थ्य के आधार पर तो काम का बंटवारा हो सकता है, योग्यता के आधार पर भी प्राप्तियों में अंतर किया जा सकता है, लेकिन जरूरी नहीं कि यह भेदभाव अधिकारों के मामलों में भी हो। यदि यह भेदभाव है तो क्यों और कब तक रहेगा। इसका जवाब किसी को तो देना ही होगा। जब तक इस धरती पर महिला और पुरुष विद्यमान हैं अधिकारों वाली बहस अनवरत चलती रहेगी, यह तय है, क्योंकि यह मसला भी महिलाओं की तरह पेचीदा है।

(परिवार, मजनून, राज एक्सप्रेस, नई दुनिया)

7

असुरक्षित महसूस करती महिलाएं

'माना आकाश में बहुत ही ऊंचाई है, लेकिन इसका मतलब ये नहीं है कि हम उन ऊंचाइयों को छू नहीं सकते। आप अपने हौसलों को अगर मजबूत रखें तो एक क्या सातों आकाश को लांघ सकते हैं।' – गुरिंदर चड्ढा, फिल्म डायरेक्टर

कहने को तो औरत की दुनिया बदल चुकी है, लेकिन सही मायने में यह बदलाव आंशिक रूप से ही देखने को मिल रहा है। पुरुषों का एक वर्ग आज भी उन्हें भोग की वस्तु ही समझता है। यही कारण है कि समाज में अपना अलग मुकाम हासिल करने के बावजूद रात की पाली में काम करने वाली महिलाएं खुद को सुरक्षित महसूस नहीं करतीं। आज के हाइटेक युग में, पुरुषों से भी ज्यादा पैसा कमाने वाली पढ़ी-लिखी हाई प्रोफाइल महिलाओं की आबरू भी सुरक्षित नहीं है। कई ऐसे मामले सामने आए हैं जब हाई प्रोफाइल वाली ऐसी महिलाएं, जो रात की पाली में काम करती हैं, लूट और छेड़खानी का शिकार हुई हैं।

वर्तमान में महिलाएं घर की चारदीवारी से निकलकर पुरुषों के वर्चस्व वाले हर क्षेत्र में अपनी महत्त्वपूर्ण उपस्थिति दर्ज करा रही हैं। सेना में नौकरी की बात हो या एयरफोर्स में पायलट की, हर जगह महिलाओं ने न केवल अपनी उपस्थिति दर्ज कराई है बल्कि अपनी प्रतिभा को बखूबी साबित किया है। आज महिला को यदि सफलता का पर्याय कहा जाए तो अतिशयोक्ति नहीं होगी। भारतीय महिलाएं हर क्षेत्र में पुरुषों के कंधे से कंधा मिलाकर देश की प्रगति में भागीदार बन रही हैं। अपने बुद्धि, कौशल, साहस और जीत के जज्बे से महिलाएं जहाँ अपने घर-परिवार में कुशल गृहिणी बनकर सबकी वाहवाही पा रही हैं, वहीं ये महिलाएं कारपोरेट सेक्टर में भी अपनी प्रतिभा के जलवे

दिखाकर देश और दुनिया को भी चौंका रही हैं। इसके बावजूद सरकार और समाज उन्हें वह सम्मान नहीं दे पा रहा है जिसकी वह हकदार हैं।

सुरक्षा के प्रति चिंता

पिछले एक-दो साल के आंकड़ों पर गौर करें तो शहरों में नौकरीपेशा युवतियों के साथ हुई बलात्कार और हत्या जैसी कई घटनाएं सुर्खियों में रही हैं। देश के बड़े शहरों में लगातार बढ़ते यौन अपराधों ने महिलाओं में दहशत का माहौल पैदा कर दिया है। रात की पाली में काम करने वाली महिलाओं के साथ हुई घटनाओं ने एक बार उन्हें व उनके परिवार वालों के मन में उनकी अस्मिता व सुरक्षा को लेकर सवालिया निशान लगा दिया है। आज के सुविधा सम्पन्न और आधुनिक युग में भी महिलाएं कितना सुरक्षित हैं, यह तो आए दिन टी.वी. और समाचार पत्रों में प्रकाशित समाचारों से स्पष्ट हो जाता है। आत्मनिर्भर होकर भी वह सुरक्षित नहीं है। दिन के उजाले में भी महिलाओं से छेड़छाड़ और जबरदस्ती की घटनाएं आम बात हो गई हैं, तो नाइट शिफ्ट में काम करने वाली महिलाओं की सुरक्षा के प्रति चिंता करना स्वाभाविक है।

सुविधाएं नाम मात्र की

रात की पाली में जो सुविधाएं महिलाओं को मुहैया कराई जाती हैं, वह नाम मात्र की होती हैं। महिलाओं के काम, खासकर रात की पाली में काम करने वाली महिलाओं के साथ कानूनी तौर पर कितनी सख्ती या ढिलाई बरतनी चाहिए। अक्सर देखने में आया है कि कंपनियां ज्वाइन करते समय ही सारे टर्म-कंडीशंस पर साइन करने पड़ते हैं। कोई भी नौकरी ज्वाइन करने से पहले महिलाओं को चाहिए कि वे सारे टर्म-कंडीशंस को अच्छी तरह न केवल पढ़ें, बल्कि यह भी सोचे कि वह उनके हित में है या नहीं। यदि आपको लगता है कि कंपनी की शर्त आपके हित में नहीं है, तो कतई साइन न करें, क्योंकि यदि आपने एक बार साइन कर दिया, तो फिर कानून भी आपके हक में फैसला नहीं ले पाता।

वक्त की मांग है नाइट शिफ्ट

बढ़ते कंपटीशन और मल्टीनेशनल कंपनियों के आ जाने से देर रात तक या फिर नाइट शिफ्ट करना वक्त की मांग है, लेकिन इस बात से भी इंकार

नहीं किया जा सकता कि सुरक्षा को लेकर लापरवाही होती है। इतना ही नहीं आने वाले दिनों में रात की पाली में काम करने वाली महिलाओं की सुख्या में बढ़ोतरी होने की भी पर्याप्त संभावनाएं हैं। आई.टी.ई.एस.-बी.पी.ओ. क्षेत्र में काम कर रहे पांच लाख लोगों में 55 प्रतिशत महिला कर्मचारी हैं। साथ ही इस क्षेत्र में हर साल 50 हजार कर्मचारियों के बढ़ने की संभावना है। एक सर्वे की मानें तो 2012 तक इस क्षेत्र में महिला कर्मचारियों की संख्या पुरुषों के मुकाबले दुगुनी हो जाएगी, लेकिन विडंबना यह है कि जिस क्षेत्र में महिलाओं की इतनी भारी संख्या में मौजूदगी है, वहां पर महिलाओं की सुरक्षा चरित्रहीन ड्राईवर और आवारा सुरक्षा कर्मियों के हाथ है।

सरकार की भूमिका

कानून द्वारा महिलाओं को पर्याप्त अधिकार दिए गए हैं। यहां तक कि यदि कोई उनकी इच्छा के विरुद्ध जोर जबरदस्ती या हाथ भी लगाता है तो कानून उसे कड़ी से कड़ी सजा दे सकता है। भारतीय दंड संहिता की धारा 375 महिलाओं को बलात्कार से सुरक्षा प्रदान कराती है तो धारा 354 महिलाओं को छेड़छाड़ से राहत दिलाती है।

नाइट शिफ्ट में काम करती महिलाओं की सुरक्षा के लिए सरकार को ठोस कदम उठाने की जरूरत है। या तो महिलाओं के लिए नाइट शिफ्ट भी कानूनी तौर पर मनाही हो या फिर उनकी सुरक्षा के कड़े इंतजाम किए जाएं, ताकि वे बेखौफ होकर घर से निकल सकें। रात में कार्य के दौरान यह सुनिश्चित कर लें कि आने-जाने की पर्याप्त व्यवस्था है कि नहीं।

सरकार को चाहिए कि वह कुछ ऐसे सख्त कानून बनाए जो रात की पाली में काम करने वाली महिलाओं को बेहतर सुरक्षा मुहैया करा सके। इस तरह से सरकार महिलाओं में अपने घरों से बाहर निकलकर अपने सपनों को पूरा करने के हौसले को मरने से बचा सकती है। आज महिलाओं की सुरक्षा का ठेका केवल महिला आयोग का ही नहीं बल्कि इस समाज के हर नागरिक का है, जिसके सहयोग के बगैर यह असंभव प्रतीक नहीं हो सकता। नाइट शिफ्ट में महिलाओं की सुरक्षा को ध्यान में रखते हुए कर्नाटक सरकार एक ऐसा अधिनियम पारित करने की योजना बना रही है जिसके तहत कंपनियों में महिलाएं नाइट शिफ्ट में काम नहीं कर सकेंगी। हालांकि इसके तहत सूचना प्रौद्योगिकी और अस्पतालों को बाहर रखा गया है।

स्वास्थ्य संबंधी परेशानी

देर रात काम कर रही महिलाओं के लिए एक चेतावनी यह भी है कि अगर काम के घंटों की वजह से दिमाग पर तनाव हावी रहता है तो ब्रेस्ट कैंसर की गुंजाइश भी बढ़ जाती है। ब्रिटेन के डेली मिरर के मुताबिक यूरोप में किए गए एक रिसर्च से यह बात सामने आई है कि देर रात तक काम के तनाव से बीमारियों से लड़ने वाला प्रतिरक्षा तंत्र भी कमजोर हो जाता है। स्वीडन की तीन हजार महिलाओं पर किए गए इस रिसर्च में उन्हें 14 साल तक ऑब्जरवेशन में रखा गया। इनमें से 767 को ब्रेस्ट कैंसर की शिकायत हुई। इनमें से उन महिलाओं में कैंसर की दर 30 प्रतिशत ज्यादा रही जो देर रात काम करने के तनाव में रहीं।

हालांकि देर रात काम करने के तनाव से संबंध को खोजने में अभी सफलता नहीं मिली है, लेकिन ऐसी संभावना जताई जा रही है कि ऑस्ट्रेजोन नाम के हार्मोन के बढ़ने से स्तन कैंसर होने की संभावना बढ़ जाती है। इस संबंध में विशेषज्ञों का मानना है कि रात के समय बहुत-सी शारीरिक प्रतिक्रियाएं धीमी पड़ जाती हैं और नींद के हारमोन का स्राव होने लगता है, लेकिन जब हम रात्रि में काम करते हैं तो हमारे शरीर को इस भय के विरुद्ध लड़ना पड़ता है और शारीरिक घड़ी गड़बड़ा जाती है।

इसका पहला असर पाचन क्रिया पर पड़ता है इसलिए पेट की बीमारियों यहां तक अल्सर होने का खतरा रहता है। इसके अलावा दिल की बीमारी, कैंसर, मोटापा, मधुमेह आदि की संभावना बढ़ जाती है। नींद पूरी न होने की वजह से थकान रहती है, चिड़चिड़ापन होता है जिसका आपसी रिश्तों पर भी असर पड़ने लगता है।

यह भी सच है

एक स्वयंसेवी संस्था द्वारा नाइट शिफ्ट में काम करने वाली महिलाओं पर किए गए सर्वे के दौरान तकरीबन 200 महिलाओं से बातचीत की गई। इससे चौंकाने वाले तथ्य सामने आए। सभी महिलाओं ने माना कि वे किसी-न-किसी रूप से यौन अपराधों का शिकार हुई हैं। इस सर्वे के दौरान लगभग 15 प्रतिशत महिलाओं ने कहा कि वे ऐसी घटना के बावजूद पुलिस को सूचित नहीं करेंगी। इसकी वजह वह पुलिस की ढिलाई बताती हैं क्योंकि बलात्कार के 10 प्रतिशत मामलों में ही दोषी को सजा मिल पाती है।

इस संबंध में बड़े शहरों में महिलाओं के साथ होने वाली छेड़खानी के पीछे की वजह मानें तो रोजी-रोटी की तलाश में गांव से शहर आने वाले न जाने कितने लोग अपने परिवार को छोड़कर पेट के कारण दूर रह रहे हैं। ऐसे में अपनी सेक्स इच्छा को वे या तो पैसे देकर पूरी करते हैं या फिर पैसों के अभाव में किसी की आबरू लूटकर! इसकी एक और बड़ी वजह लड़का-लड़की के सेक्स अनुपात का घटना भी है। जिसमें कई राज्यों में बहुपत्नी विवाह का चलन शुरू कर दिया है। साथ ही कई युवकों को सिर्फ इसलिए कुंवारा रहने के लिए मजबूर कर दिया है कि उनके पास एक अदद बीवी लाने के लिए दूसरों के मुकाबले हैसियत नहीं है।

क्या करें महिलाएं

- नाइट शिफ्ट में कार्य करते हुए महिलाओं में विशेष सतर्कता की आवश्यकता होती है क्योंकि रात में अकेली होने के कारण आप कभी भी चोर लुटेरों का शिकार हो सकती हैं।
- महिलाओं के गले से चेन खींचने की घटनाएं आजकल आम हो गई हैं। इसके लिए रात में सूनसान रास्तों में अकेली जाने की बजाए किसी साथी की मदद लेना बेहतर हो सकता है।
- रात को काम खत्म करने के बाद स्वयं के वाहन से ही घर जाएं अथवा परिवहन सुविधा का लाभ उठाएं। आधी रात को किसी से लिफ्ट लेने की कोशिश करना, खतरे को आमंत्रण देने के समान है। इस दरम्यान इस बात का भी ध्यान रखें कि किसी महिला या पुरुष को लिफ्ट न दें।
- रात में ऑफिस जाते समय जेवरात न पहनें। यदि सोने का मंगलसूत्र पहन रखा है तो उसे भी छुपाकर रखने का प्रयास करें। हो सके तो इमीटेशन के मंगलसूत्र पहनें तो अच्छा रहेगा।
- ऑफिस से यदि संभव हो तो ज्यादा रात होने के पहले ही काम खत्म कर लीजिए। यदि किसी कारणवश ज्यादा देर हो जाए तो अपने सहकर्मी से गुजारिश करें कि वह आपको घर तक छोड़ने का कष्ट करे।
- आजकल कंपनियाँ देर रात तक काम करने वालों के लिए घर तक छोड़ने के लिए बस या अन्य किसी वाहन की व्यवस्था भी करती है इसलिए जब कंपनी में इस तरह की व्यवस्था हो तभी देर रात तक काम करने की कोशिश करें।

अपनी सुरक्षा अपने हाथ

दिन हो या रात, घर हो या रास्ते में आज के समय में अपनी सुरक्षा के प्रति सतर्क रहने की आवश्यकता है। चोर और लुटेरों की नजर आप पर कहीं भी हो सकती है। उन्हें बस मौका मिलने की देर है। फिर वे आपका कीमती सामान और पैसा लेकर गायब हो सकते हैं।

सुनसान रास्तों से न निकलें

रात के समय सुनसान रास्तों में अकेली न जाएं। चाहे आप कितनी ही आत्मविश्वासी हों या हिम्मत वाली हों, आपातकाल के अलावा अकेली जाने से बचें। आपातकाल में भी कोशिश करें कि आप साथ में किसी को ले लें। न तो शॉर्ट कट के चक्कर में और न ही इस गुमान में कि ये तो रोज का रास्ता है, सुनसान का चयन न करें।

अजनबी से लिफ्ट न लें

किसी अजनबी से कभी भी लिफ्ट न लें और न ही दें। खासतौर से चार पहिया वाहन चालक से लिफ्ट लेने से बचें। यदि आपके पास वाहन नहीं है तो कोई भी सार्वजनिक परिवहन सुविधा ही सबसे बेहतर उपाय है। यदि ऑटो या टैक्सी करने की जरूरत पड़े तो भी थोड़ी सजग रहें। जहां तक बात लिफ्ट देने की है, चाहे महिला हो या पुरुष, लिफ्ट देने से बचें।

घर के लिए समय से निकलें

ऑफिस से संभव हो सके तो रात होने के पहले ही निकल जाएं। यदि किसी जरूरी मीटिंग में देर हो भी गई तो समूह में ही एक साथ घर के लिए निकलें। वैसे आजकल लेट आवर्स में काम करने वालों को ऑफिस द्वारा घर तक छुड़वाने की व्यवस्था भी होती है।

अगर कोई पीछा करे

यदि आपको ऐसा लगता है कि रास्ते में कोई आपकी गाड़ी का पीछा कर रहा है तो आगे न जाएं, कहीं रुक जाएं और किसी पर आपको संदेह हो तो

मदद लेने से न हिचकें। सफर में किसी से ज्यादा प्रगाढ़ मित्रता न करें न ही हर अजनबी द्वारा दी गई चीज खाएं।

अधिक जेवर पहनकर न चलें

अधिक कीमती जेवरात पहनकर घर से बाहर न जाएं। सामान्य जेवर जैसे मंगलसूत्र, चेन आदि पहनकर जाएं। अधिक जेवर देखने पर किसी की भी नियत खराब हो सकती है। जेवर लूटने के चक्कर में चोर आपकी अस्मत को भी लूट सकता है।

साहस को बनाएं हथियार

आपका सबसे पहला हथियार है सतर्कता। जब आप किसी वाहन में बैठी यात्रा कर रही हों या सड़क पर पैदल चल रही हों, ऐसे समय में अपने आसपास के वातावरण के प्रति सतर्क रहें। आपकी सतर्कता दुर्घटना से बचा सकती है।

यदि कुछ अनहोनी होने की आशंका लग रही हो, तो सबसे बेहतर विकल्प है कि आप उस स्थान से कहीं दूर चली जाएं। किसी भी ऐसे स्थान पर आ जाएं जहां रोशनी व लोगों की आवाजाही हो।

यदि कभी किसी प्रकार की अनहोनी होती है और अपराधी आपको उपचार आदि का प्रलोभन देकर अपने साथ चलने या कार में बैठने के लिए कहे तो कभी न जाएं, ऐसा करने से आपकी जान को और खतरा बढ़ जाएगा।

कभी भी ऐसे वक्त पर राह चलते लोगों से मदद मांगने में संकोच न करें। तुरंत मदद के लिए चीखें या लोगों का ध्यान अपनी ओर आकर्षित करने के लिए कुछ करें। जरूरत पड़ने पर जोर-जोर से चिल्लाएं।

भले ही आपने सेल्फ डिफेंस की ट्रेनिंग न ली हो, आप शारीरिक रूप से मजबूत न हों पर अपनी सुरक्षा के लिए कदम जरूर उठाएं। कई बार इस डर से ही अपराधी किस्म के लोग कन्नी काट लेते हैं और आप सेफ हो जाती हैं।

आत्मरक्षा के लिए उस समय जो भी बन पड़े करें, आवश्यक हो तो हमला करने से भी न कतराएं। हमला करते वक्त सबसे पहले अपराधी की आंख पर हमला करें, ऐसा करने से भाग निकलने का मौका मिल जाता है।

अपने पर्स में पेपर स्प्रे यानी मिर्च से बना स्प्रे व स्टेन गन की अलार्म रख सकती हैं। पेपर स्प्रे बाजार में आसानी से मिल जाते हैं। ऐसी जगह रखें जहां

आपका हाथ आसानी से पहुंच जाए। यात्रा के दौरान अपना फोन हमेशा चार्ज रखें।

यात्रा के दौरान अपनी सुरक्षा का ध्यान रखें। अपरिचितों से अधिक मेलजोल न बढ़ाएं। जहां तक संभव हो सड़क पर चलते समय बस या मैट्रो में बैठे हुए फोन पर अधिक देर तक बातें न करें। बातचीत के दौरान आपका ध्यान आसपास से हट जाता है, जिससे अपराधी आपको टारगेट बनाने में आसानी महसूस करते हैं। इसके अलावा फोन पर व्यक्तिगत सूचनाएं न बताएं।

अप्रिय घटना की स्थिति में सौ नंबर पर संपर्क करने में परहेज न करें। कुछ दोस्तों के नंबर स्पीड डायल पर रखें।

अप्रिय घटना किसी के साथ भी घट सकती है, ऐसे में हर स्थिति के लिए तैयार रहें। सेल्फ ट्रेनिंग लें।

(लोकमत, टुडे एंड टुमारो, मजनून)

8

जिसका दर्द वही जाने

'दूसरों की जरूरतों को अहमियत देना नारी का नैसर्गिक गुण है। उसकी संतुष्टि इसी में है कि उसकी योग्यता किसी बेहतर तरीके से दूसरों के काम आ सकती है।' – टिली ओल्सन

आज वर्तमान समय में चाहे भारतीय समाज कितनी ही तीव्र गति से उन्नति कर रहा हो, परन्तु आज भी कहीं न कहीं स्त्री की इच्छाओं को कुचल दिया जाता है। प्राचीन समय में भी स्त्री की दशा दयनीय थी। इतिहास के पन्नों को पलट कर देखा जाए, तो न जाने कितने ही दृश्य हमारे सामने आ खड़े होंगे, जहां स्त्री की दशा बेहद खराब थी। जिस समय रामायण और महाभारत जैसे ग्रन्थों की रचना हुई, उस समय भी स्त्री का जीवन विपत्तियों से भरा हुआ एवं संघर्षपूर्ण था। सदियों से पुरुष भारतीय समाज में अपना वर्चस्व बनाए रखने के लिए स्त्री के अस्तित्व को कुचलते रहे हैं, मानसिक रूप से प्रताड़ित करते आए हैं। नारी पर केवल अधिकार जमाया जाता है, उसे अधिकार नहीं दिए जाते। यही वजह है कि स्त्री की दशा में आज भी कोई विशेष सुधार नहीं दिखता।

शरीर के हक से भी दूर

शिक्षा और समानता के लाख दावों के बावजूद आज भी हमारे समाज की नीति–रीति और नीयत महिलाओं के प्रति ज्यादातर सुविधापूर्ण ही है। देश का नारी समाज आज भी ऐसी अनेक समस्याओं के बीच जीने को अभिशप्त है जिनकी तरफ कोई ध्यान देने वाला नहीं है। इनके निदान हेतु न तो सरकारी स्तर पर कोई कदम उठाया जाता है और न ही गैर–सरकारी संगठन या स्वयंसेवी संस्थाएं कोई प्रभावी कार्य करना चाहती हैं।

कई स्वयंसेवी संस्थाओं ने महिला कल्याण तथा उनकी अनेक समस्याओं के लिए स्वर मुखर किया है फिर भी समाज की पुरुष प्रधान मानसिकता हर जगह हावी रहती है। महिला समाज के सामने कई स्तर पर चुनौतियां मौजूद हैं। यहां तक कि उन्हें अपने शरीर पर ही पूरा हक नहीं मिला हुआ है। खासतौर पर संतान प्राप्ति के मामले में भी नारी को खुद की इच्छाओं तथा भावनाओं से अधिक पति और परिवार की इच्छा तथा समाज की तरफ देखना पड़ता है। गर्भपात का मामला तो दशकों से विवाद का विषय बना हुआ है। काफी चर्चा तथा सक्रियता के बावजूद भी गर्भपात पर महिलाओं की दशा निर्णायक नहीं हो पाई है।

सामाजिक आलोचना के भय से ही आज भी अधिकांश अस्पतालों की बजाए लुके-छिपे तौर पर नीम-हकीमों या गांव की दाइयों द्वारा इलाज कराया जाता है। एक रिपोर्ट के अनुसार ऐसे अस्वस्थ, कम प्रशिक्षित माहौल में लगभग पिचयानवे प्रतिशत गर्भपात कराए जाते हैं। शेष केवल चार-पांच प्रतिशत ही चिकित्सकीय देखरेख में होते हैं, जिसके चलते प्रतिवर्ष हजारों की संख्या में नारी काल के गाल में समा जाती हैं। वैसे देखा जाए तो समाज में नारी विरोधी मानसिकता यहां भी अपना काम करती दिखाई देती है तथा अधिकांश गर्भपात स्त्री-भ्रूण हत्या की गरज से ही कराए जाते हैं।

कार्यस्थलों पर शोषण

समाज में शिक्षा का प्रसार तेजी के साथ हुआ है। पढ़-लिखकर महिलाएं भी आर्थिक रूप से आत्मनिर्भर हो गई हैं, किन्तु कई बार कार्यस्थलों पर उनका शोषण आज भी होता है। अपने पुरुष सहकर्मियों द्वारा सताए जाने तथा छेड़छाड़ के दर्जनों मामले प्रकाश में आते रहते हैं।

इसी के मद्देनजर देश की सर्वोच्च अदालत ने महिलाओं के यौन शोषण को लेकर 20 जनवरी, 1999 को कानूनी पहल की थी और कहा था कि यह न्यायालयों की संवैधानिक जिम्मेदारी है कि लैंगिक समानता, स्वतंत्रता तथा जीवन के मौलिक अधिकारों की रक्षा हो, इसी तरह एक वरिष्ठ अधिकारी द्वारा अपनी महिला सहकर्मी के यौन शोषण के मामले में अधिकारी की विभागीय जांच के फलस्वरूप बर्खास्तगी को जायज ठहराते हुए सर्वोच्च न्यायालय की दो सदस्यीय खंडपीठ ने स्पष्ट कहा था कि किसी औरत का कार्यस्थल पर यौन शोषण उसकी मर्यादा व आत्मसम्मान दोनों के विरुद्ध है। उच्चतम

न्यायालय की सक्रियता के पश्चात ही भुक्तभोगी महिला को न्याय नसीब हो सका। सवाल उठता है कि क्या सभी महिलाएं इतनी दौड़ भाग कर सकती हैं? सीधी-सी बात है कि अत्यधिक दांवपेंच व सक्रियता न बरत पाने वाली महिलाओं को न्याय मिल पाना नामुमकिन है।

दोहरी जिम्मेदारी से परेशान

आज शादीशुदा महिलाएं नौकरी तो कर रही हैं। उसने समाज के हर क्षेत्र में अपनी सफलता और क्षमता के जरिए खास पहचान भी बनाई है। बड़े-बड़े कीर्तिमान भी स्थापित किए हैं। पुरुषों के साथ कंधे से कंधा मिलाकर चल रही हैं, लेकिन पुरुषों की भांति उन्हें घर की चारदीवारी से मुक्त नहीं किया जा सका है। कामकाजी महिलाओं के समक्ष सबसे बड़ी समस्या यह है कि अपनी ड्यूटी से लौटने के पश्चात् उन्हें घर के सारे काम भी निपटाने होते हैं। पति व बच्चों के लिए सभी आवश्यक प्रबंध करने होते हैं। जिस तरह प्राचीन काल में औरत का काम चूल्हा-चौका रहा है उसी भांति आज शारीरिक श्रम करने वाली तथा नौकरीपेशा महिलाएं भी इन जिम्मेदारियों में दबी हैं। इन दोहरी जिम्मेदारी के बीच अवसाद व मानसिक दबाव महसूस करती है तथा कई बार मनोविकार की चपेट में भी आ सकती है। मनोचिकित्सकों के अनुसार ऐसे में महिलाएं बने आउट सिंड्रोम की शिकार हो जाती हैं।

दरअसल लगातार तनाव में रहना ही बने आउट सिंड्रोम है और कामकाजी महिलाओं में सर्वाधिक पाया जाता है। इससे बचने के लिए काउंसलिंग बहुत ही जरूरी है। दरअसल होता यह है कि काम के दोहरे तनाव से उन्हें अत्यधिक तकलीफ के साथ सेहत की कई परेशानियां भी हो जाती हैं। उन्हें सामान्य चिकित्सा के साथ-साथ मनोचिकित्सा की आवश्यकता होती है।

लड़की को लड़का पसंद करने का अधिकार नहीं

हमारे देश में किशोरियों की एक खास समस्या शादी पूर्व लड़की दिखाया जाना है। यह एक परम्परा से चली आ रही है जिसमें लड़के वालों के समक्ष लड़की की नुमाइश ही की जाती है। बोलचाल से लेकर चाल-चलन, खाना बनाने, खिलाने तक की परख ली जाती है। कई बार लड़के पक्ष की महिलाएं लड़की के चेहरे को कपड़े से रगड़कर भी देखती हैं कि कहीं सौंदर्य सिर्फ

प्रसाधनों का ही तो नहीं है। जबकि ऐसी किसी पूछ परख से लड़के को नहीं गुजरना पड़ता है।

समाज लड़की पसंद करने का अधिकार तो लड़के को देता है किंतु लड़की को लड़का पसंद करने का अधिकार नही देता है। आखिर यह विरोधाभास क्यों? क्या सरकार व स्वयंसेवी सामाजिक संस्थाएं समाज की इस दोहरी मानसिकता को समाप्त कर सकती हैं?

शादी के बाद सरनेम

शादी के बाद स्त्री का सरनेम बदल जाता है। पारम्परिक रूप से दुनिया भर में शादी होने के बाद महिलाओं का कुल-गोत्र वही हो जाता है जो उसके पति का होता है। इस परम्परा को निभाने के मामले में सिर्फ हिन्दू ही नहीं मुस्लिम, सिख, ईसाई सभी हैं। महाराष्ट्र में तो शादी के बाद लड़की का सरनेम ही नहीं, उसका नाम भी बदल दिया जाता है यानी जो कुछ उसका पिछला है वह सब कुछ छोड़कर पति के परिवार को अपनाती है। एक बार जो पति का नाम उसके साथ जुड़ गया वह आजीवन जुड़ा रहता है, इसमें दोनों ही पक्षों को कोई आपत्ति नहीं होती थी।

आज यह सवाल पैदा हो रहा है कि स्त्री ने अपने नाम की जो पहचान बनाई वह शादी के बाद तुरंत कैसे बदल दे। यह नाम जैसे एश्वर्या राय, जूही चावला, शिल्पा शेट्टी आदि हैं! जिन्होंने अपने बदल पर एक अलग पहचान बनाई। यही नाम शादी के बाद एश्वर्या बच्चन, जूही मेहता या शिल्पा कुंदा के रूप कैसे पहचान बना सकता है। इस मामले में पुरुष समाज का कहना है– हर स्त्री को अपना सरनेम बदल देना चाहिए। इसके लिए महिलाओं ने एक बीच का रास्ता निकाल लिया है। वह है अपने पहले वाले सरनेम के साथ अपने पति का भी सरनेम जोड़ लिया है। इसे कुछ हद तक समाज ने भी मान लिया है।

स्त्री के नाम के साथ लगे सरनेम को लेकर एक और बहस चल रही है। तलाक के बाद क्या स्त्री को अपने पति का सरनेम लगाना चाहिए या पिता का? इस मामले में व्यावहारिकता के तकाजे के चलते अनेक महिलाओं ने अपने पूर्व पति के सरनेम को नहीं छोड़ा। इस पर कुछ लोग आपत्ति उठा रहे हैं। उनका कहना है कि इस तरह से वे अपने पति के नाम का दुरुपयोग कर सकती हैं। इस बारे में अनेक लोगों का कहना है कि स्त्री को अपने पति के

सरनेम को हटा देना चाहिए, क्योंकि तलाक पति-पत्नी की चरम कटुता का परिणाम होता है। इसके बाद उसके सरनेम क्या उसके नाम तक से घृणा होनी चाहिए। उसे भूलकर सिर्फ अपने नाम या पिता का सरनेम फिर से इस्तेमाल करना शुरू कर देना चाहिए।

तलाक एक बहुत बड़ा और महत्त्वपूर्ण निर्णय होता है, क्योंकि इसके बाद जब एक महिला इसमें कदम रख देती है तो उसे कई स्तर पर लाखों संघर्षों से जूझना पड़ता है। उस समय उसके नाम के पीछे क्या सरनेम लगा रहेगा, यह कहना महत्त्वपूर्ण नहीं रह जाता, जितना कि उसे आगे क्या करना है, का प्रश्न रह जाता है, लेकिन आज के युग में आदर्श स्थिति तो यही होगी कि शादी के वक्त ही लड़की थोड़ी दृढ़ता का परिचय दे और वैयक्तितता बरकरार रखते हुए जिंदगी का बाकी का सफर अपने मूल, कुल, गोत्र के साथ ही पूरा करे जिससे कोई समस्या उसके सामने खड़ी न हो पर ऐसा होता कहां है। महिलाओं के उसके प्रथम नाम से नहीं बल्कि कोई न कोई पुछल्ला जरूर होता है उसके पिता का या पति का।

बदलना होगा समाज का नज़रिया

नारी का दूसरा नाम है 'सहना', यही उसकी नियति है और यही उसके सुखों की शर्त है। नारी का यह सहनशील रूप ही है जो हर जगह, हर स्तर और हर वातावरण में सहज स्वीकार्य है। इससे ज़रा भी हट कर यदि कोई स्त्री रहना चाहे तो समाज कभी भी उसकी इजाजत नहीं देता। उसकी परेशानी पर तुरंत बल पड़ जाते हैं। हमारे आस-पास होने वाली घटनाएं इसका प्रत्यक्ष प्रमाण हैं कि जब तक समाज का नजरिया नहीं बदलता तब तक नारी की दशा में कुछ सुधार नहीं हो सकता। चाहे वह अपने प्रति होने वाले अत्याचारों से तंग आकर अपनी जान ही क्यों न दे दे, चाहे अत्याचारों को नकार कर अपनी अलग राह बनाए। समाज की नजरों में वही गुनहगार बनती है।

नारी की दशा सुधार की बड़ी-बड़ी दलीलें, उसकी प्रगति के अनेक उदाहरण या स्त्री-स्वतंत्रता के लुभावने विज्ञापन उन घटनाओं को झुठला नहीं सकते, जिन्हें हम नित्य-प्रति अपनी आंखों से देखते हैं। एक लड़की ने शादी के बाद पति और ससुराल वालों की ज्यादतियों से तंग आकर खुदकुशी कर ली। सभी की सहानुभूति लड़की के साथ थी, सभी ने अपने-अपने तरीके से लड़के वालों को भला-बुरा कहा। उसके पति को कोसा और लड़की को 'बेचारी' कहा।

उसके पीहर वालों से सबने हमदर्दी दिखाई। ससुराल वालों को राक्षस, कसाई और न जाने क्या-क्या नाम दिए। इस हादसे के तीन महीने बाद ही लड़के की दूसरी शादी में वे सभी लोग शामिल हुए जो लड़की की मृत्यु पर उसके ससुरालवालों को धिक्कार रहे थे। सभी के चेहरे व संवाद बदले हुए थे।

वहीं दूसरी लड़की काफी समझदार निकली। वह समाज के प्रगतिशील विचारों और कानूनी बारीकियों को जानती थी। वह ससुराल वालों के नित नए षड्यन्त्रों और पति की बेवफाई से आहत होकर एक दिन सब कुछ छोड़कर वापस अपने पिता के घर चली आई। जिस बेटी के सुख के लिए पलक पांवड़े बिछाते थे, उसके लौटते ही उनकी त्यौरियां चढ़ गईं। भाई-भाभी जो अपनी लाडली बहन को सर-आंखों पर बैठाते थे, मुंह बिचकाने लगे। सबको नजरअंदाज कर लड़की ने हिम्मत की और नए सिरे से अपनी जिन्दगी शुरू करने का निश्चय किया। पर यह क्या? पूरे गांव में एक ही प्रश्न था, लड़की ससुराल में क्यों नहीं टिकी?

वह लड़की तो अपने आत्मविश्वास से समाज में एक नया अध्याय लिखना चाहती थी जो जानती थी कि 'अत्याचार सहने का मतलब उसे और बढ़ावा देना है।' जो समझती थी कि उसे भी अपनी जिन्दगी अपने ढंग से तीन का हक है। अचानक ही उसे लगने लगा मानो उससे बहुत बड़ी भूल हो गई है। पूरा समाज ही नहीं उसका अपना परिवार भी उसे यह एहसास दिला रहा था कि गुनाह उसके ससुराल वालों ने नहीं बल्कि उसने किया है। उनकी ज्यादतियों के खिलाफ सर उठाकर और अपनी डोली जिस घर गई थी उस घर से बिना अर्थी के निकल कर उसने समाज की मर्यादा भंग की है। वही दोषी है अतः वही दंड की भागी है। ससुराल वाले तो अपने खानदान की शान बघारते बहू के घटिया खानदान को कोसते हुए अपने समाज की हमदर्दी बटोर रहे थे।

हर रूप में नारी के त्याग और बलिदान से ही अपना सुख चाहने वाला समाज कैसे उसके प्रति न्याय-संगत हो पाएगा? हमारे आसपास होने वाली घटनाएं इसका प्रत्यक्ष प्रमाण हैं कि जब तक समाज का नजरिया नहीं बदलता तब तक नारी की दशा में कुछ सुधार नहीं हो सकता।

मुश्किलें भी कम नहीं

जहां एक तरफ व्यवसाय के हर क्षेत्र में महिलाओं की भागीदारी बढ़ी है, वहीं दूसरी तरफ उनकी परेशानियां व मानसिक तनाव भी कम होने की बजाए

बढ़े ही हैं, क्योंकि आधुनिक सोच होने के बावजूद पुरुष वर्ग अभी भी अपनी सामंती मानसिकता से ऊपर नहीं उठ पाया है। समाज के विकास में महिलाओं की भूमिका कई स्थानों पर पुरुषों से अधिक महत्त्वपूर्ण हो गई है, इसके बावजूद महिलाओं और विशेषकर कामकाजी महिलाओं की मुश्किलें बढ़ी ही हैं। आधुनिकता और बराबरी का हक देने वाले इस पुरुष समाज में आज भी कामकाजी महिलाएं अपेक्षाकृत अधिक श्रम और कार्य के प्रति अपने पूर्ण समर्पण के बाद भी कमजोर ही समझी जाती हैं जबकि अपने कौशल और अपने संघर्ष के बल पर स्त्रियों ने लगभग हर क्षेत्र में बराबर की भागीदारी निभाई है।

व्यवसाय के कितने ही क्षेत्र ऐसे हैं जिनको पुरुष-प्रभुत्व वाले समाज ने यह आवरण पहना रखा है कि अमुक कार्य केवल महिलाएं ही कर सकती हैं। जैसे किसी ऑफिस, संस्थान या होटलों में, अस्पतालों आदि में रिसेप्शनिस्ट की नौकरी। ऐसा नहीं है कि इस कार्य को पुरुष नहीं कर सकता, लेकिन नारी देह के आकर्षण का व्यावसायिक लाभ उठाने की मानसिकता ने इस व्यवसाय को केवल महिलाओं के लिए सीमित कर रखा है। विभिन्न व्यवसायों से जुड़ी कामकाजी महिलाओं का मन टटोलने के बाद यह निष्कर्ष निकाला जा सकता है कि उन्हें जानबूझकर अपनी प्रतिभा को निखारने का अवसर नहीं दिया जाता।

इसके अलाला घरेलू समस्याएं भी उसी अनुपात में बढ़ी हैं। आजकल मॉडलिंग, मार्केटिंग और विज्ञापन जैसे क्षेत्र में प्रतिनिधि के रूप में अधिकतर नियुक्तियां महिलाओं की ही की जा रही हैं। मीडिया के क्षेत्र में भी, चाहे वह विज्ञापन प्रतिनिधि हो, पत्रकार हो या कंप्यूटर ऑपरेटर, लड़कियों का ही वर्चस्व है। टेलीफोन ऑपरेटर के पद पर अधिकतर महिलाएं नियुक्त की जाती हैं। ऐसी महिलाओं को अनजान लोगों की कई तरह की सभ्य और असभ्य बातें सुननी पड़ती हैं। इनके अलावा समय-असमय आने वाले ब्लैंक कॉल्स व असभ्य फोन से वह हमेशा परेशान रहती है।

यह आम धारणा है कि हर पांच सितारा होटलों में, कार्यालयों में आने वाले लोगों के स्वागत के लिए सुन्दर और आधुनिक समझी जाने वाली महिला की नियुक्ति की जाती है। जिसके काम को, व्यवसाय को प्रोत्साहन मिल सके। खेल के मैदान में दर्शकों को खुश करने, उनमें उत्साह, उत्तेज्ना बढ़ाने के लिए चियर्स गर्ल की नियुक्ति की जाती है जिन्हें छोटे-छोटे कपड़े पहनकर अपने शरीर का प्रदर्शन कर दर्शकों को खुश करना होता है।

फैशन डिजाइनिंग में आने वाली महिला को भी कम परेशानी का सामना नहीं करना पड़ता है। इतने प्रगतिशील व्यवसाय में भी महिलाओं को अभद्रता का व्यवहार सहना पड़ता है। फैशन हाउस में काम करने वाली लड़कियों को असभ्य टिप्पणियों को सहन करना पड़ता है। साथ-ही-साथ उन्हें अपने मातहत कार्य करने वालों की तीखी नजरों को भी झेलना पड़ता है। एक फैशन डिजाइनर ने बताया- वह जो भी फैशन डिजाइन करती है या करवाती है, पहले उसे ही पहनकर बॉस को दिखाना पड़ता है। ऐसे में देह को बेधती बॉस की निगाहों से बचना मुश्किल हो जाता है।

कई प्राइवेट कंपनियों में कार्य करने वाली युवतियों को सामान्य तौर पर जिस काम के लिए रखा जाता है, उसे उस काम से कोई मतलब नहीं होता, वह तो नए ग्राहक को फंसाने के भी डील में उसका इस्तेमाल किया जाता है। अनेक बार तो उसका यौन शोषण भी किया जाता है।

(भास्कर, स्वतंत्रमत, नायिका)

9

एक सच यह भी

'मैं एक दुःखी और बोर शादीशुदा स्त्री बनने की बजाए एक सुखी और संतुष्ट अकेली स्त्री बनना पसंद करूंगी।' – शोभा डे – प्रख्यात लेखिका

बीते कुछ वर्षों में यदि नजर डाली जाए तो हम पाएंगे कि हमारे समाज में महिलाएं दो हिस्सों में विभाजित हो गई हैं। पहले में घरेलू किस्म की महिलाएं आती हैं, जो दिन भर घर में ही रहकर कामकाज करती हैं और दूसरे वर्ग में कामकाजी महिलाओं को यानी वर्किंग वूमेन को रखा गया है। ऐसे में कई बार देखा गया है कि घरेलू महिलाएं एकत्रित होने पर कामकाजी महिलाओं की व कामकाजी महिलाएं एकत्रित होने पर घरेलू महिलाओं की आलोचना करने लगती हैं।

घरेलू महिलाओं के बारे में कामकाजी महिलाओं का कहना है कि वे दो वक्त का खाना बनाने के अलावा कुछ नहीं करतीं। उनका अधिकांश समय गपबाजी व टी.वी. देखने में व्यतीत होता है। वे समय का अपव्यय करती हैं।

वहीं दूसरी ओर घरेलू महिलाओं का मानना है कि कामकाजी महिलाएं घर-गृहस्थी, पति व बच्चों की अपेक्षा कर रही हैं। वे बस पैसे व करियर के पीछे भाग रही हैं। देखा जाए तो दोनों की सोच एकपक्षीय है। प्रत्येक महिला अपनी रुचि, स्वभाव व परिस्थितियों के अनुसार घरेलू या कामकाजी होती है।

सभी गृहणियां गपबाजी या टी.वी. देखने में समय व्यतीत नहीं करतीं। समय के साथ गृहिणी की भूमिका भी बदल गई है। वह घर में रहती है, इसलिए अधिकांश घरेलू कार्यों की जिम्मेदारी स्वयं वहन करती है। साथ ही बाहर के काम जैसे बच्चों को स्कूल छोड़ने या लेने जाना, बिजली, पानी, टेलीफोन के बिल भरना, दैनिक जरूरतों एवं तीज-त्यौहार की खरीदारी करना, बैंक के काम निपटाना आदि उसे ही करने होते हैं।

बच्चों की पढ़ाई व घर के बुजुर्गों की देखभाल भी उसी के जिम्मे होती है। इनमें बच्चों के स्कूल में पेरेंट-टीचर मीटिंग में जाना या बच्चों व बुजुर्गों को डॉक्टर के पास ले जाना जैसे काम भी शामिल हैं। ये सभी काम देखने में भले ही छोटे हों, पर समय की मांग करते हैं। घर में रहने के कारण परिवार वालों व रिश्तेदारों की उससे अपेक्षाएं भी अधिक रहती हैं। परिवार वाले चाहते हैं कि वह घर भी साफ-सुथरा रखे, रोज के भोजन में विविधता हो। इस कारण उसे रसोई में ज्यादा समय देना पड़ता है। इतना सब वह खुशी-खुशी कर लेती है। पर उसे दुःख तब होता है जब कई बार 'क्या करती रहती हो दिनभर' पूछकर उससे दिनभर के कार्यों का हिसाब मांगा जाता है। उसे निकम्मा होने का अहसास कराया जाता है।

दूसरी ओर कामकाजी महिला घर-बाहर की दोहरी जिम्मेदारी निभाते-निभाते थक जाती है। वह चाहे या न चाहे नौकरों की सहायता लेना उसकी मजबूरी होती है। सुबह से रात तक व्यस्त रहने के बाद भी कई बार घर-परिवार व बच्चों की अपेक्षा होने का अपराध-बोध उसे सताता रहता है।

कहने का आशय है– महिला घरेलू हो या कामकाजी दोनों की अपनी अलग-अलग समस्याएं हैं, अलग-अलग तनाव हैं व अलग-अलग उपलब्धियां हैं। अतः दोनों ही वर्गों की महिलाएं किसी भी प्रकार से दूसरे से स्वयं को श्रेष्ठ न समझें बल्कि महिला होने के नाते एक-दूसरे की समस्याओं को समझें व आपस में सहयोग करने की कोशिश करें।

कुछ गलत धारणाएं

महिलाएं कामकाजी हों या घरेलू, पुरुष प्रधान समाज में अक्सर गलत अवधारणाओं द्वारा मानसिक रूप से आहत होती हैं। वे अपने क्षेत्र में कितनी ही कुशल, निपुण एवं परिश्रमी हों तो भी उन्हें पुरुषों से कम ही आंका जाता है। चाहे वर्किंग वुमेन हो या हाउस वाइफ दोनों ही कुशल होते हुए भी पूर्वाग्रहों की शिकार होती हैं।

गृहणीयों के बारे में

– यदि कोई महिला पूरे समय घर के कार्य करने के बाद फुर्सत के क्षण में एक-आधा घंटा लेट जाए तो आम बोलचाल में कहा जाता है कि यह दिनभर पलंग तोड़ती रहती है और काम ही क्या है? लेकिन यदि सारा कार्य

निपटाकर वह फुर्सत के पल में कुछ देर आराम कर लेती है तो क्या हर्ज है।

- यदि किसी दिन बच्चों की स्कूल बस छूट जाए या पतिदेव का टिफिन बनाने में 5 मिनट भी देर हो जाए तो उसे सुनना पड़ेगा कि 'तुम क्या जानो समय की पाबंदी, नौकरी करके देखो फिर पता चलेगा समय का महत्त्व।'

ऐसी घटना कभी-कभार ही घटती होगी, परंतु बाकी पूरे समय वह गृहिणी ही जानती है कि घर के प्रत्येक सदस्य का कार्य करने के लिए वह कैसे समय का प्रबंधन करती है। फिर भी उसे उपरोक्त पंक्ति सुननी पड़ती है।

- दिन के खाली समय में यदि पड़ोसन सहेली से कुछ देर बातें कर ले, तो कहा जाएगा कि इनके पास समय की क्या कमी है, दिनभर इधर की बातें उधर करती रहती हैं।

परंतु वास्तविकता यह भी हो सकती है कि वे कुछ महत्त्वपूर्ण बातों का आदान-प्रदान करती हों, जिसके द्वारा एक-दूसरे से कुछ नया सीख पाती हैं।

- गृहिणियों को अक्सर यह भी सुनना पड़ता है कि इन्हें सेवकों की क्या आवश्यकता है, दिनभर तो घर में खाली ही रहती हैं।

पहली बात तो सबसे बड़ी गलतफहमी यही है कि घरेलू काम कम होते हैं। फिर मान लीजिए सेवकों की सुविधा मिल जाए तो गृहिणियों कुछ समय अपने लिए भी निकाल सकती हैं।

कामकाजी महिलाओं के बारे में

- कामकाजी महिलाओं के बच्चे यदि परीक्षा में कम अंक लाएं या फिर से शारीरिक रूप से कमजोर हों तो कहा जाता है कि नौकरी करने से बच्चों की देखभाल में कमी तो रहेगी ही और यदि बच्चे पढ़ने में अच्छे हों तो अरे वे बच्चे तो जन्म से ही होशियार हैं, वरना मां के पास तो समय ही कहां है?

जबकि सत्यता यह है कि कोई भी मां कितनी ही व्यस्त क्यों न हो, उसके बच्चे ही उसकी प्राथमिकता होते हैं। यह देखने में आया है कि कामकाजी मां के बच्चे दूसरों की अपेक्षा अधिक आत्मनिर्भर होते हैं।

- व्यस्तता के कारण घर का कोई काम (जो कि वास्तव में आवश्यक नहीं है) छूट जाए तो धारणा बन जाती है कि नौकरी के कारण घर की देखभाल ठीक से नहीं करती। घर अस्त-व्यस्त रहता है।

यदि घर साफ-सुथरा एवं व्यवस्थित हो तो कहा जाता है कि पूरा घर तो बाई के भरोसे चलता है, वे तो बाई अच्छी मिल गई है वरना तो...

जबकि वास्तविकता यह है कि घर का रख-रखाव व्यक्तिगत स्वभाव होता है, उसके लिए महिला का कामकाजी या घरेलू होना आवश्यक नहीं होता। यह भी जरूरी नहीं कि प्रत्येक कामकाजी महिला सेवक का खर्च वहन कर ही सके।

– ईमानदारी एवं निष्ठापूर्ण कार्य करने के बावजूद यह धारणा आम है कि महिलाएं भी कभी पुरुषों के बराबर काम कर सकती हैं भला?

जबकि वास्तविकता यह है कि महिलाएं कार्यलयीन समय में ध्यानपूर्वक लगन के साथ अपने काम में व्यस्त रहती हैं, वे लंच ब्रेक एवं चाय के समय में कार्यालय में ही रहती हैं और समय पर अपना काम कर घर चल देती हैं।

– कुछ लोगों में यह धाारणा भी होती है कि महिलाएं वेतन तो पुरुषों की बराबरी का पाती हैं, परंतु काम में पुरुषों की बराबरी नहीं कर पाती हैं।

यह धारणा सरासर गलत है। महिलाएं समान और स्वस्थ प्रतियोगिता में पुरुषों से आगे निकलकर अपनी कार्य-कुशलता के आधार पर अवसर पाती हैं। आजकल कई संस्थानों में महिलाओं की नियुक्ति पुरुषों की बराबरी में ही दी जा रही है, क्योंकि महिलाएं किसी भी स्तर पर कार्यकुशलता के आधार पर पुरुषों से कम नहीं होतीं।

– यह एक धारणा तो बहुत ही मिथक लगती है कि महिलाएं पैसा कमाती हैं तो हावी होती हैं और राय देकर अपनी वाली चलाती हैं।

परंतु इस तरफ भी ध्यान आकर्षित होना आवश्यक है कि आजकल महिलाएं भी घर से बाहर निकलकर कार्य करती हैं। जाहिर है कि वे भी बाहर की सामाजिक, आर्थिक एवं राजनीतिक गतिविधियों में अपडेट होती हैं। अतः अपनी राय देने में गलत को गलत सिद्ध करने में नहीं हिचकिचाती, क्योंकि उनकी भी अपनी एक पहचान होती है। उनके पास भी अनुभव होते हैं।

कहने का तात्पर्य है कि आज के बदलते परिवेश में वास्तविकता को नजरअंदाज कर हम पुरानी मिथ्या, अवधारणाओं को ढोते आ रहे हैं। हमें अब ऐसी नई धारणाओं को बनने से हतोत्साहित कर एक-दूसरे की प्रगति में बाधक न बनकर एक-दूसरे की प्रेरणा बनना है।

अब तो जाग जाओ

खमोश नजरें, असहाय व्यवहार, डर और भय की जिंदगी जिसकी प्रवृत्ति है, पति को परमेश्वर मानती है और वही परमेश्वर हर रोज शैतान का रूप लेकर उसे यातनाएं देता है। आखिर ये कहां का इंसाफ है? महिलाएं कब तक जलेंगी आग में, कब तक सहेंगी ये यातनाएं। आपको ही बढ़ाने होंगे अपने कदम, तभी संभलेगा माहौल।

एक शहर के अच्छे से फ्लैट में एक संभ्रांत परिवार रहता है। एक रात करीब दो बजे उनके घर से बहुत जोर का शोर आने लगा। थोड़े ध्यान से सुनने पर मालूम हुआ कि पति पत्नी को पीट रहा है। कारण सिर्फ इतना कि पत्नी ने पति को शराब न पीने के लिए बोला था।

परिवार धन संपन्न है और शिक्षित भी है। दो बच्चों के बाद पत्नी बी. एड. की पढ़ाई कर रही है, लेकिन आए दिन उनके घर से मारपीट और गंदी गालियों की आवाजें पड़ोसियों को सुनने को मिल ही जाती हैं। साथ ही उनके बच्चों की दबी सिसकियां और सहमी नजरें भी अपने पिता के वहशीपन को देखती हैं तो कभी अपनी मां की बेबसी पर रोती हैं। सबसे बड़ी विडम्बना कि सास भी बहू को ही चुप रहने के लिए बोलती है ताकि मामला रफा-दफा हो जाए।

एक दिन किसी ने महिला से कहा कि यह स्थिति बहुत बुरी है तो आपको इसका विरोध करना चाहिए। विरोध की बात सुनकर स्त्री ने कुछ नहीं कहा और चुपचाप कुछ सोचती-सी चली गई। शायद उसके पास विरोध के लिए कोई विकल्प नहीं है, क्योंकि हमारे समाज में ये धारणा ही बन चुकी है कि विरोध पत्नी पति से अलग से मतलब कि तलाक, जो किसी भी स्त्री के लिए बहुत ही बुरा अनुभव है।

आज की तलाकशुदा महिला को लोग अच्छी निगाह से नहीं देखते हैं, इसके पीछे सोच यही है कि अगर आप तलाकशुदा हैं तो आपके ही आचरण में कमी है। इस स्थिति में पुरुष बेदाग छूट जाता है, क्योंकि वो पुरुष है और पुरुषसत्तात्मक समाज में उसे कुछ भी करने की छूट है, लेकिन महिला के लिए कुछ भी करना मुमकिन नहीं है। विरोध किस तरह करना है? इस पर उसे इतना ही करना है कि जब पति हाथ उठाए तो पलटकर पूरी ताकत से एक तमाचा उस पर वार करे। यकीन मानिए, ये तमाचा उसके शरीर पर नहीं

बल्कि आत्मा और अहम पर पड़ेगा। ऐसा करने से उसके अहम को बहुत ठेस पहुंचेगी। पर इतना साहस कोई भी भारतीय स्त्री नहीं कर पाती है।

परिवार की इज्जत के खातिर

घर-परिवार ऐसे दो शब्द हैं, जो किसी भी व्यक्ति को सुरक्षा और सुकून का अहसास दिलाते हैं, लेकिन जब घर के अपने, भरोसे और प्यार की दीवार को गिराकर अपनों को ही प्रताड़ित करने लगते हैं, तो वह शांति का घरौंदा इतना हिंसक और घिनौना हो जाता है कि उसमें दम घुटने लगता है। अमूमन ऐसी प्रताड़ना की शिकार महिलाओं को ही होना पड़ता है, क्योंकि वे घर की चारदीवारी के भीतर शारीरिक ताकत में पुरुषों से कमजोर पड़ जाती हैं। मर्द अपनी इसी ताकत का फायदा उठाकर छोटी-छोटी बात का गुस्सा भी मारपीट से उतारता है। घर और परिवार की इज्जत के खातिर महिला इसकी शिकायत नहीं कर पाती और पुरुष समझता है कि वह कमजोर है, लेकिन उसे यह भी समझना चाहिए कि वह कमजोर नहीं है, बल्कि उसी पुरुष की इज्जत के लिए चुप है जिस पर वह जुल्म ढाता है और उसके इस जुर्म में वह साथ देती हैं, उसी घर की दूसरी अन्य स्त्रियां।

यह कैसी विडम्बना है कि एक स्त्री दूसरी स्त्री का दर्द जानबूझकर अनदेखा कर रही है। परिणामस्वरूप आज हर तीसरी विवादित महिला घर के भीतर की हिंसा को खामोशी से झेल रही है। शोषण के दो रूप होते हैं। पहला, प्रत्यक्ष रूप से होने वाला शारीरिक शोषण और दूसरा है मानसिक शोषण। हालांकि शोषण का हर रूप स्त्री के लिए घातक है। शारीरिक में जहां शरीर के घाव उसे पति के व्यवहार की हमेशा याद दिलाते हैं, वहीं मानसिक शोषण भी महिला के दिमाग पर सीधा असर डालते हैं।

शोषण झेलती महिलाएं

अपने घर में अपनों के हाथों पिटने, जलील होने और मर्दाना ताकत के आगे घुटने टेक देने, पुरुष के हर अत्याचार को अपना नसीब मानकर चलने की रवायत लंबे समय से चली आ रही है, लेकिन सोचने की बात यह है कि इस घिनौनी प्रवृत्ति में दिनों-दिन बढ़ोत्तरी होती जा रही है।

राष्ट्रीय अपराध ब्यूरों के मुताबिक वर्ष 2000 में अगर औसतन 12 महिलाएं घरेलू हिंसा का शिकार होती थीं, वहीं 2005 में इनकी संख्या बढ़कर 60 हो गई। कुछ समय तक यह आम धारणा थी कि महिलाओं पर हाथ उठाने की घटनाएं केवल अशिक्षित और निम्न वर्ग में अधिक होती हैं, लेकिन आंकड़ों से पता चलता है कि केवल अशिक्षित और निम्न वर्ग में ही नहीं हाथ उठाने और मारपीट करने की प्रवृत्ति मध्य व उच्च वर्ग में भी कम नहीं है। देखा यह गया है कि अभिजात वर्ग की महिलाएं निम्न वर्ग की तुलना में अधिक खामोशी से शोषण को झेलती हैं। यही नहीं मध्यम व उच्च वर्ग में मारने-पीटने के अलावा बात-बात पर ताना-उलाहने से लज्जित करने के साथ-साथ मानसिक शोषण की घटनाएं भी देखने में आ रही हैं।

2008 में राष्ट्रीय परिवार स्वास्थ्य सर्वे के अनुसार 54 प्रतिशत यानी आधे से अधिक पत्नियों का मानना है कि किन्हीं विशेष कारणों से पति का पीटना न्यायोचित है। 41 प्रतिशत महिलाएं मानती हैं कि अगर, वे अपने ससुराल वालों का अपमान करती हैं तो पति पीटने के हकदार हैं और 45 प्रतिशत का मानना है कि अगर वे घर और बच्चों की उपेक्षा करती हैं, तो पति का पीटना जायज है।

स्त्री को मिले समान हक

महिलाओं को चारदीवारी के भीतर पुरुषों के रवैए से निजात दिलाने और घर के अंदर की हिंसा को कानूनी दायरे में लाने की दृष्टि से अक्टूबर 2006 में घरेलू हिंसा से महिलाओं को सुरक्षा अधिनियम 2005 लागू किया गया है। महिलाओं को घर-परिवार में समान हक दिलाने के लिहाज से यह एक बेहद ही सशक्त अधिनियम है। इसमें पीड़ित महिलाओं के सभी पहलुओं को कवर करने की कोशिश की गई है। विधेयक की सबसे बड़ी विशेषता यह है कि इसमें पीड़ित महिला अपने वैवाहिक घर या जिस घर में वह आरोपी के साथ रह रही थी, उसमें रहने की हकदार बनी रहती है। इस प्रावधान के मुताबिक, आरोपित को पीड़ित को घर से निकालने का कोई अधिकार नहीं रहता, लेकिन कानून बेहतर होने के बावजूद महिलाओं को इसका लाभ नहीं मिल पा रहा है। इसका एक बड़ा कारण इसके अमलीकरण की प्रक्रिया में आने वाली बाधाएं हैं। जैसे कानून को लागू करने में संसाधनों की कमी है। घरेलू हिंसा के मामलों को निपटाने के लिए अतिरेक न्यायालय व न्यायाधीश की जरूरत है।

शिकायत में पीछे

कानूनी सहायता प्रदान कराने के लिए पर्याप्त संख्या में सुरक्षा अधिकारी भी मौजूद नहीं हैं। केवल कानून बनाने से कुछ नहीं होगा, उसके अमल के लिए सरकार को विशेष ध्यान देना होगा। इस बारे में महिलाओं को भी जागरुक करना होगा जिससे वह आगे बढ़कर अपने पति की शिकायत कर सकें। साथ ही शिकायत करने वाली महिला को इस बात का पूरा आश्वासन मिले कि पति की शिकायत करने के बाद उसके साथ अत्याचार न हो तथा उसकी उसी घर में जगह बनी रहे। इसी डर की वजह से अधिकतर महिलाएं शिकायत करने से पीछे हट जाती हैं। शिकायत करने के बाद वह मन से भयभीत रहती हैं कि अगर उसने शिकायत की, तो फिर वापस घर नहीं जा पाएगी।

अभी बहुत कुछ शेष है

आज भी गलत परम्पराओं, अंधविश्वासों और दूषित मान्यताओं ने भारतीय समाज को जकड़ रखा है। इसी का परिणाम है कि हमारे यहां तलाकशुदा, परित्यक्ता और विधवा स्त्रियों के संबंध में कोई अच्छी धारणा नहीं है। तलाकशुदा और परित्यक्ता को हेय दृष्टि से देखा जाता है। माना जाता है कि खोट कहीं न कहीं उन्हीं में होगी। युवा होने पर तो उन्हें और भी संदेह की दृष्टि से देखा जाता है। उन्हें समाज में वांछित सम्मान नहीं मिलता, जबकि एक सच्चाई यह भी है कि अक्सर भूल स्त्री की नहीं होती। स्त्री तो अधिकांशतः तलाक से बचने की कोशिश करती है।

कॉम्प्रोमाइज की बेड़ी

नारी आगे बढ़ने की चाह रखती है, लेकिन सामाजिक दायरा, पारम्परिक मान्यताओं के चलते उसे अपने घुटने टेकने ही पड़ते हैं। मायके में जो किया सो ठीक था। ससुराल में यह नहीं चलेगा... लड़की हो तो उसी तरह रहो, लड़का बनने की कोशिश न करो, शादी के बाद घर-गृहस्थी संभालेगी या दिनभर नौकरी करने जाएगी... इतनी रात को नौकरी से आएगी तो दुनिया क्या कहेगी। ऐसी ही कुछ फब्तियों से हर महिला को दो-चार होना पड़ता है। कुछ होती हैं जो स्वयं की मर्जी से या परिवार वालों को समझा-बुझाकर अपने पसंद

के कैरियर को बुलंदियों तक ले जाती हैं। वहीं कई ऐसी होती हैं जिनकी आगे बढ़ने की ख्वाहिशें, उनकी स्वयं की चाह उनके मन में घुट-घुट कर दम तोड़ देती है और वे अपनों के द्वारा दी गई इस टीस को अपनी किस्मत समझ जिदंगी को बोझ की तरह जीती चली जाती है। नारी सशक्तिकरण की हम कितनी ही बातें कर लें, नारी आज भी कदम-कदम पर कॉम्प्रोमाइज करती है।

खून, हत्या, डकैती, लूट, बलात्कार...। यह तो अपराध की श्रेणी में आते हैं लेकिन सहकर्मियों द्वारा कसी गई फब्तियां, परिवार वालों द्वारा नारी की स्वेच्छा से चुने गए करियर पर पाबंदी, कार्य स्थल पर उनकी प्रतिभा को कमतर आंका जाना भी नारी मन की हत्या से कम नहीं। यह सजा स्त्री मन को आहत करती है कि क्या स्त्री होने की मुझे इतनी बड़ी कीमत चुकानी है कि मैं सबको खुश रखने के बावजूद अपनी खुशियां न पा सकूं?

कई बार परिवारवालों का रवैया भी महिलाओं को आगे बढ़ने से रोकता है। जब लड़की मायके में रहती है तो अभिभावक बार-बार उसे समझाते हैं कि तुम पराया धन हो, तुम्हें सहनशीलता रखनी है, तुम्हें एडजस्ट करना है आदि। जब वह ससुराल जाती है तब उसे ससुराल के प्रति जिम्मेदारियां गिनाई जाती हैं। यह समझने की कोशिश कोई नहीं करता कि उसके जीवन के प्रति उसकी भी कुछ चाहते होंगी। उससे तो केवल यही अपेक्षा की जाती है कि वो सबके लिए समर्पित रहे। हर महिला से अपेक्षा की जाती है कि जिंदगी के रंगमंच पर वह सभी भूमिकाओं में फिट बैठे। फिर चाहे वह आदर्श बहू-पत्नी की हो या समर्पित बेटी-मां की। इसी वजह से औरत भी स्वयं को दूसरों की नजरों से आंकने लगती है। फलां व्यक्ति के मापदंडों पर तो मैं खरी उतर रही हूं ना... फलां व्यक्ति मेरी अवहेलना तो नहीं कर रहा है, आदि। जब वह दूसरों के मापदंडों में उलझ जाती है तो उसकी जिंदगी में उलझनें पैदा होती हैं इसलिए जरूरत है स्वयं के मन और स्वयं की आत्मा की आवाज सुनने की।

आंकड़े दर्शाते हैं कि भारतीय कंपनियों में प्रवेश स्तर पर तो महिलाएं तेजी से आगे बढ़ती हैं, लेकिन टॉप मैनेजमेंट तक बहुत कम महिलाएं पहुंच पाती हैं। बिरला खुशकिस्मत महिलाएं होती हैं जिनका परिवार उनकी भावनाओं और कैरियर के प्रति उनकी महत्त्वाकांक्षा का आदर करता है और उनका पूरा सहयोग करता है। बड़े शहरों में लोग महिलाओं को बड़े पदों पर स्वीकार कर रहे हैं लेकिन छोटे शहरों में महिलाओं का संघर्ष घर की दहलीज से शुरू हो जाता है। लोग महिलाओं को 9-5 की जॉब के लिए फिट समझते हैं, लेकिन

जहां बॉस होने की बात आती है तब उसे पचा नहीं पाते हैं। कई बार घर-परिवार की बाध्यता की वजह से उनकी प्रगति पर पूर्णविराम लग जाता है। अक्सर वे ऑफिस में पूर्वाग्रह का शिकार होती हैं जहाँ उसकी योग्यता को सिर्फ इसलिए कमतर आंका जाता है कि वे महिला हैं। जबकि वास्तविकता तो यह है कि महिलाओं व पुरुषों की नेतृत्व क्षमता में गजब का अंतर है। नेतृत्व को लेकर पुरुषों का नजरिया प्रक्रिया से प्रेरित, एक ही दिशा में चलते रहने वाला, स्वकेन्द्रित व पदानुक्रम में कार्य करने का रहता है। वहीं महिलाएं समूह में व सहयोग की भावना के साथ कार्य करती हैं व नेतृत्व में पुरुषों से बेहतर पाई गई हैं।

10 से 15 सालों का कार्य अनुभव रखने वाली 70 प्रतिशत से अधिक महिला एक्जिक्यूटिव मिड-मैनेजमेंट ब्रेकेट में कार्य करते-करते रिटायरमेंट स्टेज पर पहुंच जाती हैं। उच्च स्तर पर प्रमोट होने के अवसर उन्हें न के बराबर दिए जाते हैं। फाइनेंस, बैंकिंग, फार्मा, आई.टी., टेलीकम्यूनिकेशन, मैन्यूफेक्चरिंग कंपनियों में उच्च पदों पर महिलाओं को प्रमोट नहीं करने का तर्क दिया जाता है कि वे फील्ड और प्लांट साइट को मैनेज नहीं कर सकती जबकि यह तर्क नहीं सिर्फ बहाना है।

(नायिका, सखी-सहेली, आर-16, युवा)

पार्ट – 2

शिवम्

1

स्त्री पुरुषों सी नहीं होती

'स्त्री वृक्ष की उस शाखा की तरह है, जो हवा के हल्के झोंके से टूट जाती है, पर तूफान में नहीं टूटती।' - रिचर्ड वॉटली

स्त्री व पुरुष में सिर्फ शारीरिक बनावट के स्तर पर ही अंतर नहीं होता बल्कि ऐसे अनेक आधार हैं जो एक-दूसरे से भिन्न होते हैं। जैसे स्त्री अधिक भावुक होती है, वहीं पुरुष कठोर और क्रोधी। स्त्री को उसकी कोमलता, स्नेहिलता, संवेदनशीलता और सहिष्णुता के लिए पहचाना जाता है। वहीं पुरुष अपनी कठोरता, सख्त, आक्रोशित और घमंड जैसे स्वभाव के लिए जाना जाता है।

अनेक शोधों में पाया गया है कि नर शिशु मादा शिशु की अपेक्षा अधिक कमजोर और जल्दी बीमार पड़ने वाला होता है। वह जल्दी ही संक्रमण का शिकार हो जाता है। उसमें रोगों से लड़ने की शक्ति भी कम होती है। यही नहीं, नर भ्रूण, मादा भ्रूण की अपेक्षा काफी कमजोर होता है। ग्लासगो यूनिवर्सिटी की शोधकर्त्ता सुश्री पेटॉ मॉनागहन के अनुसार स्त्री में रोगों से लड़ने की शक्ति अधिक होती है। इसकी वजह स्त्रियों में दो क्रोमोजोम का होना है। जबकि पुरुष में मात्र एक क्रोमोजोम होता है। आनुवंशिक विज्ञान के अनुसार मनुष्य की कोशिकाओं में 23 जोड़े का 46 गुणसूत्र (क्रोमोजोम) होते हैं। पुरुष के शुक्राणु तथा स्त्री के डिंब में 23, 23 क्रोमोजोम होते हैं। इनके संयोग से ही गर्भ ठहरता है। स्त्री डिंब में एक्स एक्स (x -x) क्रोमोजोम तथा पुरुष शुक्राणु में एक्स वाई (x -y) क्रोमोजोम होता है। यही वजह है कि स्त्री में शारीरिक व मानसिक पीड़ा सहन करने व उनसे लड़ने की क्षमता अधिक होती है।

स्त्री में दर्द सहने की क्षमता पुरुषों से कई गुना अधिक होती है। स्त्री अपने दर्द को जिस तरह से सहन कर लेती है, वैसे पुरुष में कदाचित ही देखने को मिलता है। पुरुष अक्सर आह! आह! का रोना ले बैठते हैं जबकि स्त्री पीड़ा के उच्चतम क्षण में भी मानसिक सहनशक्ति द्वारा उसे टालने के प्रयास में रहती है। वैसे, अध्ययनों से पता चला है कि पुरुषों की अपेक्षा स्त्री के हिस्सों में अधिक पीड़ा आई है और वह इस पीड़ा के प्रति अधिक संवेदनशील भी रहती है तथा इसे सही ढंग से भुलाना भी जानती है। जल्दी ही वह अपने आपको संभाल लेती है और पीड़ा को अपने ऊपर हावी नहीं होने देती है।

ओहियो यूनिवर्सिटी के डॉक्टर फ्रांसिस कीफे का कहना है कि स्त्री अपने दर्द को सहज रूप में सहन कर लेती है। वह अपनी पीड़ा को जिस ढंग से दूर करती है, उसे पीड़ा का संवेदनात्मक सह अस्तित्व ही कहा जा सकता है। इसके लिए वह कई विकल्प अपनाती है जैसे कि पीड़ा से ध्यान बांटने की गतिविधियां, अपनी मनोव्यथा की चर्चा कर दूसरों का सहयोग लेना, प्रार्थना में डूबकर पीड़ा को भुलाने का प्रयास करना आदि-आदि।

फ्लोरिडा यूनिवर्सिटी के दर्द निवारक शोध विशेषज्ञ डॉक्टर कटेन बर्कले कहती है कि पुरुष की अपेक्षा स्त्री दर्द के प्रति पहले से ही अपने आपको तैयार कर लेती है। चाहे वह सर्जरी हो अथवा प्रसव पीड़ा। उसमें पीड़ा से दो-चार होने की सहज मनोवृत्ति जागृत रहती है। प्रसव का उसे पूर्व भान हो जाता है और वह उसकी पीड़ा झेलने के लिए पहले से अपने को तैयार कर लेती है।

प्रसिद्ध डॉक्टर प्रेट्रिसिया मैकग्राथ का कहना है कि किसी भी व्यक्ति का दर्द के प्रति कैसा रुख बना रहता है, इस अनुभूति की नींव बचपन से ही पड़ जाती है। माता-पिता लड़के की साधारण-सी चोट को अधिक गंभीरता से लेते हैं। यही वजह है कि लड़की में पीड़ा सहने की प्रवृत्ति बचपन से ही होने लगती है। इसी तरह सेनफ्रांसिस्को यूनिवर्सिटी के डॉक्टर विलियम आइसबर्ग के अनुसार पीड़ा के क्षणों में मादा हार्मोन 'ओस्ट्रोजन' और नर हार्मोन 'टेस्टोस्टेरॉन' का संवेदन पृथक तरीके से होता है इसलिए नर पीड़ा से छटपटाता रहता है और मादा उसे सहज रूप में बर्दाश्त कर लेती है। कैलिफोर्निया यूनिवर्सिटी में किए गए एक अध्ययन में पता चला है कि स्त्री व पुरुष में दर्द का अहसास अलग-अलग होता है तथा दर्द निवारण की एक

ही दवा दोनों में अलग-अलग क्रिया करती है। जिस दवा से पुरुष को हल्की राहत मिलती है, उसी दवा से स्त्री को काफी राहत मिलती है।

स्त्री का मस्तिष्क छोटा

पुरुषों का मस्तिष्क स्त्री के मस्तिष्क से लगभग 15 प्रतिशत बड़ा होता है। इसके बावजूद स्त्रियों का मस्तिष्क सोचने, समझने और समस्याओं को हल करने में पुरुषों से तेज होता है। नीदरलैंड स्थित मस्तिष्क शोध संस्थान के वैज्ञानिकों ने पता लगाया कि शिशु का मस्तिष्क 2 से 3 वर्ष की आयु तक समान होता है। इसके बाद धीरे-धीरे विकसित होने लगता है। 6 वर्ष की आयु तक नर शिशु का मस्तिष्क तेजी से विकसित होता है। यह विकास मादा शिशु के मस्तिष्क की तुलना में तेज होता है, लेकिन पाया गया है कि स्त्री मस्तिष्क में समझ और सोचने की शक्ति पुरुष मस्तिष्क से अधिक होती है।

कोपहेगन (डेनमार्क) के कम्यून हॉस्पिटल के स्नायु विशेषज्ञ बेन्टे पॅकेनबर्ग और अरहस यूनिवर्सिटी के हैंस जोरगन गंडरसेन ने अपने शोध में पता लगाया कि स्त्री की अपेक्षा पुरुष के मस्तिष्क में 16 फीसदी ज्यादा मस्तिष्क कोशिकाएँ (ब्रेन सेल) होते हैं। रिपोर्ट के अनुसार पुरुष के मस्तिष्क में औसतन 22 खरब ब्रेन सेल होती हैं। पुरुष इस बात से खुश न हों कि कम ब्रेनसेल की वजह से स्त्री कम समझदार होगी। वैज्ञानिकों ने पता लगाया है कि कम ब्रेन सेल के बाद भी स्त्री पुरुष से अधिक सोच सकती है।

स्त्री के सोचने समझने की शक्ति अधिक

न्यू जर्सी यूनिवर्सिटी के साइको एंडोकाइनोलॉजिस्ट डॉक्टर रायानिश द्वारा किए गए लंबे शोध से पता चला है कि स्त्री-पुरुष के मस्तिष्क की क्रियाओं में भिन्नता होती है। पुरुष की कुछ क्रियाएं मस्तिष्क के बाएं गोलार्द्ध तथा कुछ दाएं गोलार्द्ध से नियंत्रित होती हैं जबकि स्त्री में यह क्रिया (नियंत्रण व्यवस्था) दोनों गोलार्द्ध से समान रूप से होती है इसलिए स्त्री किसी भी बात को जल्दी समझ लेती है और शीघ्र प्रतिक्रिया व्यक्त कर देती है। जबकि पुरुष को किसी भी बात को समझने में काफी समय लगता है।

अमरीकन नेशनल इंस्टीट्यूट ऑफ मेन्टल हेल्थ के एक मनोचिकित्सक के अनुसार मस्तिष्क के दाएं एवं बाएं गोलार्द्ध की इसी नियंत्रण क्षमता के कारण स्त्रियों में परिस्थितियों से समायोजन करने की क्षमता पुरुषों से लगभग

पांच गुना अधिक होती है। इसकी वजह से स्त्री समस्याओं का समाधान पुरुष से अधिक शीघ्रता से ढूंढ़ लेती है। असंतुलनजन्य मन:विक्षेप पुरुषों को अधिक परेशान करती है। इसका सबसे बड़ा प्रमाण यह है कि विश्व में स्त्रियों की तुलना में पुरुष मानसिक रोगियों की संख्या चार गुना अधिक है।

स्त्री थकती कम है

पुरुष अपेक्षाकृत अधिक लंबे, मजबूत और शक्तिशाली होते हैं, जिसकी वजह से अधिक मेहनत वाला काम कर सकते हैं, किन्तु यह बात नहीं है कि स्त्री बिल्कुल ही कमजोर होती है। स्त्री अपने शरीर के लचीलेपन के कारण अधिक गति से कार्य कर सकती है और करती भी है। वह थकती भी कम है। पुरुष को जो कार्य करने में दो घंटे लग सकते हैं, वही काम स्त्री एक घंटे में कर सकती है। स्त्री में मनोव्यथा को व्यक्त करने की प्रवृत्ति अधिक होती है। तनाव की स्थिति में वह तुरन्त रोकर अपने दिल का बोझ हल्का कर लेती है। इसकी वजह से वह तनाव से उत्पन्न होने वाले अनेक प्रकार के रोगों से बच जाती है। स्त्री लगातार कई घंटों तक खड़ी रह सकती है, खेल सकती है, काम आता है, चिड़चिड़ापन महसूस होता है और दिल इस बात को नहीं मानता कि वह तनाव में है या परेशान है।

डिप्रेशन के कारण

महिलाओं में पुरुषों के मुकाबले हर उम्र में डिप्रेशन के ज्यादा मामले होने के पीछे बचपन से मानसिक और शारीरिक शोषण, अपनी बात कहने की झिझक, यौवन में प्रवेश, प्रेगनेंसी और रोज के तनाव जैसे कारण अहम होते हैं। घर में माता-पिता, भाई-बहन को डिप्रेशन की बीमारी होने से भी यह परेशानी महिलाओं को जल्दी पकड़ती है क्योंकि घर से लगाव पुरुषों के मुकाबले उन्हें ज्यादा होता है।

पुरुषों के मुकाबले महिलाओं का डिप्रेशन ज्यादा खतरनाक होता है। डिप्रेस्ड मूड के दौरान कोई भी शख्स खुद को लाचार और निराश महसूस करता है। दरअसल दिमाग में मौजूद रसायन नर्वस सिस्टम के जरिए शरीर को संदेश भेजने में अहम भूमिका निभाते हैं, लेकिन इन रसायनों में असंतुलन पैदा होने से दिमाग गड़बड़ हो जाता है।

न्यूरोट्रांसमीटर की कमी

डिप्रेशन अक्सर दिमाग के न्यूरोट्रांसमीटर की कमी के कारण भी होता है। अमरीकी बॉयोकेमिस्ट विशेषज्ञ विलियम एच. फेन ने अपनी एक रिपोर्ट में बताया है कि पुरुषों की तुलना में स्त्रियां पांच गुना अधिक रोती हैं। रोने से उनकी आंखों की सुन्दरता में निखार आता है और मन हल्का होने से मानसिक रोग व हृदय के विकार उत्पन्न होने से बच जाती है। डिफेंस इंस्टीट्यूट ऑफ साइकोलॉजिकल रिसर्च संस्था द्वारा एक अध्ययन में पता चला है कि पुरुष काम से उत्पन्न दबाव व तनाव से अधिक परेशान रहते हैं, जबकि स्त्री सामान्य तौर से उससे निपट लेती है।

डिप्रेशन की शिकार

एक सर्वे के अनुसार, स्त्री में डिप्रेशन की शिकायत अधिक होती है। सर्वे के अनुसार 10 पुरुषों में एक जबकि 10 महिलाओं में 5 महिलाएं डिप्रेशन की शिकार होती हैं। महिलाएं अक्सर दबाव व शोषण के चलते डिप्रेशन की शिकार हो जाती हैं। यह समस्या महानगरों में ज्यादा तेजी से पैर पसार रही है। महिलाओं में डिप्रेशन होने की कुछ खास वजह भी बताई जा रही है। इसमें मेजर डिप्रेसिव डिसऑर्डर जिसमें ध्यान व एकाग्रता की कमी होती है, आत्म-सम्मान की कमी महसूस करती है। बायो-पोलर मूड डिसऑर्डर में गुस्सा जल्दी आता है। न्यूरोट्रांसमीटर में वह रसायन होते हैं जो दिमाग और शरीर के दूसरे हिस्से के बीच तालमेल कायम करते हैं। खुशी के दौरान न्यूरोट्रांसमीटर नर्वस सिस्टम को केमिकल्स भेजता है। जब यह केमिकल कम हो जाता है तो डिप्रेशन के लक्षण दिखाई पड़ने लगते हैं। इसके अलावा नैटोपाइनफ्राइन नाम के रसायन से चौकन्नापन और उत्तेजना आती है और इसके असंतुलन से थकान और उबासी आती है और चिड़चिड़ाहट उत्पन्न होने लगती है। इसके अलावा एक खास हार्मोन सेरोटोनिन भी इसकी वजह होती है। जब रक्त में सेरोटोनिन हारमोन का स्तर काम हो जाता है तो मूड बिगड़ने लगता है। कभी-कभी गंभीर डिप्रेशन की हालत में पहुंच जाती है।

शरीर में मौजदू कुछ और हार्मोन के बीच जब असंतुलन होता है तो इसका प्रभाव मूड और खुशी पर पड़ता है जिनमें एड्रेलिन और डोपामाइन खास है। इसलिए डॉक्टरों का कहना है, हर हाल में खुश रहिए, क्योंकि खुशी ही हमारी

सेहत का मूलमंत्र है। डिफेंस इंस्टीट्यूट ऑफ साइकोलॉजिकल रिसर्च संस्था द्वारा एक अध्ययन से पता चला है कि स्त्री में डिप्रेशन की शिकायत अधिक होती है, पर वह जल्दी ही डिप्रेशन से निपटने के लिए स्वयं ही आंतरिक तैयारी भी कर लेती है। जबकि पुरुष हल्के से डिप्रेशन में काफी तनाव में हो जाते हैं। इससे छुटकारा पाने के लिए वे नशीले पदार्थों का सेवन करना शुरू कर देते हैं इसीलिए पूरी दुनिया में नशा करने वालों में पुरुषों की संख्या अधिक है।

अपनी बात कहकर तनाव मुक्त

पुरुष अपनी समस्या या विचार को दूसरों के सामने रखने से झिझकते हैं। अधिकांश पुरुष अपनी वैयक्तिक समस्या केवल अपनी पत्नी को ही बताना पसंद करते हैं, इसलिए पत्नी से दूर हो जाने पर या तलाक के बाद पुरुष काफी परेशानी महसूस करते हैं। इसकी वजह से वे अनेक प्रकार के शारीरिक और मानसिक रोग का शिकार हो जाते हैं। इसके विपरीत स्त्री अपनी समस्याओं की चर्चा अपने वर्ग में हर किसी से स्पष्ट रूप से कर लेती है। वह अपनी समस्याओं को दूर करने की हर संभव कोशिश करती है जिससे उसे अकेले रहने में कम परेशानी महसूस होती है। स्त्री के पेट में कोई बात पचती नहीं है और वह अपनी बात कहकर तनाव मुक्त हो जाती है। स्त्रियां बोलती अधिक हैं, लेकिन यह उनकी बुराई या कमजोरी नहीं है। प्रकृति ने उसे बनाया ही ऐसा है कि बच्चा मां की संगति में रहकर बोलना सीखे। यदि स्त्री-पुरुष दोनों ही कम बोलते तो बच्चों की बोली सीखने में काफी समय लग जाता।

इंग्लैंड के 'जर्नल ऑफ मेडिकल' के एक चिकित्सक दल ने अपने अनुसंधान के दौरान यह पता लगाया कि लड़की बचपन से ही लड़कों से जल्दी बोलना, खेलना, चलना आदि सीख जाती है। उसमें बातों को ग्रहण करने व समझने की शक्ति भी अधिक होती है। वह किसी भी बात को अधिक स्पष्ट रूप से प्रस्तुत करने की क्षमता रखती है तथा अधिक समय तक किसी भी नाम व चेहरा को याद रख सकती है। जबकि पुरुष किसी का नाम व पता जल्दी भूल जाते हैं।

लड़कियां पढ़ने में लड़कों से अव्वल होती हैं। महिलाएं तमाम विपरीत माहौल के बावजूद पढ़ाई के क्षेत्र में आगे रहती हैं। हाई स्कूल की पढ़ाई हो

या कोई प्रतियोगिता परीक्षा, लड़कियां लड़कों को पीछे कर देती हैं। एक सर्वेक्षण रिपोर्ट के अनुसार लड़कियां मेडिकल, इंजीनियरिंग, यहां तक कि कम्प्यूटर के क्षेत्र में भी आगे हैं। कॉलेज की उपस्थिति को देखें तो लड़कियों का प्रतिशत लड़कों से काफी आगे है। इसकी वजह है कि लड़कियों को पढ़ाई से लगाव होता है। लड़कियां अपने हर काम को अधिक धैर्य व संयम से करती हैं जबकि इस मामले में पुरुष अधिक लापरवाह होते हैं।

स्त्री पुरुषों से अधिक जीती है

पुरुषों में हकलाने जैसी समस्या होती है जबकि स्त्रियों में यह समस्या न के बराबर होती है। लंबी और गंभीर बीमारियों से पुरुष अधिक बीमार होते हैं। जबकि स्त्री में यह समस्या कम होती है। इसकी वजह है कि किसी भी प्रकार की बीमारी उत्पन्न होते ही अपने शरीर में रोग से लड़ने की हिम्मत पैदा करती है। जबकि पुरुष किसी भी रोग के उत्पन्न होने की सूचना सुनते ही घबरा जाता है और स्वयं को रोग के हाथों सरेंडर कर देता है।

सत्रह तरह की गंभीर बीमारियों में से सिर्फ चार प्रकार की बीमारियां स्त्रियों में अधिक पाई जाती हैं। गर्भावस्था व प्रसव स्त्री के लिए जीवन-मृत्यु का प्रश्न होता है, जबकि पुरुष ऐसी स्थिति से मुक्त है। इसके बावजूद औसत मृत्यु संख्या पुरुषों की अधिक है। स्त्रियों का जीवनकाल पुरुषों के जीवनकाल की अपेक्षा पांच वर्ष अधिक है।

स्त्री जल्दी जवान और जल्दी बूढ़ी भी हो जाती है, पर वह पुरुषों से अधिक जीती है। जहां तक रात में पुरुष तीन से पांच बार रतिक्रिया कर सकता है वहीं स्त्री कई गुना अधिक बार रतिक्रिया कर सकती है। पुरुष रतिक्रिया के दौरान एक बार चरम सुख की प्राप्ति करता है जबकि स्त्री एक बार की रतिक्रिया के दौरान कई बार चरमसुख की प्राप्ति कर सकती है। रतिक्रिया के दौरान स्त्री की मृत्यु की सूचना अभी तक नहीं मिली है जबकि रतिक्रिया के दौरान पुरुष की मृत्यु की सूचना मिली है। फ्रांस के पूर्व राष्ट्रपति इवने एलिरा की मृत्यु रतिक्रिया के दौरान ही हुई थी।

स्त्री और पुरुष के शारीरिक तापमान में भी भिन्नता पाई जाती है। पुरुष अधिक ठंड सहन नहीं कर सकता है जबकि स्त्री कड़ाके की ठंड में भी सारे कार्य कर सकती है। तन को झुलसाने वाली गर्मी में पुरुष ज्यादा देर नहीं रह सकता जबक स्त्री झुलसाने वाली गर्मी में भी घंटों कार्य करती रहती है। स्त्री

की थॉयराइड ग्लैंड अधिक समय तक बिना थके उसे क्रियाशील बनाए रखती है। शारीरिक श्रम करके पुरुष थककर तुरन्त सो जाता है, लेकिन स्त्री पुरुषों की अपेक्षा कम ही आराम करती है और कम ही सोती है।

दिल जितना कोमल, उतना ही क्रूर

पुरुष की अपेक्षा स्त्री अच्छी कार चालक भी होती है, इस बात को जर्मनी की एक प्रसिद्ध कार निर्माता कम्पनी ने अनुभव किया। फैक्ट्री से परीक्षण करने के लिए कार ले जाने तथा उसके बाद शो रूम तक कार पहुंचाने का कार्य जब पुरुष चालक करते थे तो अनेक कारें दुर्घटनाग्रस्त जो जाती थीं, लेकिन यह कार्य जब महिला चालकों को सौंपा गया तो दुर्घटनाएं होना बंद हो गईं। स्त्री में नियंत्रण और जागरुकता अधिक होती है। दुर्घटनाओं के आंकड़ों के अनुसार भी महिलाओं की दुर्घटना की संख्या काफी कम है।

स्त्री की तुलना में पुरुष अधिक बेचैन रहते हैं। वह एकरूपता से जल्दी घबरा जाते हैं। वे हमेशा नएपन की तलाश में रहते हैं इसलिए दूसरी स्त्री के प्रति जल्दी आकर्षित हो जाते हैं जबकि स्त्री हर हाल में संतुष्ट रहती है। स्त्री में सुनने, सूंघने की शक्ति पुरुषों से अधिक होती है। वह स्पर्श शक्ति के प्रति अधिक संवेदनशील होती है। स्पर्श से वह अपने बच्चे को ही आनंदित नहीं करती, अपने पति के दुःख-दर्द को भी कम कर देती है। किसी भी प्रकार के दुःख-दर्द, परेशानी में पुरुष अपनी पत्नी का सहारा चाहता है। पत्नी के स्नेहिल स्पर्श से ही वह राहत महसूस करता है। पुरुष की शारीरिक ताकत का मुकाबला हालांकि स्त्री नहीं कर सकती, लेकिन मौका पड़ने पर बड़ी बहादुरी से हर संकट का मुकाबला कर सकती है।

स्त्री का दिल जितना कोमल होता है, उतना ही क्रूर भी। जब अन्याय हद से अधिक बढ़ जाता है, उस वक्त स्त्री चंडिका का रूप धारण कर लेती है। इन सब बातों से यह सिद्ध करना नहीं है कि स्त्री पुरुष से श्रेष्ठ है। परिस्थितियां, वातावरण व व्यवहार का प्रभाव दोनों पर अलग-अलग पड़ता है। स्त्री पुरुष से भिन्न है पर अभिन्न नहीं, कोमल है पर तुच्छ नहीं। प्रकृति की योजना में स्त्री और पुरुष एक-दूसरे के पूरक हैं। दोनों एक-दूसरे के बिना अस्तित्वविहीन हैं, इसलिए दोनों को एक-दूसरे के साथ में समान व्यवहार करना चाहिए। कसी को कम न समझकर एक-दूसरे का सम्मान करना चाहिए।

स्त्री को मीठे, स्वादिष्ट और नए-नए पकवान पसंद आते हैं जबकि पुरुष शराब, तीखी चीजें या नए नशीले पदार्थ अधिक पसंद करते हैं। पुरुष को क्रोध काफी जल्दी आता है और काफी देर से उतरता भी है, जबकि स्त्री को क्रोध काफी देर के बाद आता है और जल्दी उतर भी जाता है। स्त्री में देखने की क्षमता पुरुषों से अधिक होती है। वह दाएं-बाएं, ऊपर-नीचे, यहां तक 180 कोण तक वह बिना घूमे देख सकती है जबकि पुरुष सामने, ऊपर या नीचे एक ही साइड देख सकता है। स्त्री एक ही समय में फोन पर बात कर सकती है और अपने हाथों से स्वेटर की बुनाई या कढ़ाई कर सकती है जबकि पुरुष एक साथ दो काम करने में असमर्थ होते हैं।

सेक्स के मामले में भी स्त्री दिमाग से काम लेती है, जबकि पुरुष शरीर से काम लेता है। पुरुष जल्दी उत्तेजित होता है और जल्दी स्खलित भी हो जाता है। एक बार संबंध बनाने के बाद उसे तैयार होने में काफी समय लगता है जबकि स्त्री इसके लिए थोड़ी देर में तैयार हो जाती है और देर तक संभोग कर सकती है। उसे दुबारा संबंध बनाने में देर नहीं लगती है।

महिलाओं का अंतर्ज्ञान बेहतर

मनोवैज्ञानिकों ने अंतिम रूप में स्वीकार कर लिया है कि महिलाओं में अंतर्ज्ञान की प्रबल शक्ति होती हे। वैज्ञानिकों द्वारा किए गए अध्ययन के अनुसार महिलाएं पुरुषों की तुलना में अधिक सजग होती हैं। महिलाएं भाव-भंगिमाओं, अंग संचालन तथा स्वर में छिपी भावनाओं को भी भली प्रकार समझने की क्षमता रखती हैं। ऐसी गूढ़ भावनाओं की पकड़ की क्षमता महिलाओं में पुरुषों की अपेक्षाकृत अधिक होती है, जिसे शब्दों के माध्यम से व्यक्त नहीं किया जा सकता। वैज्ञानिकों ने इस निष्कर्ष पर पहुंचने से पूर्व लंदन में कुछ परीक्षण किए थे। परीक्षण के दौरान पुरुषों और महिलाओं को मूक फिल्मों की कुछ ऐसी कतरनें दिखाई गई थीं, जिनमें विभिन्न भाव-भंगिमाओं का चित्रण किया गया था। इन परीक्षणों में महिलाओं ने पुरुषों की तुलना में अधिक अंक प्राप्त किए।

भाषा के क्षेत्र में भी आगे

अध्ययनों से पता चला है कि सामान्यतः महिलाएं भाषा के प्रयोग की सभी विधाओं में पुरुषों से दो हाथ आगे रहती है। यह मत है मनोविज्ञान की

प्रोफेसर और सेक्स डिफरेंसेज इन कॉगनिटिव एबिलिटीज की लेखिका डियाने हैल्पर्न का। उनके अनुसार यह अंतर बचपन से ही नजर आने लगता है। लड़कियाँ लड़कों से पहले बोलना शुरू कर देती हैं। कम आयु में ही उनकी शब्दावली कहीं अधिक समृद्ध हो जाती है तथा वे विविध रूप से स्पष्ट वाक्य बोलने लगती हैं। आंकड़ों से पता चलता है कि चौथी, आठवीं एवं बारहवीं कक्षा की छात्राएं भाषा पढ़ने और लिखने में छात्रों के मुकाबले कहीं आगे रहती हैं।

यह भाषायी श्रेष्ठता व्यस्कता तक कायम रहती है। अध्ययनों से पता चलता है कि स्त्री मौखिक दक्षता संबंधी परीक्षाओं में कहीं अधिक निपुण है और एक ही अक्षर से प्रारंभ होने वाले शब्द बनाना इत्यादि। कुछ अनुसंधानकर्ताओं का कहना है कि विदेशी भाषा सीखने के मामले में महिलाएं पुरुषों की तुलना में अधिक कुशाग्र पाई गईं।

नाक, कान होते हैं तेज

महिलाओं की नाक अधिक संवेदनशील होती है। पुरुषों और महिलाओं पर किए गए एक अध्ययन में रिचर्ड एल. डोरी ने कुछ लोगों से विभिन्न सुगंधियों को सूंघकर उनकी पहचान करने को कहा। उन्होंने पाया कि इस क्षेत्र में महिलाएं पुरुषों से औसतन अधिक संवेदनशील रहीं इसके साथ ही महिलाओं में बहुत ही हल्की गंध को भी सूंघ लेने की शक्ति पाई गई।

श्रवण परीक्षण में भी महिलाएं पुरुषों से कहीं बेहतर होती हैं। मनोविज्ञान की प्रोफेसर मैरी ऐन बेकर के अनुसार समय के साथ उनको सुनने की शक्ति में उतनी तेजी से ह्रास नहीं होता जितना पुरुषों की। इसके अतिरिक्त महिलाएं वस्तुओं को जल्दी देखकर याद भी रख पाती हैं कि अमुक वस्तु कहां रखी थी। देखा यह गया है कि कई पुरुष फ्रिज खोलकर सीधे दूध के पतीले पर नजरें गड़ी होने पर भी पूछ बैठते हैं, "क्यों दूध कहां रखा है? या फ्रिज में तो दूध है ही नहीं।"

मनोवैज्ञानिक डोरीन किमूरा के अनुसार हाथ से किए जाने वाले सूक्ष्म कामों में भी महिलाएं पुरुषों से अधिक तेज होती हैं। कई ऐसे परीक्षणों में जिनमें छोटे-छोटे छिद्रों में कीलें ठूंसने जैसे शीघ्रता से निपटाए जाने वाले काम सौंपे गए, महिलाएं पुरुषों से कहीं आगे रहीं।

सामाजिक व्यवहार नंबर वन

बोस्टन यूनिवर्सिटी की मनोवैज्ञानिक जूडिथ हॉल के अनुसार महिलाएं पुरुषों की अपेक्षा कहीं अधिक मुस्कुराती हैं, खुलकर हंसती हैं और लोगों के अधिक निकट बैठती हैं या खड़ी होती हैं। ऐसे बीस सार्वजनिक समारोहों की वीडियो फिल्में देखकर इस बात की पुष्टि की गई। आमतौर पर महिला चिकित्सक भी पुरुष चिकित्सक के मुकाबले मुस्कान बिखेरने में अधिक पाई गई।

सामाजिक व्यवहार में पुरुषों और महिलाओं के स्वभाव की भिन्नता का 13 वर्ष तक अध्ययन कर चुकी प्रोफेसर भिंडा कार्ली का कहना है कि महिलाएं वार्तालाप में कम टोकाटाकी करती हैं, अधिक स्वाभाविक ढंग से दूसरे की प्रशंसा कर सकती हैं और दूसरों के मजाक पर खुलकर हंस सकती हैं। वे अपने मतभेद भी बड़ी सहजता से प्रकट करती हैं और बातचीत में कटुता नहीं आने देती, जैसे किसी मतभेद पर वह यही कहेंगी, "आपकी बात ठीक है, लेकिन..."

कई अध्ययनों से सिद्ध होता है कि महिलाएं बिना बोले भी पुरुषों की अपेक्षा अन्य संकेतों से काफी कुछ समझ जाती हैं जैसे चेहरे के उतार चढ़ाव, शारीरिक हावभाव, स्वर में बदलाव आदि। हॉल का मानना है कि पुरुषों के मुकाबले स्त्रियों के चेहरे अधिक भाव प्रवण होते हैं।

तैराकी में भी आगे

इंग्लिश चैनल को तैरकर पार करने का विश्व कीर्तिमान 1978 में कैलीफोर्निया की पेनी डीन द्वारा कायम किया गया। लिन कॉक्स एकमात्र ऐसी महिला हैं जिन्होंने बेरिंग स्ट्रेट को तैरकर पार किया। लंबी दूरी की तैराकी में महिलाओं के बेहतर प्रदर्शन का एक कारण उनके शरीर में वसा की मात्रा का अधिक होना भी कहा जा सकता है। यह अतिरिक्त चरबी, ठंडे पानी में शरीर का तापमान बनाए रखती है और प्लवनशीलता कायम रखती है। एरिजोना राजकीय विश्वविद्यालय में शारीरिक शिक्षा की प्रोफेसर क्रिस्टीन वेल्ज का कहना है कि इसकी बदौलत महिलाएं तैराकी के समय अनुकूल स्थिति बरकरार रख पाती हैं।

नेतृत्व के जन्मजात गुण

अनुसंधानकर्त्ताओं ने इस बात का भी अध्ययन किया है कि उच्च पदों पर आसीन महिलाओं और पुरुषों में नेतृत्व की प्रवृत्ति किस हद तक भिन्न है। कैलीफोर्निया विश्वविद्यालय के प्रबंधन विषय की प्रोफेसर जूडी बी. रोजनर का मानना है कि आमतौर पर उच्चाधिकारी महिलाएं शक्ति के विकेंद्रीकरण और अपने मातहतों की भागीदारी और उत्साह कायम रखने की इच्छुक होती हैं और उन्हें इस बात का अवसर प्रदान कराती हैं कि वे अपना सही मूल्य पहचानें। अनेक महिलाओं से बातचीत करने पर रोजनर ने पाया कि सामान्यतः मातहत कर्मचारी उस समय कहीं बेहतर कार्य कर पाते हैं जब उनका आत्मसम्मान बरकरार हो, महिला उच्चाधिकारी उनकी इस भावना को बढ़ावा देती है और उन्हें जता देती है कि वह उनकी कद्र करती है। इसके ठीक विपरीत पुरुष उच्चाधिकारी औपचारिक अधिकार से काम लेते हैं और अपने तथा अपने मातहतों के बीच एक पदनिष्ठा की दूरी बनाए रखते हैं।

आयोवा विश्वविद्यालय में मानव संसाधन के प्रोफेसर फ्रैंक शिमट के अनुसार, महिलाएं विश्वसनीयता के परीक्षण में पुरुषों से बेहतर पाई गई। इन परीक्षणों में नौकरी में संभावी समस्याओं यथा काम में ढिलाई अथवा चोरी की प्रवृत्ति जैसे मामलों में लिंग भेद पाया गया।

मनोभावों को व्यक्त करने की प्रवृत्ति अधिक

महिलाओं में अपने मनोभावों को व्यक्त करने की प्रवृत्ति अधिक होती है। तनाव की स्थिति में होने पर वे तुरंत रोकर अपने दिल का बोझ हल्का कर लेती हैं। इससे वह दबाव के रोगों से काफी हक तक बच जाती है। मिनेसोटो अमेरिका के बायोकेमिस्ट विलियम एच. फेन ने एंजेल्सि टाइम्स में छपी अपनी रिपोर्ट में बताया है कि महिलाएं पुरुषों की तुलना में पांच गुना अधिक रोती हैं।

पुरुष ज्यादा देर तक पीठ का आधार दिए बिना सीधा नहीं बैठ सकता क्योंकि शरीर का वजन और चौड़ाई का भार उसके कंधों पर पड़ता है, लेकिन स्त्री की शारीरिक रचना भिन्न होने से वह एक ही स्थान पर बिना पीठ को आधार दिए घंटों बैठकर काम कर सकती है।

स्त्री की याद्दाश्त अधिक तेज

स्त्री पुरुष में शारीरिक भिन्नताओं के साथ ही मानसिक स्तर पर भी कई भिन्नताएं होती हैं। मसलन स्त्रियों की सोच कुछ मामलों में पुरुषों से बिल्कुल अलग होती है। किसी बात पर पुरुष सहमत होते हैं तो स्त्रियां असहमत। स्त्रियों की याद्दाश्त बड़ी तेज होती है। कई बातें, कई मुलाकातें, बर्थ डे, जो पुरुष अक्सर भूल जाते हैं, उन्हें स्त्रियां अच्छे से याद रखती हैं।

स्त्रियां पुरुषों की पद, प्रतिष्ठा व दरियादिली की मुरीद होती हैं, जबकि पुरुष स्त्री के सौंदर्य व उसके बाद उसके गुणों के कायल होते हैं। दिमाग के मामले में पुरुष स्त्रियों से चतुर होते हैं। वे अक्सर दिमाग से काम लेते हैं। जबकि स्त्रियां दिल से काम लेती हैं तभी तो वह भावनात्मक होती हैं।

समय की पाबंदी को स्त्रियां बखूबी समझती हैं। इसके विपरीत पुरुषों के स्वभाव में आलसीपन अधिक होता है। स्त्रियों की हमेशा इच्छा होती है कि पुरुष उसे कोई सरप्राइज या उपहार दें, परंतु पुरुष उसके मन की किसी भी बात को नहीं समझ पाते हैं और हमेशा यह तर्क देते हैं कि "काश! तुम मुझे कहती तो मैं ले आता।"

पुरुष किसी भी गंभीरता से विचार कर उसका संतोषजनक हल निकालते हैं जबकि स्त्रियां किसी भी मुसीबत के आने पर अपना धैर्य व संयम खो देती हैं तथा घबरा उठती हैं। पुरुष को जो अच्छा लगता है वही करते हैं परंतु स्त्रियां स्वयं की इच्छा के साथ-साथ दूसरों की इच्छा को भी तवज्जो देती हैं। शक के मामले में पुरुष स्त्रियों से कई गुना बढ़कर होते हैं। हालांकि स्त्रियां भी शक करती हैं परंतु वह बहुत जल्दी भूल भी जाती हैं।

अवसाद या कुंठा की स्थिति में पुरुष अक्सर खामोश रहते हैं परंतु, ऐसी परिस्थिति में स्त्रियां सामान्य से अधिक बोलती हैं। ड्रेसअप के मामले में स्त्रियां पुरुषों से बेहतर होती हैं। इसके विपरीत पुरुष ड्रेसअप के मामले में परफेक्ट नहीं होते। किसी भी शर्ट के साथ कोई भी पैंट या टाई लगाकर ऑफिस चले जाना उनकी सामान्य आदत होती है।

कुछ कमजोर पहलू

अनेक मामलों में स्त्री भले ही पुरुषों से बाजी मार ले, पर कुछ मामलों में वह कमजोर भी साबित होती है। अध्ययनों में यह बात सामने आई है कि

स्त्री अहं (ईगो) व कॉम्प्लेक्स से अपेक्षाकृत ज्यादा ग्रस्त होती है। दूसरी तरफ वह स्वाभाविक रूप से अधिक शर्मीली भी होती है। इस कारण हर किसी से मिलने-जुलने, कहीं भी आने-जाने में उसे परेशानी होती है। उसका यह शर्मीलापन कई बार उसकी प्रगति में बाधक बन जाता है।

स्त्री अधिक धर्मपरायण, भावुक और दयालु होती है। इसी कारण वह अनेक बार भावनात्मक ब्लैकमेलिंग का भी शिकार हो जाती है। अपनी इस धर्मपरायणता की वजह से वह शातिर पुरुषों की साजिश का सरलता से शिकार हो जाती है। दयालुता की वजह से दुःखी लोगों को देख वह भी दुःखी हो जाती है। चालाक लोग बनावटी दुःख उसके सामने पेश कर उससे कुछ न कुछ ऐंठ ही लेते हैं। अपनी भावुकता की वजह से ही वह शीघ्र बहक भी जाती है। ज्यादातर स्त्रियां रूढ़िवादी होती हैं, जिस कारण वे समय की रफ्तार में पिछड़ जाती हैं।

पुरुषों की बातों से स्त्री जल्दी ही सम्मोहित हो जाती है और उसके सम्मोहन में आकर वह कुछ भी करने को तैयार हो जाती है। अपनी इसी कमजोरी के कारण वह पुरुष के बहकावे में आकर उससे संबंध तक बना लेती है। जो बाद में उसके लिए काफी परेशानीदायक होता है। स्त्री भयग्रस्त भी रहती है। यह भाव किसी भी तरह का हो सकता है जो उसे उचित निर्णय लेने से रोकता है। किसी के प्रति उसमें प्रेम के अंकुर देर से फूटते हैं जबकि पुरुष पहली ही नजर में प्यार करने लग जाते हैं।

स्त्री कई बार अपने प्यार का इजहार करने में हिचक महसूस करती है, इसका कारण अनेक बार वह अपने प्रेमी को खो देती हैं। बाजार घूमना, खरीददारी करना स्त्री को बहुत भाता है। जिसकी वजह से वह अक्सर बेफिजूल खरीददारी भी कर लेती है। स्त्री अपने परिवार के खानपान और आराम के प्रति तो सचेत रहती है, पर खुद के खानपान और आराम के प्रति ध्यान नहीं देती है जिस वजह से वह शारीरिक तौर पर कमजोर हो जाती है। स्त्री अपने सौंदर्य के प्रति कुछ ज्यादा ही सचेत रहती है और अपना ढेर सारा समय सजने-संवरने में नष्ट कर देती है।

पुरुषों के मुकाबले स्त्रियां माइग्रेन (आधा-शीशी) की अधिक शिकार होती हैं। मासिक धर्म जैसी क्रिया से उसे प्रतिमाह निपटना पड़ता है। मासिक स्राव होने के पहले पी.एम.एस. या आई.बी.सी. जैसी समस्या से वह पीड़ित हो जाती है। रजोनिकृति की उम्र में मासिक धर्म के गायब होने पर उसे अनेक

प्रकार की समस्याओं का सामना करना पड़ता है। स्त्री का लीवर पुरुष की अपेक्षा कमजोर होता है। वह नशीले पदार्थों को आसानी से पचा नहीं सकती। गड़बड़ खानपान की वजह से होने वाले संक्रमण की वह जल्दी शिकार हो जाती है।

स्त्रियों को हड्डियों से संबंधित समस्याएं अधिक होती हैं। इसका कारण है कि स्त्रियां हड्डियों की बीमारी 'ऑस्टियोपोरोसिस' की समस्या से अधिक पीड़ित होती हैं। अपने प्रजनन तंत्र की संरचना की वजह से स्त्री यौन रोग की शीघ्र शिकार हो जाती है। एड्स जैसी समस्या से भी वह सरलता से पीड़ित हो जाती है। स्त्री सेक्स के 'चरम' पर जल्दी नहीं पहुंच पाती, जिसकी वजह से वह अक्सर चरमसुख की अनुभूति से वंचित रह जाती है जिसकी वजह से वह यौन असंतुष्टि से अनेक विकार का भी शिकार हो जाती है।

(राजस्थान पत्रिका, सहारा समय, राष्ट्रीय सहारा, गृहलक्ष्मी, सखी, आउटलुक, टुडे एंड टुमारो, होम टुडे, वनिता, रूप की शोभा)

2

स्त्री को अबला कहना उचित नहीं

'इस जमीन पर जो कुछ भी पवित्र और धार्मिक है, उसकी संरक्षक स्त्री ही है।' – महात्मा गांधी

'हमें महिला और पुरुष के बीच कोई भेदभाव नहीं समझना चाहिए, वे सिर्फ शारीरिक रूप से अलग हैं।' बापू की यह बात आज के दौर में भी उतनी ही प्रासंगिक है, जितनी पहले थी। आज भी हमारे समाज में महिलाएं कई तरह के भेदभाव का शिकार होती हैं। बापू के शब्दों में, पत्नी पति की गुलाम नहीं बल्कि एक साथी और मददगार है। वह पति के सुख-दुःख में बराबर की भागीदार होने के साथ-साथ अपने रास्ते खुद चुनने के लिए भी स्वतंत्र है।

स्त्री जीवन का आधार

बापू के शब्दों में 'स्त्री जीवन के समस्त धार्मिक और पवित्र धरोहर की मुख्य संरक्षिका है।' इसका सीधा-सा अर्थ है कि वह इंसानियत गढ़ती है। उसके व्यक्तित्व में प्रेम, समर्पण, आशा और विश्वास समाया हुआ है। खासकर यदि हमें एक अहिंसक समाज का निर्माण करना है, तो स्त्री की क्षमता पर भरोसा करना जरूरी है। स्त्री को अबला कहना अपराध है। यह पुरुष का स्त्री के प्रति अन्याय है। यदि शक्ति का अर्थ बर्बर शक्ति है, तो अवश्य ही स्त्री पुरुष की अपेक्षा कम बर्बर है। यदि शक्ति का अर्थ नैतिक शक्ति है, तो स्त्री पुरुष से कई गुना श्रेष्ठ है। यदि हमारे अस्तित्व का नियम अहिंसा है तो भविष्य स्त्री के हाथ में है।

सभी क्षेत्र में भूमिका अहम

स्त्री का संसार केवल घर तक ही सीमित क्यों? यह सवाल था महात्मा गांधी का। उन्होंने बरसों पहले ही रूढ़िवादी समाज में महिलाओं की घुटन को महसूस

कर लिया था। बापू चाहते थे कि हर स्त्री अपना जीवन संपूर्णता से जिए। उन्होंने इस बात की पुरजोर वकालत की कि महिलाओं को सिर्फ चूल्हे-चौके तक ही सीमित नहीं रखना चाहिए। गांधीजी सहशिक्षा के भी समर्थक थे। उनका मानना था कि लड़के-लड़कियों को साथ पढ़ने और मिलने-जुलने का मौका देना चाहिए। वे लड़कियों को तालों में बंद रखने में विश्वास नहीं करते थे। शायद यही वजह थी कि उन्होंने महिलाओं से देश के स्वतंत्रता संग्राम में भाग लेने का भी आग्रह किया था। इतने वर्ष बीत जाने के बाद भी बापू के विचार हमें इस बात की याद दिलाते हैं कि उन्होंने हमेशा महिलाओं को असहाय की छवि से न केवल बाहर निकालने की कोशिश की बल्कि उनमें सामाजिक बुराइयों से लड़ने की आशावादी सोच को भी जाग्रत किया।

सामाजिक कुरीतियां खत्म हो

गांधीजी का मानना था कि सामाजिक कुरीतियों का खत्मा होने पर ही महिलाओं के जीवन में सुधार हो सकता है। दहेज प्रथा को समाप्त करना ही होगा। विवाह अभिभावकों द्वारा पैसों के लेन-देन की व्यवस्था के लिए नहीं होना चाहिए। विवाह में एकमात्र सम्मानजनक आधार परस्पर प्रेम और परस्पर स्वीकृति होती है। बापू के ये शब्द बताते हैं कि उन्होंने समाज में प्रचलित कुरीतियों के खिलाफ भी अपनी आवाज उठाई ताकि महिलाओं के शोषण को रोका जा सके। उनके अनुसार किसी भी समाज की कुरीतियां तब तक समाप्त नहीं हो सकतीं जब तक देश की स्त्री सामने नहीं आएगी इसलिए बापू ने एक बार कहा था, 'अभिभावक लड़कियों को यह सिखाएं कि वे विवाह के लिए पैसे मांगने वाले युवक से शादी करने से इंकार करें। अपमानजनक शर्तों पर विवाह से बेहतर है कि वे अविवाहित रह जाएं।'

बचपन से भेदभाव के बीज

लड़कों और लड़कियों में घरेलू भूमिकाओं तथा भावनाओं में अंतर वाले बीज बचपन की जमीन में ही बोए जाते हैं। 'भाई के लिए पानी लाओ, भाई यह काम नहीं करेगा, यह तो लड़कियों के काम हैं - इस तरह की बातें जहां लड़कियों में हीन और कमतर होने की भावना लाती हैं, वहीं लड़कों में श्रेष्ठता का भ्रामक मान भी पैदा हो जाता है। यह विचार पक्की जमावट बनकर व्यक्तित्व का हिस्सा बन जाते हैं।

हो एक जैसा अधिकार

घर में लड़की बड़ी भी हो, तब भी उसे छोटे भाई से कम जेब खर्च मिलता है। ऐसा क्यों? जब लड़के-लड़कियों को एक समान अधिकार प्राप्त है, उनके शौक समान हैं, तो उनमें यह असमानता क्यों बरती जाए? क्यों न दोनों बच्चों को समान रूप से देखें। उन्हें अलग-अलग चीजें लाकर देने से अच्छा है, एक जैसी चीजें दें। इससे उनमें भेदभाव नहीं होगा और दोनों समान हो जाएंगे।

खाने की खाली प्लेट - भरी प्लेट

अक्सर देखा गया है कि परोसे गए खाने में, लड़के की प्लेट में ज्यादा खाना होता है और लड़की की प्लेट में कम। यह उचित नहीं है। ऐसा माना जाता है कि पुरुष महिलाओं की तुलना में ज्यादा ताकतवर होता है और उन्हें श्रम भी ज्यादा करना होता है, इसलिए उन्हें ज्यादा भोजन की आवश्यकता होती है। यह बिल्कुल गलत धारणा है। लड़का हो या लड़की, दोनों की शारीरिक जरूरतें एक जैसी हैं। उन्हें विकसित होने के लिए पर्याप्त मात्रा में भोजन की आवश्यकता होती है। बच्चों को एक समान पोषण देना चाहिए। यह भी ध्यान दें कि बेटे को खाना परोसने का काम बेटी को करने को न कहें। इससे बेटे में खुद को बड़ा और बेहतर मानने का भाव आता है। दोनों एक-दूसरे को परोसें या दोनों अपना-अपना खाना खुद लें, ऐसी व्यवस्था करें।

तेरा काम, मेरा काम

अनेक घर-परिवार में लड़के-लड़कियों के काम के बटवारे को लेकर लड़की को प्रताड़ित किया जाता है। लड़की को झाडू-पोंछा, बर्तन साफ करने, खाने बनाने तक के काम करवाए जाते हैं। लड़कों को इन सब काम के लिए कहा ही नहीं जाता है, उनसे यह काम करवाया ही नहीं जाता है। काम किसी का नाम लिखकर नहीं बनाए गए हैं। यह काम लड़कों का है और यह काम सिर्फ लड़कियों का है। यह तो सब बताने वाले की गलती है। सारे काम सबके हैं, यही सोच बच्चों के बीच विकसित होनी चाहिए ताकि वे मिलजुलकर काम करने की जिम्मेवारियां संभालें। स्वस्थ समाज के निर्माण में यह समानता का पाठ एक महत्त्वपूर्ण कदम साबित होगा।

घूंघट की घबराहट नहीं

पंचायती राज में पंच और सरपंच बनकर महिलाओं ने दिखा दिया है कि वे चौखट से चौबारे तक का सफर तय कर चुकी है। भले ही राजनीति के ककहरे से वाकिफ न हों, पर अपनी जिम्मेदारियां वे बखूबी निभाती हैं। अब इन्हें हर कदम पर पति के सहारे की जरूरत नहीं रह गई है। पंचायती राज में महिलाओं के बढ़ते कदम गांवों में विकास की गंगा बहा सकते हैं। पूरे देश में महिला नेतृत्व दिनोदिन सशक्त हो रहा है। यह सही है कि पंचायती शासन में अब तक ग्रामीण महिलाओं के नाम पर पुरुषों ने ही शासन किया है। लेकिन जिसने भी झिझक छोड़कर सक्रियता दिखाई उसने पुरुषों से बेहतर काम करके दिखाया। महिलाओं का आरक्षण 33 प्रतिशत से 50 प्रतिशत करने का प्रस्ताव आया तो महिलाओं ने भी ठान लिया कि वे गांव के विकास में भागीदार बनकर दिखाएंगी। अब अनेक महिलाएं पंच-सरपंच बनकर देश को नई दिशा दे रही हैं और पुरुषों से बेहतर जनप्रतिनिधि साबित हो रही हैं।

महिला सरपंचों का मानना है कि योजनाएं बनती तो हैं, लेकिन जिंदा नहीं रहतीं। उनकी यह कोशिश रहेगी कि गांव के लिए जो भी योजनाएं आए, उसका लाभ गांव के लोगों तक पहुंचे। गांव का हर बच्चा पढ़ने के लिए जाए। केन्द्रों पर जो दलिया पके और उसे सही मात्रा में वितरित किया जाए। महिला सरपंचों का मानना है कि पंचायत में सभी एक-दूसरे को जानते हैं इसलिए हमारे अंदर विश्वास और बढ़ा है। गांवों में रहकर खुद कई चीजों की कमी महसूस की है इसलिए गांव में जितनी सुविधा जुटा पाएं, उतना बेहतर। पंचायती राज के बारह-तेरह वर्ष बाद अब महिलाओं को रास्ते भी मिल गए हैं और वे उसे व्यवस्थित करने में बाकायदा लगी हुई हैं।

बढ़ेगी महिलाओं की भागीदारी

देश में अभी करीब ढाई लाख ग्राम पंचायतें हैं। इनमें 28 लाख 10 हजार प्रतिनिधि हैं, जिनमें से 36.87 फीसदी महिलाएं हैं। पंचायतों में महिलाओं का आरक्षण बढ़ाकर पचास फीसदी करने से महिलाओं की तादाद में और इजाफा होगा।

भ्रष्टाचार को दूर करने के मामले में महिला सरपंच काफी आगे है। गांवों में विकास के कई कार्य बरसों से अधूरे पड़े रह जाते हैं। वजह साफ है, कुछ

तो धनाभाव और कुछ भ्रष्टाचार। अनेक महिला सरपंच ने संघर्ष कर इन कार्यों को पूरा करवाया और भ्रष्टाचार भी नहीं होने दिया। अनेक महिला सरपंचों ने शराब समस्या से निजात दिलाने के लिए मुहिम चलाई। शराब पीकर उत्पात मचाने वालों के खिलाफ लड़ाई लड़ने के लिए मोर्चा खोला और गांव को शराबियों से मुक्त करवाया। ऐसे में अनेक महिलाओं को खुद अपने पति की बातें ही नहीं सुननी पड़ीं बल्कि मारपीट तक सहना पड़ता पर वह पीछे नहीं हटीं।

महिला सरपंचों ने लड़कियों की शिक्षा को अपने एजेण्डे में लिया। पंचायत में ऐसी लड़कियों की सूची बनवाई जो स्कूल नहीं जा रही थीं फिर उनके माता-पिता को प्रेरित करने का अभियान चलाया। ऐसे में महिला सरपंच खुद स्कूलों का भ्रमण करती हैं और मध्यान भोजन की गुणवत्ता से लेकर शिक्षा की गुणवत्ता जैसे पहलुओं को छूती है।

आदिवासी समाज की महिला सरपंच भी सामाजिक कुरीतियों और परम्पराओं के खिलाफ आवाज उठाकर उन्हें खत्म करने में लगी हुई है। आदिवासी समाज को कुरीतियों की मार एवं शोषण के चक्रव्यूह से बचाने के लिए समाज की विलुप्त प्राय न्याय व्यवस्था चौपाल पंचायत को पुनर्जीवित करने के लिए पूरी शिद्दत से जुटी हुई है। आदिवासी समाज में प्रचलित वधू मूल्य (लड़के के पक्ष द्वारा विवाह के एवज में दिया जाने वाला मूल्य) की कुपरम्परा का उन्मूलन करने का प्रयास किया जा रहा है, साथ ही युवतियों को भगाकर ले जाने संबंधी विवादों में भी सकारात्मक हस्तक्षेप कर महिला अस्मिता के संरक्षण की दिशा में जमीनी पहल कर रही है।

महिलाओं ने कुछ अलग कर दिखाया

कहते हैं जहां चाह वहां राह है। ऐसा ही कुछ कर दिखाया है, पश्चिम बंगाल की राजधानी कोलकाता से सटे उत्तर जिले चौबीस परगना के पास स्थित शक्ति नगर की महिलाओं ने। यहां की औरतों ने वह काम कर दिखाया है, जो काम करने में शायद पुरुषों के भी पसीने छूट जाते।

इन ग्रामीण महिलाओं ने वह काम कर दिखाया है जो काम नगरपालिका ने भी वर्षों तक नहीं किया था। जिस काम को करने की कल्पना मर्दों तक ने नहीं की थी। उस काम को चंद महिलाओं ने कर दिखाया। असल में इन महिलाओं ने अपने गांव से दो किलोमीटर लंबी पक्की सड़क बना दी है जिससे गांव का सम्पर्क आस-पास के जिलों से हो गया है और यह सड़क

इलाके की जीवन रेखा बन गई है। इस गांव में दो सौ परिवार रहते हैं। गांव के लोगों ने शुरू में महिलाओं की इस पहल को गंभीरता से नहीं लिया, लेकिन महिलाओं ने जब यह असंभव से काम को संभव कर दिखाया तो गांव के प्रमुख उनकी तारीफ करते नहीं थक रहे हैं।

गांव के एक पुरुष के अनुसार, कहने को तो शक्तिनगर नाम का यह गांव अशोक नगर, कल्याणगढ़ नगरपालिका के 22 नंबर वार्ड के तहत आता है लेकिन बिजली और दूसरी नागरिक सुविधाएं तो दूर, गांव से हाइवे तक पहुंचने के लिए कोई ढंग की सड़क भी नहीं थी। दो किलोमीटर लंबे इस टूटे-फूटे कच्चे रास्ते से ही मरीज को पैडल रिक्शा पर लिटाकर अस्पताल ले जाना पड़ता था। छात्रों और आम लोगों को भी रोजाना इसी रास्ते से जूझते हुए अपने स्कूलों और दफ्तरों को जाना पड़ता था। बरसात के दिनों में तो यह कच्चा रास्ता चलने लायक तक नहीं रहता था, लेकिन इन महिलाओं की बदौलत आज हमें यह सड़क उपलब्ध हुई है।

महिलाओं में आर्थिक जागरूकता

आज अर्थ की प्रधानता से इंकार नहीं किया जा सकता, फिर भले ही वह स्त्री हो या पुरुष। आजादी के बाद हर क्षेत्र में आत्मनिर्भरता और स्वाभिमान की लहर आई है। जैसे-जैसे शिक्षा का विस्तार होता गया, महिलाओं में आर्थिक जागरूकता भी आती गई है। आज हर क्षेत्र में महिलाएं बराबरी से आगे बढ़ रही हैं, यह इसका प्रमाण है। इस अर्थ प्रधानता के जमाने में आर्थिक आत्मनिर्भरता सुरक्षित जीवन का आधार है। इस सुरक्षा के मुख्य बिंदु ने ही महिलाओं को आर्थिक क्षेत्र की तरफ मोड़ा है। आज हम समाज में देखते हैं कि कुछ महिलाएं जीवन गुजार देती हैं उनकी आर्थिक आजीविका के आधार पर। इस एकमात्र हथियार से वे अपना पहाड़ जैसा पूरा जीवन गुजारने का दमखम रखती हैं। यदि विवाह के बाद भी आर्थिक आत्मनिर्भरता रहे तो कोई उसे पूरी तरह दबाकर रखने की हिमाकत नहीं कर सकता। उसकी प्रतिभा को कुचल नहीं सकता। उसकी योग्यता को अनदेखा नहीं नहीं कर सकता। घर की चारदीवारी तक उसे जबरिया बांधकर शोषण नहीं किया जा सकता। यदि उसके पास अमाघ शस्त्र है तो वह अपने जीवन की नैया पार कर सकती है। शादी के बाद भी आर्थिक आत्मनिर्भरता उसके सुरक्षित जीवन का ठोस आश्वासन है।

वैसे भी इस महंगाई के जमाने में एक ही सदस्य की आय से घर चलाना कठिन है। यदि पत्नी भी कमाएगी तो गृहस्थी की गाड़ी अच्छे ढंग से चलेगी। पति-पत्नी में संतोष भाव रहेगा तो सफल वैवाहिक जीवन का आधार भी बनेगा। जीवन स्तर तो अच्छा होगा ही बल्कि बच्चों का लालन-पालन बेहतर ढंग से होने के साथ-साथ उन्हें वांछित उच्च शिक्षा भी दी जा सकेगी। आज के युग में महिलाओं की अपनी आवश्यकताएं होती हैं। यदि पत्नी आर्थिक रूप से सक्षम है तो वह अपनी जरूरतों को पूरा कर सकती है। पति को भी इसमें आपत्ति नहीं होनी चाहिए। पत्नी कमाएगी तो पैसों का महत्त्व भी समझेगी। पैसे के अपव्यय पर भी रोक लगेगी। काफी हद तक यह भी सच है कि पत्नी तभी पैसा कमाएगी जब वह शिक्षित होगी तथा परिवार को सीमित रखेगी।

यदि पत्नी आर्थिक दृष्टि से आत्मनिर्भर नहीं होगी तो जरूरी नहीं कि खाली समय का अच्छा उपयोग ही करे। ऐसा भी हो सकता है कि ऐसी कुछ महिलाएं परिजनों, पास-पड़ोस की बुराइयों में अपना अमूल्य समय व्यतीत कर दें। जो कभी-कभी कई समस्याओं का कारण बन जाता है। इन सबमें महत्त्वपूर्ण पहलू यह है कि यदि कोई अनहोनी हो जाए तो पति या पिता कमाने वाला न रहे तो घर की हालत क्या होगी? ऐसी स्थिति में महिला आत्मनिर्भर है तो परिवार, बच्चों का भरण-पोषण सुचारु रूप से कर सकती है बल्कि किसी भी अनहोनी में आर्थिक दृष्टि से आत्मविभोर महिला अपने घरबार को संभाल सकती है।

महिलाओं में आर्थिक जागरूकता से समाज में बदलाव दिख रहा है। आज पढ़े-लिखे विवाह योग्य पुरुष कामकाजी लड़की को ही जीवनसाथी बनाना चाहते हैं। इससे लड़कियों को मनोवांछित लड़के के चयन के अवसर बढ़ जाते हैं। आर्थिक आत्मनिर्भरता ने लड़कियों को एक पारस पत्थर दे दिया है। जैसा कि हर सिक्के के दो पहलू होते हैं, उसी तरह अपवादस्वरूप आर्थिक आत्मनिर्भरता उच्छृंखलता में न बदल जाए।यदि पति नहीं कमाता है या कम कमाता है या छोटे पर है तो कमाऊ पत्नी पति का तिरस्कार भी कर सकती है। आर्थिक रूप से सक्षम होने के बाद परिवार की खुशियां भी अहम हैं। ऐसे में महिलाओं को पति या घरवालों को उचित मान-सम्मान देना चाहिए। आर्थिक आत्मनिर्भरता के लिए गलत रास्ते अख्तियार करना भी बुद्धिमानी नहीं है। पैसा कमाएँ लेकिन लालच न बढ़ाएं। कमाने के बाद संतोष भाव भी होना

चाहिए। अन्यथा घर की शांति नष्ट हो जाएगी। दोनों कमाते हैं तो 'अहं' आड़े नहीं आना चाहिए।

जब हमारा संविधान स्त्री-पुरुष की समानता का हक देता है तो पुरुषों का कर्त्तव्य है कि वे महिलाओं में चेतना जगाकर आर्थिक आत्मनिर्भरता के लिए प्रोत्साहित करें, अवसर बढ़ाएं जिससे महिलाओं में आत्मविश्वास पैदा हो। वे इस योग्य हों कि अपने महत्त्व, हुनर, प्रतिभा को पहचानकर परिवार के हित में योगदान दे सकें।

बदलते समीकरण

समय के साथ हर चीज में बदलाव आया है। इससे वैवाहिक रिश्ते भी अछूते नहीं रह गए हैं। पहले जहां पति का कहना मानना, उसकी सेवा करना और उसका हर जुल्म चुपचाप सहना पत्नी का धर्म माना जाता था, वहीं अब समय के साथ स्त्री को लेकर लोगों की मानसिकता भी बदली है। आज महिलाएं खुली हवा में सांस ले रही हैं और उनकी जिम्मेदारी पति की सेवा करना ही नहीं रहा है अब वह परिवार की जिम्मेदारी भी संभाल रही हैं। वैवाहिक रिश्तों में महिलाओं की भूमिका में सकारात्मक बदलाव आया है। अब घर परिवार में उनकी अहमियत को हर कोई स्वीकार कर रहा है। इसका कारण महिलाओं का पहले से ज्यादा जागरुक होना है।

वैवाहिक जीवन के बदलते समीकरण की वजह पर यदि हम गौर करें तो समाजशास्त्री शिक्षा के प्रसार और शासन की पहल को कारण मानते हैं और कहते हैं, बात चाहे जो भी हो, लेकिन जो बदलाव दिख रहे हैं वह स्त्री जाति के लिए शुभ और एक सभ्य समाज के निर्माण में सहायक है। इस संबंध में महिलाओं की तारीफ करनी होगी कि वह आज भी पुरुषों के बराबर आने के लिए प्रयासरत हैं।

सिर्फ चूल्हे चौके से ही सरोकार नहीं

समाज की बदलती सोच का नतीजा है कि आज लड़कियों और लड़कों को बराबर शिक्षा दी जा रही है। इतना ही नहीं लड़कियों को सफल होने के लिए हर क्षेत्र से लोगों का पर्याप्त सहयोग मिल रहा है और उन्हें कुछ बेहतर करने के लिए प्रेरित भी किया जा रहा है। समाज का प्रोत्साहन ही है कि महिलाएं आगे बढ़ने और कुछ कर दिखाने के लिए प्रेरित हो रही हैं। लड़कियां

स्कूल के बाद कॉलेज भी जाने लगी हैं और शिक्षित होने पर राज्य स्तरीय तथा राष्ट्रीय स्तर की स्पर्धाओं में भी भाग ले रही हैं। इतना ही नहीं स्त्री जाति के इस प्रयास की हर जगह सराहना हो रही है। इसका व्यापक प्रभाव भी वैवाहिक संबंधों पर देखा जा रहा है।

अब पहले की तरह महिलाओं को सिर्फ चूल्हे-चौके से ही सरोकार नहीं रहता, बल्कि वह घर में रहकर अपने पति का घर सुव्यवस्थित रखती है, बच्चों की पढ़ाई में मदद करती है, पति के काम में हाथ बंटाती है। यदि संयुक्त परिवार है तो बड़े-बूढ़ों की सेवा भी करती है और यदि नौकरी करती है तो वह दोहरी जिम्मेदारी निभाती है। इतना ही नहीं पहले जहां कुछ समाजों में तलाक को धार्मिक रूप से सहज माना जाता था और इसीलिए शायद छोटी-सी बात में मर्द तलाक दे देते थे, फौरन दूसरी शादी कर लेते थे, लेकिन अब शिक्षा का प्रसार होने के कारण महिलाएं अपने अधिकारों के प्रति जागरुक हुई हैं। गलत लड़का मिलने पर या गलत जगह शादी होने पर स्वयं आगे बढ़कर इसका विरोध करती हैं। ऐसे में पति का घर छोड़ देती हैं या तलाक के लिए आवेदन कर देती हैं, इस प्रकार की स्थिति के कारण दाम्पत्य के समीकरण एकदम बदल जाते हैं। इसलिए अब महिलाओं को समाज और घर में इज्जत की दृष्टि से देखा जाता है। उसे सिर्फ एक भोग की वस्तु नहीं समझा जाता है।

पर्दा प्रथा का अंत

वैवाहिक संबंधों में पहले पर्दा प्रथा का चलन था। लगभग हर धर्म में विवाहित स्त्री के लिए पर्दे में रहना अनिवार्य था। घर के बड़े-बुजुर्ग की बगैर इजाजत के घर से बाहर जाना मना था और घर में भी हर आने-जाने वालों से पर्दा और बातचीत पर पाबंदी हुआ करती थी। पति का कहना मानना, उनकी सेवा करना और उसका हर जुल्म चुपचाप सहना ही बेटी को मां-बाप द्वारा सिखाया जाता था। यही कारण था कि जिस घर में वह एक बार डोली में बैठकर आती थी, उस घर से फिर उसका जनाजा ही निकलता था। आजकल पर्दा प्रथा एकदम से खत्म हो गई है। लड़कियां घरों के बाहर निकल सकती हैं, दूसरे मर्दों से खुलकर बात कर सकती हैं। अपनी मनचाही जीवनशैली अपना सकती हैं।

महिलाओं को आगे बढ़ाने और समाज में बेहतर योगदान देने के लिए सरकार की पहल को नजरअंदाज नहीं किया जा सकता है। यही कारण है कि

सरकारी दफ्तरों से लेकर प्राइवेट कंपनी तक पुरुषों के मन में महिलाओं को हर काम में प्राथमिकता देने की मानसिकता का विकास हुआ है। इतना ही नहीं, केन्द्र सरकार हो या राज्य सरकार महिलाओं की बेहतरी के लिए कई योजनाओं को संचालित कर रही है जिनका एक ही उद्देश्य है महिलाओं को शोषण से बचाना और उन्हें जागरूक बनाना।

(आधार न्यूज, अमृत सुर, नायिका, सत्य समाचार, देशबंधु)

3

महिलाओं के लिए मददगार

'सबसे पहले खुद का कोई सपना बनाएं और उसे जिएं। मुसीबतों और पीड़ाओं को भूलकर महसूस करें कि जिंदगी इनके परे भी है। जिस दिन हमने संघर्ष करना छोड़ दिया वह हमारी मंजिल का आखिरी पड़ाव होगा।' – वीणा सहारण, पहली महिला पायलट

महिलाओं को संवैधानिक और विधिक सुरक्षा प्रदान करने के लिए केंद्रीय अधिनियम के तहत 31 जनवरी, 1992 को राष्ट्रीय महिला आयोग की स्थापना की गई। आयोग को सिविल न्यायालय की तरह जांच और परीक्षण के अधिकार हैं तथा यह एक संवैधानिक संस्थान है। महिलाओं के लिए यह मित्र, शिक्षक और सलाहकार का कार्य करता है। महिलाओं से संबंधित हर मामलों में आयोग हस्तक्षेप कर सकता है इसलिए आयोग तक परिवेदन लेकर पहुंचने वाली महिलाओं की संख्या में निरंतर वृद्धि हो रही है।

शक्तियां व कार्य

– महिलाओं से संबंधित मामलों की जांच करते समय आयोग सिविल न्यायालय की तरह किसी भी साक्षी को बुलाकर पूछताछ कर सकता है और शपथ पत्र पर साक्ष्य प्राप्त कर सकता है।

– किसी व्यक्ति को उपस्थित होने के लिए बाध्य कर सकता है।

– किसी भी सार्वजनिक अभिलेख या उसकी प्रति किसी न्यायालय अथवा कार्यालय से प्राप्त कर सकता है। आयोग के समक्ष की प्रत्येक कार्रवाई न्यायिक कार्रवाई समझी जाती है।

– राष्ट्रीय महिला आयोग अधिनियम की धारा 16 के अनुसार केंद्र

सरकार को महिलाओं से संबंधित और उन्हें प्रभावित करने वाले मामलों में परामर्श लेना होता है।

– महिला अत्याचार से संबंधित रिपोर्ट जुटाना, जरूरत पड़ने पर किसी मामले में कार्रवाई, पीड़ित महिला को न्याय दिलाना और सरकार को महिला कल्याण और विकास के बारे में समुचित सिफारिश भेजना आयोग के उद्देश्य हैं।

– महिला कल्याण कानूनों की जानकारी और उसके समुचित प्रचार-प्रसार की भी व्यवस्था आयोग द्वारा की जाती है।

– महिलाओं को कानूनी व संवैधानिक सुरक्षा के लिए कानूनों का पुनरीक्षण और सुधारात्मक विधि की सिफारिश भी आयोग द्वारा की जाती है।

– महिलाओं में समानता स्थापित करना, नीतिगत निर्णय, दिशा निर्देश जो महिलाओं की मदद के लिए बने हैं, उनको लागू करने के लिए सक्षम प्राधिकरण से संपर्क करना आयोग के प्रमुख कार्य हैं।

– महिलाओं की सामाजिक, आर्थिक और राजनीतिक दशा के संबंध में तुलनात्मक अध्ययन और विश्लेषण कर उसकी रिपोर्ट समुचित सिफारिश के साथ आयोग द्वारा भविष्य की नीति निर्धारण के लिए सरकार के पास भेजी जाती है।

– संविधान और कानून द्वारा महिलाओं को दिए गए सुरक्षात्मक उपायों की जांच एवं रिव्यू के साथ आयोग द्वारा वार्षिक रिपोर्ट सरकार को दी जाती है।

– राष्ट्रीय महिला आयोग महिला में विधिक चेतना कार्यक्रम और पारिवारिक महिला लोक अदालतों का आयोजन भी करता है।

– विशेष मामलों पर कार्रवाई करने के लिए आयोग द्वारा समितियों का गठन किया जाता है जिसमें संबंधित विषयों के विशेषज्ञ लिए जाते हैं।

– आयोग में सुनवाई के लिए प्रस्तुत अथवा जिन सार्वजनिक मामलों को आयोग युक्तियुक्त समझे उसे महिलाओं से संबंधित मामलों को समुचित प्राधिकारियों के समक्ष आयोग द्वारा प्रस्तुत किए जाने का प्रावधान है।

यूँ करें शिकायत

आयोग के समक्ष पीड़ित महिला द्वारा आवेदन करना सरल है। महिला पूर्ण पते सहित अपनी समस्या लिखित रूप में डाक या फैक्स के जरिए भेज सकती है।

– यदि महिला चाहे तो व्यक्तिगत रूप से भी अपनी शिकायत प्रस्तुत कर सकती है।

– शिकायत का पंजीयन कर उसका अध्ययन कर विधि सलाहकारों के पास उचित अभिमत और टिप्पणी के लिए भेजा जाता है।

– संबंधित विभाग व कार्यालय से भी जानकारी प्राप्त की जाती है। इसके बाद प्रकरण सुनवाई बेंच के समक्ष रखा जाता है, जो साक्ष्य, बयान, शपथ पत्र और दस्तावेज के आधार पर अपनी रिपोर्ट कार्रवाई के लिए संबंधित विभाग को भेजता है। वहां उस पर कार्रवाई की जानी होती है।

– मीडिया में आए किसी मामले को भी आयोग शिकायत मानकर स्वतः कार्रवाई कर सकता है।

– आयोग जब किसी प्रकरण पर विचार करता है, तो विषय के विशेषज्ञ और विधि सलाहकार की राय लेता है।

– महिला आयोग की कार्रवाई या निर्णय से असंतुष्ट महिला न्यायालय में जा सकती है।

– पहले से न्यायालय में चलने वाले अथवा एक वर्ष से अधिक समयावधि से पुराने मामलों की जांच आयोग द्वारा की जाती है।

ऑन लाइन शिकायत यहां करें:-

दबूण्दपबण्पद

पता – राष्ट्रीय महिला आयोग, 4, दीनदयाल उपाध्याय मार्ग,
नई दिल्ली – 110002

फोन – 91 – 11 – 23219750

फैक्स – 91 – 11 – 23236154

ई-मेल – ncw@nic.in

हिन्दू विधि में भरण-पोषण कानून

प्रत्येक व्यक्ति का अपने पर आश्रित व्यक्तियों के भरण-पोषण का पारिवारिक व सामाजिक दायित्व ही नहीं होता बल्कि यह उनका वैधानिक दायित्व भी होता है। भरण-पोषण की मांग के लिए जरूरी है कि प्रार्थी भरण-पोषण करने में असमर्थ हो। भरण-पोषण की राशि निर्धारण में प्रार्थी की जरूरत, पक्षकारों की सामाजिक स्थिति को ध्यान में रखा जाता है। दण्ड प्रक्रिया संहिता और हिन्दू विधि में भरण-पोषण की निम्न व्यवस्थाएं दी गई हैं।

– दंड प्रक्रिया संहिता की धारा 125 के अनुसार समक्ष न्यायालय संबंधित व्यक्ति को उसकी पत्नी, संतान और माता-पिता के भरण-पोषण का आदेश दे सकता है।

– पत्नी उचित कारण जैसे पति द्वारा रखैल रखना, नपुंसक होना, दहेज की मांग को लेकर परेशान करना, अनैतिक आचरण का मिथ्या आरोप, संतान के पितृत्व पर प्रश्न चिन्ह आदि के कारण अलग रहकर भी भरण-पोषण की मांग कर सकती है।

– पति का कर्जदार होना या दिवालिया होना भरण-पोषण न देने का कारण नहीं हो सकता। पत्नी पागल होने पर भी उसके लिए भरण-पोषण मांगा जा सकता है।

– दंड प्रक्रिया संहिता की धारा 125 की उपधारा 4 के अनुसार पत्नी द्वारा किसी पुरुष के साथ अवैध संबंध रखने पर भरण-पोषण देय नहीं है।

– बालक यदि स्वेच्छा से माता के साथ रहता है, तो उसके लिए भरण-पोषण की मांग की जा सकती है।

– पति द्वारा भरण-पोषण नहीं देने का यह आधार नहीं हो सकता कि पत्नी शारीरिक रूप से स्वस्थ है और वह अपना भरण-पोषण स्वयं कर सकती है।

– यह माना जाता है कि यदि व्यक्ति कमाने में समर्थ है, तो भरण-पोषण भत्ता देने में भी समर्थ है। भरण-पोषण भत्ता न देने की स्थिति में इसे जुर्माने की तरह वसूल किया जा सकता है और प्रत्येक माह की चूक के लिए एक माह के कारावास से दंडित किया जा सकता है।

– कारावास की अवधि एक वर्ष से अधिक नहीं हो सकती। इसके उपरान्त भी प्रतिपक्षी अपने भरण-पोषण के दायित्व से मुक्त नहीं हो सकता।

अन्तरिम भरण-पोषण

– न्यायालय में विचाराधीन दाम्पत्य विवादों की स्थिति में पति या पत्नी में से कोई भी अन्तरिम भरण-पोषण की मांग कर सकता है। मुकदमेबाजी के समय अपने भरण-पोषण और मुकदमे की कार्रवाई चलाने में लगने वाले व्यय के आर्थिक भार से निजात दिलाने के लिए जो पक्षकार भत्ता देने में सक्षम है, उससे जरूरतमंद पक्षकार को अंतरिम निर्वाह भत्ता न्यायालय द्वारा दिलाए जाने का प्रावधान है। भारतीय विवाह विच्छेद अधिनियम और पारसी विवाह व तलाक अधिनियम में केवल पत्नी भरण-पोषण पाने की अधिकारी होती है।

– न्यायालय द्वारा उचित और युक्तियुक्त राशि का निर्धारण किया जाता है। निर्वाह भत्ते के साथ मुकदमे का खर्च भी दिलाया जाता है, जो वाद की प्रकृति और पेशियों पर आने–जाने पर होने वाले खर्च पर निर्भर होता है।

– यह आवश्यक नहीं है कि अन्तरिम निर्वाह भत्ता केवल पत्नी को ही मिले, अवयस्क बच्चों और अविवाहित पुत्री को भी अन्तरिम भरण–पोषण दिलाया जा सकता है।

– अन्तरिम भरण–पोषण की राशि मुकदमे के अन्त तक मिलती है और अपील के समय जारी रहती है।

– भत्ता वसूल करने में व्यवहार प्रक्रिया संहिता के प्रावधान लागू होते हैं। मुकदमे में स्थाई भरण–पोषण के आदेश होने पर अथवा अंतिम निपटारा होने पर अन्तरिम भरण–पोषण देय होना बंद हो जाता है।

स्थाई भरण-पोषण

– अन्तरिम आदेश करते समय न्यायालय आवेदक को प्रत्यर्थी से समुचित कुल राशि या मासिक या कालिक राशि देने का आदेश दे सकता है। यह जीवनकाल से अधिक अवधि के लिए आवश्यकता हो तो प्रत्यर्थी की स्थाई सम्पत्ति पर भार द्वारा प्रतिभूत किया जा सकता है।

– हिन्दू दत्तक एवं भरण–पोषण अधिनियम की धारा 18 में भी हिन्दू पत्नी अपने जीवनकाल में अपने पति से भरण–पोषण पाने की अधिकारी है। भरण–पोषण धनराशि निर्धारित करने का अधिकार न्यायालय को है जो परिस्थिति के अनुसार निर्णय लेते हैं। भरण–पोषण के आवेदन पत्रों का निपटारा यथासंभव साठ दिनों में किए जाने की व्यवस्था की गई है।

घरेलू हिंसा से महिलाओं का संरक्षण

महिलाओं के विरुद्ध बढ़ते अपराध एवं हिंसा को मद्देनजर रखते हुए विधायिका द्वारा अनेक कानून बनाए गए। दहेज मृत्यु रोकने के लिए भारतीय दंड संहिता में एक नई धारा 304 – ख जोड़ी गई। इसी प्रकार निर्दयता के निवारण के लिए दंड संहिता में एक नई धारा 498 – क को स्थान दिया गया।

महिलाओं के विरुद्ध होने वाली घरेलू हिंसा पर काबू पाने के लिए सन् 2005 में 'घरेलू हिंसा से महिलाओं का संरक्षण अधिनियम' पारित किया गया। इस अधिनियम में महिलाओं के विरुद्ध हिंसा को रोकने के व्यापक प्रावधान

किए गए हैं। यह अधिनियम 26 अक्टूबर, 2006 को जम्मू-कश्मीर राज्य को छोड़कर भारत के सभी राज्यों में लागू किया गया है।

घरेलू हिंसा क्या है?

अधिनियम की धारा-3 में घरेलू हिंसा की परिभाषा दी गई है। इसके अनुसार निम्नलिखित कृत्यों को घरेलू हिंसा माना गया है-

- महिला के जीवन, स्वास्थ्य, सुरक्षा आदि की अपहानि करना अथवा क्षतिग्रस्त करना अथवा संकटापन्न करना।
- महिला को अपनी संपत्ति अथवा भरण-पोषण से वंचित करना।
- अन्य किसी प्रकार की शारीरिक या मानसिक क्षति करना।
- महिला के साथ शारीरिक दुर्व्यवहार करना।
- भावनात्मक दुर्व्यवहार करना, अथवा
- आर्थिक दुर्व्यवहार करना आदि।

शारीरिक दुर्व्यवहार में शारीरिक कष्ट पहुंचाना, हमला, आपराधिक अभित्रास अथवा आपराधिक बल का प्रयोग करना सम्मिलित है। लैंगिक दुर्व्यवहार में महिला की लज्जा भंग करना और शोषण करना, बलात्संग करना, यौनिक अपमान करना आदि आता है। 'के.पी.एस. गिल' के मामले में स्त्री के कूल्हे पर मारने को लज्जा भंग माना गया है। इसी प्रकार 'अमन कुमार' के मामले में किसी महिला को खींचने तथा उसे निर्वस्त्र कर देने को लैंगिक हिंसा कहा गया है। 'राजू पाण्डुरंग' मामले में महिला के साथ संभोग करने के आशय से उसकी साड़ी हटा देने को भी यौन शोषण माना गया है।

भावनात्मक हिंसा में महिला के अनादर, उपहास, अपमान आदि को सम्मिलित किया गया है। महिला पर ताने मारना, उसकी हंसी उड़ाना, उसको बांझ अथवा डायन कहकर पुकारना आदि भावनात्मक हिंसा है। आर्थिक दुर्व्यवहार में महिला को अपनी सम्पत्ति एवं सम्पत्ति संबंधी अधिकारों, भरण-पोषण, आवास आदि से वंचित करना आता है। इस प्रकार अधिनियम में 'घरेलू हिंसा' को अत्यंत व्यापक अर्थों में ग्राह्य किया गया है। वस्तुतः महिला के साथ किया जाने वाला प्रत्येक अमानवीय कृत्य घरेलू हिंसा है।

स्त्री (पत्नी) से दहेज में स्कूटर की मांग करना और इसके लिए उसे यातना देना घरेलू हिंसा है।

स्त्री का उसकी इच्छा के विरुद्ध गर्भपात कराना उसके प्रति हिंसा है। इसे घरेलू हिंसा माना जा सकता है।

किसी स्त्री से किसी सम्पत्ति अथवा मूल्यवान वस्तु की मांग करना और उसके लिए उसे यातना देना उस स्त्री के प्रति निर्दयता का व्यवहार होने से घरेलू हिंसा है।

हिंसा निवारण के उपाय

महिलाओं के विरुद्ध घरेलू हिंसा के निवारण के लिए अधिनियम में व्यापक प्रावधान किए गए हैं। धारा 8 में संरक्षण अधिकारी एवं धारा 10 में सेवा प्रदाता की नियुक्ति का प्रावधान है। घरेलू हिंसा से व्यथित महिलाएं हिंसा के निवारण के लिए संरक्षण अधिकारी एवं सेवा प्रदाताओं की सेवाएं प्राप्त कर सकती हैं।

घरेलू हिंसा कारित होने की सूचना मिलने पर संरक्षण अधिकारी एवं सेवा प्रदाता द्वारा शिकायत को मजिस्ट्रेट तक पहुंचाने तथा व्यथित महिला के लिए संरक्षण, आवास, आर्थिक सहायता, अभिरक्षा, प्रतिकर आदि की व्यवस्था के प्रयास किए जाएंगे।

घरेलू हिंसा से व्यथित महिलाएं संरक्षण, आवास, आर्थिक सहायता, अभिरक्षा, प्रतिकार आदि के लिए धारा 12 के अन्तर्गत मजिस्ट्रेट से भी आवेदन कर सकती हैं। धारा 5 के अन्तर्गत पुलिस अधिकारी से भी शिकायत कर सकती हैं।

घरेलू हिंसा की शिकायत मिलने अथवा जानकारी होने पर धारा-5 के अन्तर्गत पुलिस अधिकारी, मजिस्ट्रेट, सेवा प्रदाता अथवा संरक्षण अधिकारी का यह कर्त्तव्य होगा कि वह व्यक्ति महिला को उसके निम्नांकित अधिकारों की जानकारी दें-

- यह कि वह संरक्षण, आवास, अभिरक्षा, आर्थिक सहायता, प्रतिकार आदि अनुतोषों के लिए मजिस्ट्रेट से आवेदन कर सकती है।
- वह सेवा प्रदाता की सेवाएं प्राप्त कर सकती है।
- वह संरक्षण अधिकारी की सेवाएं प्राप्त कर सकती है।
- उसे विधिक सेवा प्राधिकरण अधिनियम 1987 के अन्तर्गत निःशुल्क विधिक सहायता प्राप्त करने का अधिकार है।

- वह भारतीय दंड संहिता की धारा 498 – क के अन्तर्गत परिवाद पेश कर सकती है।

यदि पुलिस अधिकारी को यह प्रतीत होता है कि घरेलू हिंसा की शिकायत अथवा घटना से कोई संज्ञेय अपराध कारित हुआ है तो वह उस पर विधि अनुसार कार्यवाही कर सकता है।

मजिस्ट्रेट का आदेश

जब अधिनियम धारा-12 के अन्तर्गत किसी अनुतोष के लिए मजिस्ट्रेट से आवेदन किया जाता है तो मजिस्ट्रेट द्वारा निम्नांकित के लिए आदेश दिया जा सकता है-

- संरक्षण हेतु आदेश (धारा-18)
- निवास हेतु आदेश (धारा-19)
- आर्थिक सहायता का आदेश (धारा-20)
- अभिरक्षा का आदेश (धारा-21)
- प्रति कर का आदेश (धारा-22)
- अन्तरिम एवं एकपक्षीय आदेश (धारा-23)

शास्ति

अधिनियम की धारा-31 के अन्तर्गत शास्ति के बारे में प्रावधान किया गया है। यदि कोई व्यक्ति मजिस्ट्रेट के आदेश अथवा अन्तरिम आदेश की पालना नहीं करता है अथवा उसे भंग करता है तो ऐसे व्यक्ति को एक वर्ष तक की अवधि के कारावास या बीस हजार रुपए तक के जुर्माने से अथवा दोनों से दण्डित किया जा सकेगा।

महिलाओं के विरुद्ध अपराध

नारी के विरुद्ध किए जाने वाले अपराधों में कुछ मुख्य निम्नलिखित हैं-

लज्जा भंग

महिलाओं के विरुद्ध कारित अपराधों में सर्वाधिक प्रचलित अपराध है लज्जा भंग । लज्जा भंग से अभिप्राय है – किसी स्त्री की लज्जा भंग करने के आशय से उस पर हमला करना अथवा आपराधिक बल का प्रयोग करना (धारा 354 भारतीय दंड संहिता)।

- सार्वजनिक स्थान पर किसी स्त्री के कूल्हे पर मारना लज्जा भंग है।
- किसी स्त्री को पीछे से अपनी बाहों में जकड़ लेना तथा उसके स्तन दबाना स्त्री की लज्जा भंग है।
- कामकाजी महिलाओं का यौन उत्पीड़न लज्जा भंग है।
- किसी बालिका को निर्वस्त्र कर उसकी योनि पर लिंग रगड़ना लज्जा भंग है।
- इसी प्रकार किसी स्त्री की लज्जा भंग करने के आशय से उसे पकड़ना, गिरा देना, निर्वस्त्र कर देना, स्तन दबा देना आदि लज्जा भंग के उदाहरण हैं।

निर्दयता

किसी महिला के साथ अक्सर किया जाने वाला यह एक अत्यधिक प्रचलित अपराध है। सामान्यतः महिलाओं के साथ निर्दयता का व्यवहार किया जाता है। भारतीय दंड संहिता की धारा 498 - क में इसे एक दंडनीय अपराध मान गया है। क्रूरता अर्थात निर्दयतापूर्ण व्यवहार अथवा आचरण का अभिप्राय है-किसी स्त्री के पति अथवा नातेदार द्वारा ऐसी स्त्री के साथ-

(क) ऐसा आचरण करना कि वह आत्महत्या के लिए विवश हो जाए,

(ख) आत्महत्या करने के लिए प्रेरित करना,

(ग) जीवन, अंग या स्वास्थ्य को क्षति कारित करना,

(घ) सम्पत्ति या मूल्यवान प्रतिभूति की मांग पूरी करने के लिए उसे तंग व प्रताड़ित करना आदि।

दहेज मृत्यु

भारतीय दंड संहिता 1860 की धारा 304 - ख के अन्तर्गत दहेज मृत्यु को एक गंभीर दण्डनीय अपराध माना गया है।

दहेज मृत्यु से अभिप्राय है - विवाह के सात वर्ष के भीतर दहेज की मांग को लेकर पत्नी को तंग एवं परेशान करना तथा ऐसी शारीरिक क्षति कारित करना जिससे असामान्य परिस्थितियों में उसकी मृत्यु हो जाए।

इस प्रकार 'दहेज मृत्यु' के अपराध के गठन के लिए मुख्य रूप से निम्नलिखित बातें आवश्यक हैं-

(क) विवाह के सात वर्ष के भीतर,

(ख) दहेज की मांग करना,

(ग) दहेज की मांग को लेकर मृत्यु से ठीक पूर्व उसे यातना देना, तथा

(घ) परिणामस्वरूप उसकी मृत्यु हो जाना।

अपहरण

विवाह आदि के लिए विवश करने हेतु किसी स्त्री का अपहरण या व्यपहरण करना महिलाओं के विरुद्ध अपराध है। भारतीय दंड संहिता, 1860 की धारा 366 में इसे एक दण्डनीय अपराध माना गया है। धारा 366 के अन्तर्गत तीन बातें हैं-

(क) विवाह करने के लिए विवश करने के आशय से अपहरण या व्यपहरण करना,

(ख) अयुक्त संभोग करने के लिए विवश करने हेतु अपहरण या व्यपहरण करना, अथवा

(ग) विलुब्ध करने के आशय से अपहरण या व्यपहरण करना।

बलात्कार

महिलाओं के साथ किया जाने वाला यह एक गंभीरतम एवं घृणित अपराध है। इसमें किसी पुरुष द्वारा किसी स्त्री के साथ बलात् संभोग अर्थात् मैथुन किया जाता है। भारतीय दंड संहिता की धारा 376 के अन्तर्गत किसी पुरुष द्वारा किसी स्त्री के साथ किए गए संभोग अर्थात् मैथुन को बलात्कार माना गया है, यदि वह -

(क) उस स्त्री की इच्छा के विरुद्ध,

(ख) उस स्त्री की सम्मति के बिना,

(ग) उसे मृत्यु या उपहति के भय में डालते हुए सम्मति प्राप्त कर,

(घ) उसकी विकृतचित या उन्मत्तता की अवस्था में,

(ङ) उसे अपना पति बताकर, अथवा

(च) जब वह 16 वर्ष से कम आयु की हो, तब सम्मति या बिना सम्मति के किया गया हो।

अप्राकृतिक अपराध

महिलाओं के साथ प्रकृति के विरुद्ध संभोग करना अप्राकृतिक अपराध होकर भारतीय दण्ड संहिता की धारा 377 के अन्तर्गत दण्डनीय अपराध है-

प्रकृति के विरुद्ध का अभिप्राय है-

(क) गुदा मैथुन,

(ख) मुख मैथुन, आदि।

पति अपना लिंग पत्नी के मुंह में डाल देता था तथा गुदा मैथुन करता था। न्यायालय ने इसे अप्राकृतिक अपराध (Unnatural offence) माना।

महिलाओं का अशिष्ट रूपण

किसी महिला को ऐसे अशिष्ट रूप में प्रस्तुत करना कि उससे दुराचार, भ्रष्टाचार, लोकन्यूसेन्स या नैतिकता को हानि पहुंचाने की संभावना हो, महिलाओं का अशिष्ट रूपण (निषेध) अधिनियम, 1986 के अन्तर्गत दंडनीय अपराध है।

गर्भपात

किसी स्त्री की इच्छा के विरुद्ध उसका गर्भपात कराया जाना भारतीय दंड संहिता की धारा-313 के अन्तर्गत दंडनीय अपराध है। सामान्यत: ऐसा अपराध अवैध गर्भ को गिराने के लिए किया जाता है।

कामकाजी महिलाओं की सुरक्षा

सर्वोच्च न्यायालय के दिशा निर्देशों के अनुसार कर्यस्थल पर यौन उत्पीड़न में यौन प्रेरित निम्न अस्वीकार्य आचरण में शामिल है-

- शारीरिक संपर्क और छेड़छाड़ करना।
- यौन संबंधी मांग या आग्रह।
- कामुक संकेत वाली टिप्पणी करना।
- अश्लील सामग्री दिखाना।
- कामुक प्रकृति का अन्य अस्वीकार्य शारीरिक, मौखिक या गैर मौखिक आचरण।

नियोक्ता की जिम्मेदारी

– निजी और सरकारी संस्थानों का यह दायित्व है कि कार्यस्थल पर महिलाओं को यौन उत्पीड़न और छेड़छाड़ से बचाएं तथा घटना होने पर समुचित कार्रवाई करें जिससे पुनरावृत्ति न हो।

– यौन उत्पीड़न रोकने के लिए नीति बनाएं जो स्पष्ट रूप से इसे गैर कानूनी बताए। ऐसी नीति को स्पष्ट रूप से अधिसूचित, प्रकाशित और प्रचारित करें।

– प्रशिक्षणों, सेमिनारों, पोस्टरों और ज्ञापनों आदि के द्वारा जागरूकता बढ़ाएं।

– गोपनीय बरतने वाली और समयबद्ध शिकायत पद्धति बनाएं। संस्थान प्रमुख एक समिति स्थापित करें। समिति की अध्यक्ष महिला हो तथा सदस्य भी महिलाएं हों। एक गैर सरकारी संगठन को भी समिति से जोड़ा जाए।

– यदि कार्यस्थल पर यौन दुर्व्यवहार के कारण भारतीय दंड संहिता के अनुसार मामला बनता है, तो आवश्यक कानूनी कार्रवाई शुरू करें और पीड़िता और साथियों को शोषण व भेदभाव से बचाएं और सुरक्षा प्रदान करें।

– यौन उत्पीड़न की शिकार महिला को अपना अथवा ऐसी हरकत करने वाले कर्मचारी का स्थानांतरण करने का अवसर प्रदान करें।

– यदि कामकाजी महिला से बाहरी व्यक्ति छेड़छाड़ करते हैं, तो उनके खिलाफ कार्रवाई की जाए और पीड़ित महिला को संरक्षण प्रदान किया जाए।

– कामकाजी महिलाओं का यौन शोषण करने वाले कर्मचारियों के विरुद्ध संस्थान के सेवा नियमों के अनुरूप अनुशासनात्मक कार्रवाई की जाए।

– कार्यस्थल पर महिलाओं के लिए स्वच्छ व स्वास्थ्यवर्द्धक वातावरण, अवकाश व अन्य आवश्यक सुविधाएं उपलब्ध की जाएं तथा ऐसा न करने पर महिलाओं के विरुद्ध दुर्व्यवहार माना जाएगा।

(स्वतंत्र मत, जीरो माइल, समाज, नई दुनिया)

4

महिलाओं को मिली राहत

'मुझे ऐसा कभी नहीं लगा कि महिला होकर मैं किसी तरह के भेदभाव का शिकार हुई हूँ। लोग हमेशा ही मुझे बेहतर रिस्पॉन्स देते हैं।' - सुलज्जा मोरवानी, ज्वाइंट एम.डी. - (कामनेटिक मोटर्स)

संसद में पारित संशोधित विवाह अधिनियम से महिलाओं के लिए अदालत से न्याय पाने की लड़ाई थोड़ी आसान हो गई है। संशोधित विशेष विवाह अधिनियम, 1954 और हिंदू विवाह अधिनियम, 1955 ने महिलाओं को अब इस बात का अधिकार दिया है कि वे तलाक और गुजारा भत्ता पाने के लिए याचिका अपने वर्तमान न्याय क्षेत्र से भी दायर कर सकती हैं।

पूर्व अधिनियम में ऐसी व्यवस्था नहीं थी। तब महिला को तलाक और गुजारा भत्ता पाने के लिए उसी न्याय क्षेत्र में जाना पड़ता था जहां अलग होने से पूर्व पति-पत्नी के तौर पर रहते थे या फिर वहां जहां उनकी शादी हुई थी। लेकिन अब महिला किसी भी स्थान से याचिका दायर कर सकती है।

मुंबई उच्च न्यायालय के सेवानिवृत्त न्यायाधीश देवकीनंदन धानुका के अनुसार महिलाओं के लिए न्याय पाना आसान बनाने और उन्हें अपने सुविधाजनक स्थान से मुकदमा लड़ने की सुविधा देने के उद्देश्य से विवाह अधिनियम में संशोधन किया गया है। पहले महिला को तलाक की याचिका या गुजारा भत्ता पाने के लिए मामला दायर करने हेतु उस न्याय क्षेत्र में जाना पड़ता था जहां उसकी शादी हुई हो या फिर शादी के बाद जहां पति-पत्नी रह रहे हों। अकेली असहाय महिला के लिए यह काफी तकलीफ भरा होता था। महिला को बार-बार वहां जाने पर न सिर्फ आने-जाने की असुविधा का सामना करना पड़ता था बल्कि आर्थिक बोझ भी पड़ता था जिससे कई महिलाएं न्याय पाने के इरादे को त्याग कर हालात से समझौता कर लेती थीं।

पहले यदि महिला को अपने वर्तमान न्याय क्षेत्र में मुकदमे को अन्यत्र स्थानांतरित करवाना होता था तो उसके लिए ऊंची अदालत की शरण लेनी पड़ती थी। यदि मुकदमे का स्थानांतरण उसी राज्य में कराना हो तो महिला को उच्च न्यायालय में और यदि एक राज्य से दूसरे राज्य में स्थानांतरण करवाना हो तो उच्चतम न्यायालय की शरण में जाना पड़ता था।

संशोधित अधिनियम में महिलाओं के लिए न्याय क्षेत्र का विस्तार तो किया ही गया है। पारिवारिक अदालत के फैसले के खिलाफ अपील का समय बढ़ाकर 30 दिन से 90 दिन कर दिया गया है। अर्थात् पारिवारिक अदालत के फैसले से असंतुष्ट पक्ष को ऊंची अदालत में अपील के लिए तीन महीने की अवधि दी गई है।

पूर्व के हिन्दू विवाह अधिनियम, 1955 की धारा 19 में इस बारे में बहुत स्पष्ट परिभाषा नहीं होने के कारण ऐसे मामलों में अक्सर अदालतों की राय अलग-अलग हुआ करती थी। एक तो अंतिम आवास किसे माना जाए, साथ ही यदि दोनों अलग-अलग स्थानों पर वर्तमान में रह रहे हैं तो क्या उन्हें याचिका दायर करने के लिए उस न्याय क्षेत्र में जाना होगा, जहां वे पूर्व में साथ रह रहे थे। इन्हीं सब बातों को स्पष्ट करने और महिलाओं को राहत प्रदान करने के लिए विवाह अधिनियम में संशोधन किया गया है।

हिन्दू विवाह अधिनियम, 1955 की धारा 19 और विशेष विवाह अधिनियम, 1954 में संशोधन किया गया है जो ऐसे मामलों में न्याय क्षेत्र और इसके निपटारे को परिभाषित करती है। संशोधित अधिनियम में पत्नी को यह अधिकार है कि वह चाहे तो अपने वर्तमान न्याय क्षेत्र या जहां वह अपने पति के साथ रह रही थी या फिर जहां उसकी शादी हुई थी या किसी अन्य स्थान से मुकदमा दायर कर सकती है। यह अधिकार सिर्फ महिलाओं को दिया गया है और पुरुष को अब भी या तो शादी वाले न्याय क्षेत्र से या फिर जहां अंतिम बार पति-पत्नी रहे हों वहां से ही मुकदमा दायर करना होगा।

क्या है लैंगिक न्याय

लैंगिक न्याय अर्थात् किसी के साथ लिंग के आधार पर भेदभाव नहीं होना चाहिए। बहुत से लोग समलैंगिक अधिकारों को भी इसके अन्दर मानते हैं। समलैंगिक के साथ भेदभाव होता है, लेकिन वह इसलिए नहीं कि उनका लिंग क्या है, वह इसलिए कि वे अपने लिंग के ही लोगों में रुचि रखते हैं।

वास्तविकता तो यह है कि समलैंगिक अधिकारों को लैंगिक न्याय के अन्दर रखना उचित नहीं है। उनके अधिकारों को अलग से नाम देना या अल्पसंख्यक या जातीय अधिकारों के अंदर रखना ही ठीक होगा। इन व्यक्तियों के साथ लिंग के आधार पर भेदभाव होता है। अधिकतर जगह, यह लोग हास्य के पात्र बनते हैं। इन्हें भी न्याय पाने का अधिकार है। अपने देश में लैंगिक न्याय का प्रयोग केवल महिलाओं के न्याय के संदर्भ में किया जाता है।

न्याय और सशक्तिकरण

भारतीय संविधान के अनुच्छेद 15(1) लिंग के आधार पर भेदभाव करना प्रतिबंधित करता है। पर अनुच्छेद 15(2) महिलाओं और बच्चों के लिए अलग नियम बनाने की अनुमति देता है। यही कारण है कि महिलाओं और बच्चों को हमेशा वरीयता दी जाती है।

संविधान में 73वें और 74वें संशोधन के द्वारा स्थनीय निकायों को स्वायत्तशासी मान्यता दी गई है। इसमें यह भी बताया गया है कि इन निकायों का गठन किस-किस प्रकार से किया जाएगा।

संविधान के अनुच्छेद 243-डी और 243-टी के अंतर्गत इन निकायों के सदस्यों एवं उनके प्रमुखों की एक तिहाई सीटें महिलाओं के लिए सुरक्षित की गई हैं। यह सच है कि इस समय इसमें चुनी महिलाओं का काम अक्सर उनके पति ही करते हैं पर कयास लगाए जा रहे हैं कि एक दशक बाद यह परिदृश्य ऐसा नहीं रहेगा।

उपभोक्ता फोरम

उपभोक्ता संरक्षण अधिनियम एक महत्त्वपूर्ण अधिनियम है। हमारे देश में इसका प्रयोग उस तरह से नहीं किया जा रहा है जिस तरह से किया जाना चाहिए। अभी उपभोक्ता में और जागरुकता चाहिए। इसके अंतर्गत हर जिले में उपभोक्ता फोरम का गठन किया गया है। इसमें कम से कम एक महिला सदस्य का होना अनिवार्य है।

परिवार न्यायालय

परिवार न्यायालय अधिनियम के अन्तर्गत परिवार न्यायालय का गठन किया गया है। पारिवारिक विवाद के मुकदमे इसी न्यायालय के अन्दर चलते

हैं। इस अधिनियम की धारा 4(4)बी के अन्तर्गत न्यायालय में न्यायधीश की नियुक्ति करते समय महिलाओं को वरीयता दी गई है।

महिला संपत्ति अधिकार

हिन्दू अधिनियम, 1956 में स्त्री को संपत्ति का अधिकार दिया गया है। हिंदू उत्तराधिकार अधिनियम की धारा 8 में प्रथम अनुसूची बनाकर पिता की स्व-अर्जित संपत्ति में पुत्री को पुत्र के बराबर का हक मिला है। अधिनियम की धारा 6 में पैतृक संपत्ति के बारे में केवल इतना कहा गया कि यदि कोई पुरुष 'मिताक्षरी सहदायिकी' (संयुक्त परिवार की एक छोटी इकाई) में अपना हिस्सा छोड़कर मरता है, तो कानूनी विभाजन मानते हुए उसकी विधवा और पुत्रियों आदि को संपत्ति में एक हिस्सा मिलेगा। इस अधिनियम ने उत्तरजीविता के नियम को नहीं बदला। केवल इतना संशोधन किया कि पुरुष सदस्य की मृत्यु पर उसकी संपत्ति उस पर आश्रित महिलाओं जैसे विधवा, पुत्री, मां आदि में उनके पुत्रों के बराबर बांटी जाएगी। इस नियम से बेटे और बेटी को असमान संपत्ति मिलती थी। जहां बेटे को खुद ही जन्म से हिस्सा और पिता की संपत्ति का हिस्सा मिलता था, वहीं बेटी जन्म से अधिकार न होने से वह केवल पिता की संपत्ति में ही एक हिस्सा पाती थी। 2005 में संसद ने धारा 6 की ओर ध्यान दिया और हिंदू उत्तराधिकारी अधिनियम 1956 में संशोधन कर महिलाओं को जन्म से अधिकार दिए गए।

ये है हकीकत

महिला को पिता की पैतृक और स्व-अर्जित संपत्ति में अधिकार दिया गया है पर हमारे यहां मजबूत पारिवारिक व्यवस्था के चलते महिलाएं मनोवैज्ञानिक दबाव में होती हैं। न तो पिता और भाई उसे उसका हिस्सा देते हैं, न ही वह खुद मांगती है। कोई भारतीय स्त्री अपने मां-बाप, बहन-भाई से रिश्तों को तोड़ने की कीमत पर संपत्ति लेना नहीं चाहती इसलिए कानून में संपत्ति नहीं मिल पाती। दूसरी ओर पति की संपत्ति में पत्नी को कोई कानूनी हक 'विधवा' होने पर ही मिलता है। यदि विवाह विच्छेद हो जाए, तो पत्नी को पति से केवल भरण-पोषण प्राप्त करने का हक है।

तलाक पर राजी होने की शर्त के रूप में महिला रकम की मांग करती है। पर भरण-पोषण के कानून का क्रियान्वयन प्रभावी नहीं है। अक्सर गरीब

पति जेल चले जाते हैं, पर भरण-पोषण अदा नहीं करते या उनके पास अदा करने के लिए कुछ नहीं होता है इसलिए अदालतों में भरण-पोषण के केस सालों साल चलते रहते हैं। संपत्ति अधिकार से भी न पिता की संपत्ति में हिस्सा मिलता है और न ही पति की संपत्ति में। होना यह चाहिए कि विवाह होते ही वह ससुराल की पैतृक संपत्ति में हिस्सेदार हो जाए। इससे धनाढ्य पति-पत्नी महिलाओं को वास्तविक रूप में संपत्ति का हक मिल सकेगा ऐसा हक जिसे जरूरत पड़ने पर मांगा जा सके।

(जंग, स्वतंत्रमत, मजनून)

5

बैंकों की महिला स्पेशल योजनाएं

'आजकल कोई ऐसा काम नहीं, जो महिलाएं नहीं कर सकतीं। दरअसल, यह जमाना औरतों का है।' – प्रीथा रेड्डी, एम.डी. (अपोलो अस्पताल)

पिछले कुछ समय में महिलाओं में भी अपने फाइनेंस मैटर्स के प्रति जागरुकता बढ़ी है और वे भी अब सेविंग, इन्वेस्टमेंट्स, टैक्स प्लानिंग आदि पर ध्यान देने लगी है। महिलाओं में आए इस बदलाव को देखते हुए कई बैंकों ने कई लेडीज स्पेशल आर्थिक योजनाएं शुरू की हैं जिससे उन्हें भी फायदा हो और महिलाएं भी लाभ उठा सकें। इंश्योरेंस पॉलिसीज से लेकर कई सरकारी और प्राइवेट बैंकों ने भी महिलाओं के लिए कुछ खास योजनाएं बनाई हैं, फिर चाहे वो सेविंग्स एकाउंट में हो, लोन क्रेडिट या डेबिट कार्ड, परा बैंक द्वारा दी जा रही कुछ लेडीज स्पेशल योजनाएं।

क्रेडिट और डेबिट कार्ड के जरिए अब महिलाओं को कई बैंक विशेष छूट व सुविधाएं देते हैं, जिनमें ब्यूटी हेल्प उत्पादों के अलावा पेट्रोल, खास रेस्टोरेंट, स्टोर्स या होटल्स में विशेष छूट दी जाती है। इसके अलावा मोबाइल फोन वगैरह के मंथली बिल पर भी महिलाओं को सुविधाएं मिलती हैं। विदेश या प्राइवेट बैंक लाइफस्टाइल संबंधी उत्पादों में ज्यादा छूट देती हैं, जैसे क्रेडिट व डेबिट कार्ड्स जबकि सरकारी बैंक पर्सनल और प्रोफेशनल लोन पर महिलाओं को विशेष छूट देते हैं जैसे ज्वैलरी खरीद पर या छोटे बिजनेस को शुरू करने के लिए।

– एच.डी.एफ.सी. बैंक का वूमेंस गोल्ड क्रेडिट कार्ड प्वाइंट के साथ-साथ बिल पर 5 प्रतिशत कैश बैक की सुविधा भी है।

– ए.बी.एन. एग्रो की शक्ति सेविंग्स एकाउंट योजना में 5,000 रुपए के न्यूनतम बैलेंस के साथ एक क्रेडिट कार्ड फ्री की सुविधा भी है।

– एक्सिस बैंक की स्मार्ट प्रीविलेज में न्यूनतम बैलेंस 10,000 रुपए है और जीरो बैलेंस माइनर एकाउंट के साथ-साथ डेबिट कार्ड पर ज्वेलरी इंश्योरेंस की सुविधा है।

– इनके अलावा बैंकों द्वारा महिलाओं को विशेष तौर पर लोन में भी कई सुविधाएं दी जाती हैं।

– महिला उद्योगों को खासतौर से छोटे, घरेलू उद्योगों के लिए अलग यूनिट्स कई शहरों में कई बैंकों द्वारा खोली गई हैं जैसे केनरा बैंक ने सिर्फ महिलाओं के लिए ही ऐसी योजना तैयार की है।

– बैंक ऑफ महाराष्ट्र ने महिलाओं के लिए ब्याज की दरों में रियायत दी है और रीपेमेंट का समय लंबा कर दिया है।

– कई बैंक न्यूनतम बैलेंस से लेकर फ्री क्रेडिट या डेबिट कार्ड का ऑफर देते हैं।

– कुछ में ज्वैलरी इंश्योरेंस की स्कीम है तो कुछ में एक्सीडेंट इंश्योरेंस की योजनाएं हैं। एच.डी.एफ.सी. बैंक का ईजी शॉप वूमेंस एडवांटेज कार्ड एक वर्ष तक लॉकर फीस पर पचास प्रतिशत छूट देता है, साथ ही फ्री बिल पेमेंट सर्विस भी देता है।

– महिलाओं को दिए जाने वाले ज्यादातर कार्ड्स पर सोने की खरीददारी पर विशेष छूट से लेकर कुछ खास खरीददारी पर कैश बैक स्कीम तक शामिल होती है।

– सिटी बैंक के महिला वीजा सिल्वर कार्ड फ्री कार्ड के साथ एक अतिरिक्त फ्री कार्ड देता है, साथ ही हर 200 रुपए पर एक रिवॉर्ड प्वाइंट के अलावा कुछ खास खरीददारी पर छूट भी देता है।

– कुछ बैंकों ने महिलाओं के लिए सेविंग्स एकाउंट में न्यूनतम बैलेंस 250 रुपए के साथ-साथ कुछ आकर्षक लोन स्कीम भी लांच की है जिसमें पांच से सात वर्ष तक के लिए 25 लाख तक का लोन आठ प्रतिशत सालाना ब्याज दर पहले वर्ष के लिए है।

– कुछ बैंक जैसे कॉर्पोरेशन बैंक आदि सोना या गहने खरीदने के लिए कम ब्याज दर पर कामकाजी और गृहणियों को लोन मुहैया करवाते हैं।

– ओरिएंटल बैंक ऑफ कॉमर्स महिलाओं के लिए लोन पर 0.5 प्रतिशत छूट देता है।

– प्रधानमंत्री रोजगार योजना के तहत कई बैंक भी खास स्कीम व ऑफर्स देते हैं, जिनमें लोन, क्रेडिट कार्ड, एकाउंट्स, ज्वैलरी खरीद पर विशेष छूट तक शामिल होते हैं।

– कामकाजी व घरेलू महिलाओं को भी आंध्रा बैंक स्वर्ण भरण स्कीम के तहत सोने की खरीददारी पर विशेष छूट व लोन उपलब्ध कराता है।

– स्टैंडर्ड चार्टर्ड बैंक स्व-रोजगार में शामिल महिलाओं व कामकाजी महिलाओं को प्राइमरी दिवा कार्ड देता है साथ ही एक सप्लीमेंटरी कार्ड भी कामकाजी या घरेलू महिला को उपलब्ध कराता है।

– इसी तरह सिटी बैंक का वूमेंस वीजा मनीकार्ड, ए.डी.एफ.सी. का वूमेंस गोल्ड कार्ड, आई.सी.आई.सी.आई. का बिग बाजार शक्ति क्रेडिट कार्ड महिलाओं को विशेष छूट देता है।

– स्त्री शक्ति पैकेज के तहत भी कुछ बैंक महिला रोजगार या व्यापार को बढ़ावा देने के लिए खास छूट देते हैं।

– कॉर्पोरेशन बैंक की वनिता उद्योग स्कीम और केनरा बैंक की महिला निधि स्कीम छोटे व्यापार के लिए महिलाओं को सॉफ्ट लोन उपलब्ध कराते हैं।

– कुछ कार्ड्स कैश बैंक की सुविधा भी देते हैं। इसके अलावा कुछ बैंक गिफ्ट्स ऑफर करते हैं। खास खरीददारी पर जैसे एच.डी.एफ.सी. का ईजी शॉप वूमेंस एडवांटेज डेबिट कार्ड, सिटी बैंक का ग्रॉसरी डेबिट कार्ड, शॉपर्स स्टाप सिटी बैंक ए.टी.एम. कम डेबिट कार्ड और एक्सिस बैंक का स्मार्ट प्रीविलेज एकाउंट की महिला स्पेशल कार्ड उपलब्ध कराता है।

– एस.एम.ई. यानी स्मॉल एंड मीडियम एंटरप्राइज के लिए इलाहाबाद बैंक और आंध्रा बैंक कम ब्याज दरों पर उपलब्ध कराता है।

– कन्या विवाह सुविधा स्कीम के तहत स्टेट बैंक ऑफ हैदराबाद धन उपलब्ध कराता है। सोने के गहनों की खरीददारी पर भी विशेष छूट मिलती है।

6
कीजिए खुद को सुपर चार्ज

'मेरा साफ मानना है कि एक औरत में भरपूर संभावनाएं होती हैं। अगर वह पत्नी और मां के रूप में घर संभालती है तो दूसरी ओर ऑफिस की मुश्किल चुनौतियों का सामना भी करती है। औरत की इसी संभावना को मैं उसकी ताकत मानती हूँ।' - सुष्मिता सेन, पूर्व मिस यूनिवर्स

रोजमर्रा से जुड़ी जिंदगी में कई बार लंबे समय तक लगातार विषम परिस्थितियों, असफलताओं और शारीरिक एवं मानसिक परेशानियों से रू-ब-रू होना पड़ता है। ऐसे नाजुक दौर में यूं लगता है जैसे पूरी शख्सियत खंड-खंड होकर बिखर रही है। तब कौन संभालेगा आपको? आज के इस व्यस्तम दौर में भला किसे है इतनी फुर्सत जो आपको लगातार चार्ज करता रहे? और फिर खुद आपके सिवाए किसी में वह शक्ति भी तो नहीं है, जो आपको सर्वश्रेष्ठ ढंग से प्रोत्साहित यानी सुपरचार्ज कर सके।

समय नष्ट न करें

अपना समय नष्ट न करें। आलस्य करके पड़े रहना, गप्पें लगाना, व्यर्थ बुराइयां करने में अपना समय नष्ट करने की बजाए उस वक्त अपने बचे काम को पूरा करें, अपने स्वास्थ्य के प्रति ध्यान दें। इन समय में अपने शौक को बरकरार रखें। अपने शौक के द्वारा अपनी पहचान भी बन सकती है। हैरी पॉटर की लेखिका जे.के. रॉलिंग, ब्यूटीशियन शहनाज हुसैन, भांड गायिका अल्लाह जिलाई इन सभी महिलाओं ने समय निकालकर अपने हुनर को आगे बढ़ाया और अपनी कला का सृजन करके अंतर्राष्ट्रीय स्तर पर पहचान बनाई।

शौक तरोताजा रखें

हॉबी या शौक आपको तरोताजा रखते हैं। इससे शरीर में स्फूर्ति बढ़ती है। मिशिगन यूनिवर्सिटी में किए गए एक अध्ययन में पता चला है कि जो महिलाएं अपने बचे समय में अपने शौक पर ध्यान देती हैं वह अधिक खुश और तरोताजा रहती हैं। उनके जीवन में तनाव नाम की चीज नहीं होती है। मनोचिकित्सक इसे तनाव दूर करने का उपाय बताते हैं। आर्थिक तनाव में रहने वाली महिलाओं को उनके पुराने भूल चुके शौक को याद दिलाकर उसे फिर से शुरू करने के लिए कहा गया, इससे उन महिलाओं का तनाव दूर हो गया।

कई परिवारों में तो इससे अच्छी आय भी हो जाती है। उससे जीविका उपार्जन भी हो जाता है। सिलाई, कढ़ाई, बुनाई ने तो आज एक उद्योग का ही रूप ले लिया है। पढ़ना-लिखना, पेंटिंग, गाना-बजाना, डांस ऐसे कई शौक हैं जिसके बल पर स्त्री न केवल खुद का व्यक्तित्व संवार सकती है बल्कि देश और समाज का भला भी कर सकती है।

अनेक बार शौक राष्ट्रीय, अंतर्राष्ट्रीय पुरस्कारों के भी वाहक बन जाते हैं। थेवा कला, हल्यू पॉटरी, भांड गायन, कठपुतलियों का शो, मिट्टी के आकर्षक सामान, लकड़ी के खिलौने, सुपाड़ी से बनी कलाकृति, पेटिंग आदि हॉबीज ने कई लोगों को पुरस्कार दिलवाए हैं और विदेश जाने के अवसर भी दिए हैं। आप भी ऐसा कर सकती हैं।

आजकल पत्र-पत्रिकाओं, टी.वी. शोज में भी टैलेंट को मंच देने के लिए अनेक शो किए जा रहे हैं। इनमें भाग लेकर अपनी प्रतिभा को पूरी दुनिया के सामने पेश कर सकते हैं।

अपने मनपसंद काम को करने से न केवल मानसिक सुकून और शान्ति मिलती है बल्कि हम बेहद खुश भी रहते हैं। हॉबी अवसाद के क्षणों में हमें संबल देती है। आज के इस तनाव और आपाधापी के युग में उम्र के एक पड़ाव पर घर और बच्चों की जिम्मेदारियों से थोड़ी देर के लिए मुक्त हो जाती है और एक खालीपन-सा घेरने लगता है तब हॉबी हमें एक तृप्ति का एहसास दिलाती है कि हमने अपनी क्षमताओं का पूरा उपयोग किया।

खुद को सलाह

हर समस्या को हल करने का कोई न कोई तरीका अवश्य होता है। इस कथन को मन ही मन दोहराते रहें, क्योंकि यदि आपके मन में जीवन की किसी

भी बाधा को पार करने की प्रबल इच्छा उत्पन्न हो गई तो आपके अवचेतन मस्तिष्क में श्रेष्ठ निदानात्मक उपाय जन्म लेने लगेंगे। मनोवैज्ञानिकों ने इसे 'मानसिक विज्ञान' कहा है। वे कहते हैं यदि आप आस्था एवं विश्वास से अपने अवचेतन मस्तिष्क को आवाज देते हैं तो इसमें निहित असीमित ज्ञान आपकी पुकार पर प्रतिक्रिया करता है।

भरोसा अपने आप पर

किसी विद्वान का कहना है– प्राप्त परिस्थितियों को स्वीकार करो, खुद पर विश्वास रखो, अपनी शक्तियों का पूरा उपयोग करो और विजय तुम्हारी ही होगी। अपनी काबलियत, अंतस में समाए असीमित ज्ञान शक्ति और अचरज भरी क्षमताओं पर भरोसा रखें। यही विश्वास आपको हरदम चार्ज करता रहेगा और टूटने से बचा लेगा।

आईना बनें अपना

शारीरिक-मानसिक परेशानियां और असफलताओं की बहुत बड़ी वजह होती है गलतियों का लगातार दोहराव इसलिए अपनी परेशानियों, विषमताओं और असफलताओं को परिभाषित कर, ठंडे दिमाग से, ईमानदारी और निष्पक्षता के साथ क्रमबद्ध और तर्कपूर्ण चिंतन करें कि आपकी कार्यप्रणाली और प्रयासों में कहां, कितनी और कैसी कमी रह गई थी। इस विश्लेषण के बाद जो गलतियां सामने आएं उनमें अपेक्षित सुधार करके एक बार फिर नए सिरे से जाएं।

हर रोज हो जोश भरा

यदि हर रोज सुबह-सुबह अपनी कामयाबी, क्षमताओं, मकसद और सेहत के प्रति उमंग, उत्साह और उम्मीद का जज्बा रखेंगी तो आपके दिलो-दिमाग में पूरे दिन के लिए एक अद्भुत ऊर्जा और रोमांच का संचार होने लगेगा। फिर दिनचर्या से जुड़ा मनमोहक और नायाब क्रम बन जाएगा। बेशक तमाम दिन के ये प्रयास आपकी अगली सुबह को फिर लाजवाब बना देंगे।

डोंट वरी बी हैप्पी

छोटी-छोटी बातों को दिल से लगा लेना, हर एक परिस्थिति के प्रति जरूरत से ज्यादा संवेदनशील होना और हर समय किसी दिमागी उधेड़बुन में

उलझे रहना, ये तमाम बातें घुन की तरह दिमाग में घर बनाकर कार्यक्षमता और ऊर्जा को नष्ट करती हैं इसलिए जीवन में कुछ बेफिक्री भरे जुमलों जैसे दिल पर मत ले यार, यह भी गुजर जाएगा, डोंट वरी बी हैप्पी जैसे जादुई कथनों की खासी अहमियत है। बहुत-सी बातों को नजरअंदाज करना सीख लेंगी तो आपके खुशियों के खजाने में आसानी से सेंध नहीं लग पाएगी।

श्रेष्ठ साहित्य करता है सुखद चार्ज

अच्छी किताबें, सफलतम साधकों के सूत्रों और विद्वानों के अनुभवों से उपजी सूक्तियां गहन निराशा से उबारकर मन में एक नए जोश, स्फूर्ति और आशावादी नजरिए का संचार करती है। बहुतेरे व्यक्ति यह स्वीकार करते हैं कि कोई एक छोटी-सी पंक्ति, सूत्र या सूक्ति कितनी आसानी से उनके जीवन में आए आश्चर्यजनक, सुखद बदलाव की वजह बन गई।

समस्याएं हार मान जाएंगी

मैक्सवेल कहते हैं, 'परिस्थितियों को नियंत्रित करना भले ही हर एक के वश में न हो पर प्रतिक्रियाओं को तो नियंत्रित किया ही जा सकता है। आप अपने दर्द को अपशब्दों में बदलते हैं या भाव-प्रवण कविता में, विकल्प का चुनाव आपके ही हाथ में है।' ऐसे बहुत से कामयाब व्यक्ति हैं जिन्होंने बेहद विपरीत परिस्थितियों को चुनौती देकर खुद को मजबूती से स्थापित किया है, ऐसे उदाहरणों से प्रेरणा लेकर अपने हौसले बुलंद रखिए, बेशक समस्याएं आपसे हार मान जाएंगी।

फिजूलखर्ची से बचें

निजी स्वतंत्रता और आत्मविश्वास के लिए आर्थिक आत्मनिर्भरता बेहद आवश्यक है। आर्थिक आत्मनिर्भरता प्राप्त होने पर अपनी आय को मनमाने ढंग से खर्च किया जा सकता है। इससे अपने भीतर एक अनूठे आत्मविश्वास और उत्साह का अनुभव होता है, परन्तु लगन और परिश्रम से कमाए धन को यूं ही खर्च करना अच्छी बात नहीं। यह भविष्य के लिए भी अशुभ है। अपने कमाए धन को बर्बाद करने के स्थान पर उसे समझदारी के साथ खर्च करने में ही भलाई है। प्रायः धन आने पर खर्च करने में अति उत्साह नुकसानदेह साबित होता है। धन उड़ जाने के बाद केवल पश्चात्ताप शेष रह जाता है

इसलिए जहां आवश्यक हो वहीं खर्च करें और फिजूलखर्ची से बचना चाहिए। जब तक आप फिजूलखर्ची से बची रहती हैं तब तक आप फुल चार्ज रह सकती हैं।

दिखावे से परहेज करें

धन का सदुपयोग करने की बजाए उसे अपनी अमीरी, शान या स्टेट्स दिखाने में बर्बाद नहीं करना चाहिए। जरूरत पड़ने पर आपका संचित धन ही आपके काम आता है। संचय का मतलब यह नहीं कि आप कंजूसी करें और धन संचित करें। कंजूस बनने के स्थान पर मितव्ययी बनना चाहिए। मितव्ययी होने का मतलब कंजूस होना नहीं होता। अपने अनुचित और अनावश्यक खर्चों पर अंकुश लगाने में ही भलाई है।

खर्च करते समय स्वविवेक का उपयोग करने की आदत बनाना लाभ का सौदा है। हर दिन की छोटी-बड़ी बचत जल्दी ही बड़ी राशि बन जाती है जो कठिन समय में या आवश्यकता पड़ने पर संजीवनी का काम करती है। फिजूलखर्ची जहां तनाव बढ़ाती है वहीं आपके द्वारा की गई बचत सही मायने में आपकी असली कमाई है इसलिए समझदारी का उपयोग करते हुए अधिकतम बचत का प्रयास करें। यह बात सही है कि धन सभी समस्याओं का समाधान नहीं हो सकता, पर यह भी सही है कि धन से अनेक समस्याओं का निराकरण हो जाता है। आपके व्यक्तिगत, पारिवारिक और सामाजिक जीवन में धन के महत्त्व की अनदेखी नहीं की जा सकती। आने वाले समय और होनी-अनहोनी के बारे में कोई बता कर नहीं आता। कठिन समय से जूझने में अपना बचाया धन काम आता है।

जिंदगी से शिकवा न करें

किसी भी क्षेत्र में सफलता अर्जित करने के लिए सबसे जरूरी है कि अपनी क्षमताओं और विश्वास को जानें और समझें। स्वयं की खूबियों का आकलन करने के लिए आत्मनिरीक्षण का सबसे अच्छा तरीका यह है कि जिंदगी से कोई शिकवा न करें।

अनेक लड़कियां अपने व्यक्तित्व व कैरियर को लेकर हमेशा हीनभावना का शिकार रहती हैं। अक्सर उन्हें शिकायत होती है कि सबसे ज्यादा परेशानियां, समस्याएं, चिंताएं जिंदगी ने उन्हें ही दी हैं। ज्यादातर अपनी

कमजोरियों को ही याद रखती हैं। 'मेरी आंखें आकर्षक नहीं..., मेरे होंठ मोटे हैं, मेरी त्वचा में चमक नहीं, मेरा कोई काम ठीक से नहीं हो पाता, मैं अपनी बात सही तरीके से रख नहीं पाती, वगैरह-वगैरह बहुत सारी चिमगुईयाँ हमारे आसपास घूम-घूम कर अंदर तक चस्पा हो जाती हैं। यह स्वाभाविक प्रकृति है कि अपने व्यक्तित्व का नकारात्मक पक्ष हमें बहुत जल्दी नजर आता है।

मनोवैज्ञानिकों के अनुसार अपनी आलोचना से अपना मनोबल तो गिरता ही है। अंदर ही अंदर आत्महीनता की ग्रन्थियां हमारी निराशावादी सोच को कब बढ़ावा देती चली जाती हैं पता ही नहीं चलता। सोचने का तरीका ही अक्सर हमारे माहौल से प्रभावित होता है। विकास की प्रक्रिया हमारी सोच को प्रभावित करती है। इस नकारात्मक प्रभाव से व्यक्तित्व को मुक्त कर पाना मुश्किल है पर असंभव नहीं। किसी भी क्षेत्र में सफलता अर्जित करने के लिए सबसे जरूरी है कि अपनी क्षमताओं पर विश्वास करें। ईमानदारी के साथ आत्मनिरीक्षण करें। आत्मनिरीक्षण के बाद अगर आपको खुद में कोई कमी नजर आती है तो हीनभावना लाने के बजाए यह देखें कि आप कौन-सा कार्य सबसे अच्छे ढंग से कर सकती हैं। अपनी रुचि सम्पन्नता को धीरे-धीरे संवारें।

जीवन में आगे बढ़ने के लिए महत्त्वाकांक्षी होना जरूरी है, पर इसका मतलब यह नहीं कि आपकी शत-प्रतिशत इच्छाएं पूरी हो जाएं। अति महत्त्वाकांक्षी होना आत्मघाती होता है। फैटेंसी में रहने की आदत यदि आपमें है, तो धीरे-धीरे इसे छोड़ दीजिए। अपनी उपलब्धियाँ, छोटी-छोटी सफलताओं, उन्नत पायदानों पर चलने की ललक को महसूस करना एक ऐसी कला है जो मन को असीम संतुष्टि से भर देती है और आप खुद को चार्ज महसूस करने लगते हैं।

अपने गुणों को पहचानें

यदि कोई आपके व्यक्तित्व पर नकारात्मक टिप्पणी करता है, तो इसे बुरी बात समझकर न लें। यह समझने की कोशिश करें कि क्या आपके अंदर कोई बुराई है। यदि है तो उसे दूर करने की कोशिश करें। यदि नहीं है तो टिप्पणी को भूल जाएं। ऐसे लोगों के सम्पर्क में रहें जो आपकी खामियों के जिक्र के साथ खूबियों की भी सराहना करें। आशावादी का साथ हर नजरिए से अच्छा होता है। निराशा और निगेटिव सोच के लोग निगेटिव एनर्जी ही देते हैं।

दूसरों के अच्छे गुणों की प्रशंसा कीजिए। ये नन्हीं-नन्हीं हीर कनियों-सी बातें ही जीवन को चमकीला बनाती हैं। जैसे व्यवहार की आप दूसरों से आशा करती हैं, दूसरों के साथ भी वैसे ही पेश आइए। कभी कोई बात मन को छू जाए, कोई प्रशंसा मधुर एहसास दे जाए, जब बड़ों के आशीर्वाद आपको सहज मिल जाएं तो कहीं नोट कर लें। अपनी उपलब्धियां, अच्छी स्मृतियां, रिश्तों की गहरी जड़ों, पारिवारिक सुख-दुःख की तहरीरें, माता-पिता के कारुण्य भाव या उनके डाँटने के उन पलों को और महत्त्वपूर्ण गुणों को डायरी में लिखें।

अगली बार जब भी नकारात्मक या निराशावादी विचार आप पर हावी होने लगे तो अपनी डायरी पढ़िए। आप पाएंगी कि आपका तनाव कम हो रहा है। आपको पॉजीटिव एनर्जी मिल रही है जो आपको रिचार्ज करती है। जब आपको एहसास होता है आपके जीवन में अच्छी चीजें हैं और आपका ख्याल रखने वाले लोग भी हैं तो जीवन और भी आसान और सुंदर हो जाता है। इसे व्यावहारिक जीवन में उतारकर देखिए, आपको सब कुछ आसान लगेगा। जीवन में सफलता पाने के लिए यह जरूरी है कि आप अपनी खूबियों और खामियों को पहचानते हुए अपना लक्ष्य निर्धारित करें।

स्वयं को सकारात्मक दृष्टिकोण से देखें

सफलता का अर्थ यह बिल्कुल नहीं होता कि आप ढेर सारा धन कमाएं और बड़े से बड़े बंगले में रहें। इसका अर्थ है कि प्रतिदिन आपने उस लक्ष्य को पाने की चेष्टा की है जिसे आपने अपने लिए चुना है, जिसे आप अपने व्यक्तित्व के योग्य समझती हैं। लक्ष्य कैसा भी हो, वह हमारे अस्तित्व को अर्थ देता है। करियर में सफल होने के लिए अच्छी पढ़ाई, अच्छी परवरिश का काफी महत्त्व है, परंतु ऐसा भी हो सकता है कि किसी कारणवश बचपन में अच्छी परवरिश नहीं मिल पाई हो, कई अन्य सुविधाओं से वंचित रहना पड़ा हो। इसका अर्थ यह तो नहीं कि अब कुछ नहीं किया जा सकता। अगर, आप महान लोगों की आत्मकथा पढ़ेंगे तो पाएंगे कि सारी विषम परिस्थितियों के बावजूद जीवन को बेहतर बनाया जा सकता है। जरूरत है स्वयं को सकारात्मक दृष्टिकोण से देखने की।

(हेल्थ न्यूज, नायिका, आधार)

7
अपने लिए वक्त निकालें

'महिलाओं के अंदर कोई भी कार्य करने की भरपूर क्षमता है और इसे हर एक महिला को उपयोग करना चाहिए।' - कल्पना मोरपारिया, कंट्रीहेड (जे. पी. मॉर्गेन)

महिलाएं यदि गृहस्थी संभालती हैं तो उनकी जिम्मेदारी घर के सभी सदस्यों की जरूरतों को पूरा करना और उनका ध्यान रखने की होती है और यदि वह ऑफिस गोइंग वुमेन है, तो घर के साथ-साथ ऑफिस की भी जिम्मेदारियां संभालनी पड़ती हैं। इस तरह से घर और ऑफिस में बेहतर तालमेल बिठाने के चक्कर में कई बार महिलाएं खुद के लिए समय नहीं दे पातीं। जबकि सही मायने में खुश रहने के लिए जरूरी है कि हर महिला अपनी दिनचर्या से खुद के लिए भी कुछ समय निकाले।

समय के अभाव और पारिवारिक जिम्मेदारी के चलते अक्सर महिलाएं खूबसूरती को नजरअंदाज करती हैं जिसकी वजह से वह समय के पहले ही उम्रदराज दिखने लगती हैं। इसके अलावा वह अपने खानपान और स्वास्थ्य पर भी ध्यान नहीं देती हैं। जिसकी वजह से अनेक प्रकार की समस्याओं से पीड़ित हो जाती हैं। मनुष्य के शरीर को यदि हम एक बहुत ही उच्चकोटि की मशीन समझें, तो शायद इसका रखरखाव भी हमें समझ में आ जाएगा। कोई भी मशीन जब नई होती है तो सामान्यत: उसमें कोई बुनियादी समस्या नहीं आती। वो खूब चुस्ती से काम करती है और उसकी समस्याएं सिर्फ काम से संबंधित या ऊपरी होती है। ऐसे ही जब मनुष्य जीवन शुरू होता है यानी बाल्यकाल में सामान्यत: गहरी बुनियादी समस्याएं कम होती हैं। बल्कि तात्कालिक समस्याएं अधिक होती हैं। इंसानी शरीर के पुर्जे यानी अंग-प्रत्यंग

लगभग 30-35 वर्ष की आयु से धीरे-धीरे परावस्था की ओर अग्रसर होने लगते हैं। यदि इन्हें समय से सही पोषण नहीं दिया जाए तो शरीर कमजोर हो जाता है। ऐसे में जरूरत होती है नियमित देखभाल की। महिलाएं यदि अपने लिए समय नहीं निकालती हैं, समय पर खानपान नहीं करती हैं, उचित पोषण नहीं लेती हैं, पर्याप्त मात्रा में आराम व नींद नहीं लेती हैं तो आगे चलकर अनेक प्रकार की समस्याओं से ग्रस्त हो सकती हैं।

शरीर की देखभाल जरूरी

स्त्री शरीर और पुरुष शरीर में मूल अंतर प्रजनन तंत्र का होता है। उनकी संरचना ही नहीं कार्य भी भिन्न होते हैं। शरीर में उत्सर्जित होने वाले हार्मोंस के कारण स्त्री जननांगों में प्रतिमाह व प्रति गर्भावस्था एवं प्रसव काल में परिवर्तन आते रहते हैं। इसके कारण वक्ष एवं गर्भाशय मुख कई रोगों विशेषतः कैंसर के खतरे में घिरते हैं। इनके बचाव या जल्दी पकड़ में आ जाने के लिए आवश्यक है कि वक्षस्थल की चिकित्सकीय जांच, अल्ट्रासाउंड एवं मैमोग्राफी करवाई जाए। गर्भाशय मुख की पैपस्मीयर द्वारा आंतरिक जांच नियमित रूप से करवाई जाए।

मासिक स्राव प्रकृति का नियम है, किंतु कभी-कभी इनकी मात्रा अधिक होने से स्त्री के रक्त में हीमोग्लोबिन की मात्रा कम हो जाती है और वह एनीमिया की शिकार हो जाती है। अतः समय-समय पर रक्त में हीमोग्लोबिन की जांच करवाते रहना चाहिए। मधुमेह आज एक आम समस्या बनती जा रही है। यदि समय पर मधुमेह का उचित एवं सतत इलाज नहीं किया तो फिर वह शरीर के बहुत सारे महत्त्वपूर्ण अंगों के विकारों से बाधित कर सकता है। ब्लड शुगर एक सरल व सस्ता टेस्ट है, जो मधुमेह के होने या न होने के विषय में जानकारी देता है। इस जानकारी को कारण स्त्री एक दीर्घ जीवन अपनी संपूर्ण क्षमता के साथ बिता सकती है।

अंग फेल होना

शरीर के कई अंग ऐसे हैं, जिनका फेल हो जाना मृत्यु का संकेत है। किडनी यानी गुर्दा भी इनमें से एक है। देखा जाता है कि काफी मामलों में गुर्दा धीरे-धीरे फेल हो जाता है और बहुत देर में पता चलत है। जबकि यदि जल्दी पता चल जाए तो उपचार के उपाय किए जा सकते हैं। देर में पता

चलने से रोगी की दशा गंभीर हो चुकी होती है और गुर्दा प्रत्यारोपण जैसे खर्चीले व कष्ट साध्य उपचार की आवश्यकता पड़ती है। प्रति वर्ष कम से कम एक बार यदि ब्लड यूरिया व सीरम क्रियाटिनिन की जांच करवाई जाए, तो गुर्दे स्वस्थ व सामान्य है अथवा नहीं, इसका पता चल जाता है।

पुरुषों की अपेक्षा कम उम्र की स्त्रियों में हार्ट अटैक के केस कम दिखाई देते हैं, किंतु 45–50 वर्ष की आयु के पश्चात् यह खतरा स्त्रियों में भी पुरुषों के बराबर हो जाता है। इसका कारण रजोनिवृत्ति के उपरांत एस्ट्रोजन का प्रतिरोधी प्रभाव हट जाना होता है। हार्ट अटैक का एक अति महत्त्वपूर्ण कारण रक्तवाहिनियों में वसा का जमा हो जाना होता है। रक्त में विभिन्न प्रकार की वसाओं की मात्रा दिखाने वाले जांच समूह को 'लिपिड प्रोफाइल' कहते हैं और 40 वर्ष की आयु के पश्चात् तो इस जांच को प्रतिवर्ष करवाना ही चाहिए। यदि लिपिड प्रोफाइल में विसंगति आए, तो उचित परहेज, व्यायाम आदि एवं अन्य सलाह चिकित्सक से लेकर स्वस्थ रहने का प्रयास हर महिला को करना चाहिए।

यकृत यानी लिवर को शरीर की फैक्ट्री कहा जाता है। इसके फेल होते ही शरीर के अन्य अंग भी ताश के पत्तों की तरह लुढ़कने लगते हैं। लिवर ठीक काम कर रहा है या नहीं, यह हमें ज्ञात होता है लिवर फंक्शन टेस्ट समूह की जांचों से। सीरम बिलीरूबिन, एस.जी.ओ.टी. व एस.जी.पी.टी. इसके महत्त्वपूर्ण हिस्से हैं। यदि लिवर ठीक से काम नहीं कर रहा है, तो समय रहते उसकी इलाज कराना गुणवत्तापूर्ण दीर्घ आयु के लिए आवश्यक है।

खानपान पर दें ध्यान

भोजन कई बार कई कारणों से संतुलित नहीं रहता है। आवश्यक तत्त्व उचित मात्रा में शरीर को प्राप्त नहीं होते या फिर शरीर में ही पाचन के सहायक तत्त्व कम होने से भोजन में से तत्त्वों का अवशोषण सही तरीके से नहीं हो पाता है। सही समय पर यह पता न चलने से भविष्य में बहुत तकलीफें उठानी पड़ती हैं। कैल्शियम एक ऐसा ही तत्त्व है, जो कि रजोनिवृत्ति समय के आसपास की महिलाओं में कम होते-होते उनकी हड्डियों पर दुष्प्रभाव डालता है और ऑस्टियोपोरोसिस को जन्म देता है। 40–45 वर्ष के उपरान्त सीरम कैल्शियम जांच साल में कम से कम एक बार करवाना आवश्यक है।

बढ़ती उम्र में देखभाल

जैसे-जैसे आयु बढ़ती है शरीर रूपी मशीन के पुर्जे उतनी चुस्ती से कार्य नहीं कर पाते हैं। उदाहरण के लिए फिल्ट्रेशन के कम सक्षम हो जाने से शरीर में विभिन्न इलैक्ट्रोलाइट (सोडियम पोटेशियम) की मात्रा में विसंगतियां पैदा होती हैं। इसके कारण गहरी बेहोशी या दिमाग पर असर भी पड़ सकता है। 60 वर्ष से अधिक आयु की महिलाओं को अवश्य ही सीरम इलैक्ट्रोलाइट की जांच करवाना चाहिए। यह इसलिए आवश्यक है कि इस उम्र तक आप संभवत: अन्य किसी रोग हेतु भी दवाएं ले रही होती हैं और उनके साइड इफैक्ट भी ऐसे प्रभाव डाल सकते हैं।

अपने लिए समय

कामकाजी होना बहुत अच्छी बात है, लेकिन कामकाजी होने पर महिलाओं की जिम्मेदारियां और ज्यादा बढ़ जाती हैं। इस चक्कर में उनके पास अपने लिए समय ही नहीं बच पाता है और ये बात उन्हें खटकती रहती है कि सब कुछ करने के बावजूद अपने मन का काम करने के लिए उनके पास एक-दो घंटे भी नहीं बचते हैं। ऐसे में आखिर वो क्या करें?

अधिकांश महिलाओं की समस्या है कि ऑफिस और घर के चक्कर में उनके पास थोड़े समय भी नहीं बचते हैं, लेकिन कामकाजी महिलाएं कुछ बातों पर ध्यान दें तो अपने लिए कुछ समय आसानी से बचा सकती हैं।

- सबसे पहले तो आप ये तय कर लें कि आपको सुबह क्या करना है। इसकी आप रात में ही प्लानिंग बना लें, ऐसा करने से आप एक से दो घंटे का समय बचा सकती हैं। अपने बचे समय को दूसरे कामों में लगा सकती हैं।
- रात में यह सोच लें कि सुबह आपको बनाना क्या है। बच्चों को नाश्ते और लंच में क्या चाहिए उनसे पूछ लें। सुबह-सुबह बच्चों के नखरे करने पर उसे मनाने में बहुत समय बर्बाद हो जाता है। अगर, आपको पहले से पता होगा कि उन्हें कल क्या चाहिए तो आप आसानी से उनके लिए वो चीज बना सकती हैं। इससे न बच्चा नखरा करेगा न उसे मनाने में समय लगेगा।
- रात में ही देख लें कि बच्चों के लंच बॉक्स साफ हैं या नहीं, उसे रात में ही साफ करके रख लें।

– बच्चों का कपड़ा या जूते साफ हैं या नहीं। इसे पहले नोटिस कर लें और रात में ही जूतों पर पॉलिश कर लें। अगर बच्चे थोड़े बड़े हो गए हों तो उन्हें समझाएं, उन्हें बताएं कि अपना काम खुद करना चाहिए। वो इसकी आदत डालें। उन्हें ये एहसास दिलाएं कि आपके पास समय की दिक्कत आ रही है।

– पति व परिवार के अन्य सदस्यों से पूछ लें कि सुबह क्या खाना पसंद करेंगे और लंच में क्या लेंगे, क्योंकि अक्सर सुबह-सुबह इसके बारे में पता चलने पर फालतू में बहुत सारा समय बर्बाद हो जाता है।

– पति को अपने कपड़े खुद तैयार करने के लिए कहें या फिर पति से पूछकर उनके लिए सुबह के कपड़े निकाल कर रख दें।

– घर में सास-ससुर या कोई बुजुर्ग हैं तो उनके दवा और अन्य कामकाज को पहले से ही करके रखें।

– अपने लिए डिसाइड कर लें कि सुबह क्या पहनकर ऑफिस जाएंगी। अक्सर सुबह ड्रेस डिसाइड करने में काफी वक्त लग जाता है।

सेहत से समझौता क्यों?

महिलाएं खुद को इंसान समझकर व्यवहार नहीं करती क्यों? शायद इसके पीछे यह सामाजिक मानसिकता भी है कि महिलाएं जितनी तकलीफ सहेंगी, उतनी ही तारीफ पाएंगी और इसके चलते वे अपनी समस्याओं को बढ़ाती चली जाती हैं। एक और कारण यह भी है कि महिलाओं की समस्याओं तथा बातों को इस कदर नजरअंदाज करने का प्रचलन हमारे समाज में गहरे पैठा है कि वे खुद की समस्या का जिक्र तक करने में शरमाती-झिझकती हैं। वे पूरे परिवार की सेहत, पसंद और आराम का ध्यान रखेंगी, लेकिन खुद को भूल जाएंगी या फिर खुद को सबसे आखिर में गिनेंगी। यदि वे अपने स्वास्थ्य को लेकर सजग हुईं भी तो उनके मन में एक प्रकार का अपराध बोध रहेगा कि आखिर वे खुद का ख्याल कैसे रख रही हैं? कुछ प्रतिशत महिलाएं ऐसी तमाम बातों की जानकारी रखती हैं तथा इंटरनेट या किताबों के जरिए स्वास्थ्य से संबंधित बातें जानती रहती हैं, वे भी अक्सर सब कुछ जानते-बूझते खुद के प्रति लापरवाही बरत जाती हैं।

दो बातें जरूर याद रखिए। पहली तो यह कि आप भी एक इंसान हैं और आपको भी अपनी तकलीफों के बारे में सोचने की पूरी आजादी है और दूसरी

सबसे गंभीर बात यदि आपके स्वास्थ्य में गड़बड़ी आएगी तो न केवल पूरे घर की व्यवस्था गड़बड़ा जाएगी बल्कि उतनी शिद्दत से आपकी देखभाल करने वाला कोई नहीं रहेगा जितनी शिद्दत से आप सबके लिए जुटी रहती हैं। आइए कुछ प्रमुख बिंदुओं पर अमल करें जो आपके स्वास्थ्य के लिहाज से जरूरी हैं।

– सुबह जब सबके लिए नाश्ता या लंच बॉक्स तैयार करें तो खुद का भी ध्यान रखें। उस वक्त पांच मिनट बैठकर खुद भी नाश्ता कर लें।

– अपनी डाइट को चार से छह टुकड़ों में बांटें। बार-बार खाएं और थोड़ा-थोड़ा खाएं।

– अपने खाने में हरी सब्जियां, फल, चपाती, दही, सलाद, अंकुरित अनाज, दालों तथा अन्य पौष्टिक पदार्थों को अवश्य शामिल करें।

– बचा-खुचा खाने की बजाए पूरा तथा संतुलित भोजन करें। बहुत ज्यादा बासी खाने से बचें और अपनी पसंद का भी ध्यान रखें।

– पर्याप्त नींद और आराम का भी ध्यान रखें। उतना ही काम करें जितना आपसे आसानी से हो सकता है। जबरदस्ती के काम या वादों को ओढ़ें नहीं। किसी की खुशी के लिए खुद को तकलीफ में डालने से बचें। स्पष्ट रूप से न कहना सीखें।

– अपने पसंद की एक्टिविटी या हॉबी के लिए भी समय निकालें। मन को खुश रखना बेहद जरूरी है। इसका सीधा असर आपकी सेहत पर पड़ता है।

– डॉक्टर से संपर्क करने से न तो हिचकिचाएं, न ही घबराएं। आप भी आम मनुष्य हैं, जिसे शारीरिक तकलीफें हो सकती हैं। अतः किसी भी चीज को लेकर बिना जाने-पूछे गोली खाने की बजाए डॉक्टर से सलाह लें।

– इलाज तथा दवाई के कोर्स को बीच में न छोड़ें। अपनी हर तकलीफ डॉक्टर से शेयर करें और पैसे बचाने की मानसिकता को छोड़ दें। वरना आप बड़े खतरे और बड़े खर्चे में भी फंस सकती हैं।

– समय का प्रबंधन आपके अपने हाथ में है। आसपास बिखरी स्वास्थ्यगत जानकारियों को लेकर सतर्क रहें और समय-समय पर खुद को अपडेट करती रहें।

– अपने स्वास्थ्य को लेकर सजग रहने के साथ ही अपनी बिटिया को भी यह बात जरूर सिखाएं।

– यदि आपके शरीर में अतिरिक्त चर्बी बढ़ रही है तो उसे घटाने का प्रयास करना चाहिए। इसका मतलब यह नहीं कि आप साइज जीरो के लिए प्रैक्टिस करना शुरू कर दें। हां, इतना जरूर है कि शरीर में नुकसानदायक अतिरिक्त फैट नहीं जमना चाहिए।

– उत्तम स्वास्थ्य के लिए जरूरी है कि आप जल्दी सोएं और जल्दी उठें। सुबह जल्दी उठकर यदि आप मॉर्निंग वॉक, ध्यान और व्यायाम के लिए कुछ समय देती हैं तो निश्चित रूप से आपका सारा दिन टेंशन फ्री व्यतीत होगा।

– जीवन में खुश रहने के लिए जरूरी है कि समय और जरूरतों के हिसाब से खुद को अपडेट रखें। इसके लिए आप अपना कुछ समय काम की बारीकियां सीखने में व्यतीत करें।

– कैरियर को सही दिशा देने के लिए आप हर रोज के लक्ष्य बनाने और उन्हें पूरा करने के तरीकों के लिए भी कुछ समय निकालें। ऐसा करके आप काम की प्राथमिकताएं तय कर पाएंगी और बेवजह तनाव से खुद को दूर रख सकेंगी।

(आर.-16, टुडे एंड टुमारो)

पार्ट – ३

सुन्दरम्

1

नारी शक्ति के बढ़ते कदम

'मुझे समझ में नहीं आता कि लोग क्यों कहते हैं – महिला और पुरुष में कोई फर्क नहीं है। यह कहकर वे दोनों के बीच के खूबसूरत अंतर को नकारते हैं। ईश्वर ने सबको वरदान दिए हैं, पर ये एक जैसे नहीं होते। जो मैं कर सकती हूँ, वो तुम नहीं कर सकते, जो तुम कर सकते हो वो मैं नहीं कर सकती।' – मदर टेरेसा

नारी प्रेम, संस्कृति, संस्कार, सभ्यता की प्रतिमा है, तो अपने कठोर रूप में पहाड़ों को हिलाने का माद्दा रखती है। नारी की कोख से नर ही नहीं नारायण भी जन्में हैं। महिला जिस काम को हाथ में लेती है उसे करके ही दम लेती है। समाज में महिला समानता की बात बहुत की जाती है, पर जब इसके लिए कारगर कदम उठाने की बारी आती है तो महिला और पुरुष समान है, केवल इस बात की दलील देकर बात खत्म कर दी जाती है। नारी की विकास गाथा पर यदि नजर डालें तो मध्यकाल में सामाजिक कुप्रथाएं महिलाओं के आगे आने में बाधक बनीं तो ब्रिटिश शासनकाल में भारतीय महिलाओं ने आजादी के लिए पुरुषों के साथ कंधे से कंधा मिलाकर लड़ाइयां लड़ीं। देश की आजादी के बाद एक बार फिर महिलाओं ने अपनी जोरदार उपस्थिति दर्ज करानी शुरू की। आजकल कोई ऐसा काम नहीं, जो महिलाएं नहीं कर सकतीं। आज की महिला डॉक्टर भी हैं, इंजीनियर भी, वकील भी है, पुलिस भी, वैज्ञानिक भी हैं, पायलट भी, प्रिंसिपल भी है प्रोफेसर भी। कहने का तात्पर्य है कि महिलाएं लगभग हर क्षेत्र में अपनी मौजूदगी दर्ज करा चुकी हैं। यह जमाना औरतों का ही है। कार्यस्थल पर उनकी संख्या बढ़ती जा रही है और वे प्रमुख भूमिका में भी नजर आ रही हैं जैसे–राष्ट्रपति, सांसद, पार्टी

अध्यक्ष, मुख्यमंत्री, कंपनी की सी.ई.ओ., पत्रकार, जासूस, एस्ट्रेनॉट, सभी जगह महिलाएं मौजूद हैं।

पुराणों और वेदों में दुर्गा, सती-सावित्री, हमारे इतिहास में नूरजहां, रजिया सुल्तान, रानी लक्ष्मीबाई, रानी दुर्गावती, स्वतंत्रता आंदोलन में कस्तूरबा बाई, विजय लक्ष्मी पंडित, सुचेता कृपलानी, समाज सेवा में मेधा पाटेकर, मदर टेरेसा, रुकमणी देवी, शिक्षा क्षेत्र में माधुरी शाह, स्पेश मिशन में कल्पना चावला, सुनीता विलियम्स, राजनीति में इंदिरा गांधी, सोनिया गांधी, मायावती, खेल में पी.टी. उषा, सानिया मिर्जा, कर्णम मल्लेश्वरी, शूटिंग में अंजलि भागवत, तीरंदाजी में डोला बनर्जी, न्यायिक क्षेत्र में रूपा पॉल, कॉर्पोरेट में इंदिरा नूयी, चंदा कोचर, बिजनेस में सावित्री जिंदल, किरन मजूमदार जैसी महिलाएं हैं जिन्होंने आसमानी सफलता दर्ज करवाई है।

आज महिलाएं पुरुषों के कंधे से कंधा मिलाकर हर क्षेत्र में अपने कौशल का परचम लहरा रही हैं। यह सिर्फ कहने भर की बात नहीं है। बल्कि इसका प्रमाण भी है। गौरतलब है कि भारत की टॉप सौ कंपनियों के बीच कराए गए सर्वे के आंकड़ों के अनुसार देश की 40 टॉप कंपिनयों के शीर्ष प्रबंधन में महिलाओं को शामिल कर उन पर भरोसा जताया है। भारतीय महिलाओं का दमखम दिनोंदिन बढ़ रहा है। ब्रिटेन के बिजनेस अखबार फाइनेंशियल टाइम्स की कारोबारी दुनिया की 50 शीर्ष महिलाओं की सूची इसका सबूत है। इस सूची में चार भारतीय महिलाओं ने अपनी मौजूदगी दर्ज कराई है। इनमें कोला क्वीन के नाम से मशहूर भारतीय मूल की इंदिरा नूयी इस सूची में शीर्ष पर है। ब्रिटानिया की सी.ई.ओ. विनीता बाली 22वें, बॉयोकोन की किरण मजूमदार को 47वें व एच.टी. मीडिया की शोभना भरतिया को 48वें पायदान पर रखा गया है। भारतीय मूल की पद्मश्री वारियर को भी सूची में जगह मिली है। फाइनेंशियल टाइम्स की टॉप 50 वुमेन इन वर्ल्ड बिजनेस की इस सूची में पेप्सिको की सी.ई.ओ. नूयी के बाद अमेरिकी कंपनी एवन प्रोडेक्ट्स की एंड्रिया जुंग को दूसरा स्थान मिला है। फ्रांसीसी कंपनी एटेवा की प्रमुख एनी लावर्जिअन तीसरे पायदान पर रही हैं। एक अन्य सूची '50 टॉप वुमेन टू वॉच' में भी तीन भारतीय महिलाओं को जगह मिली है। इनमें स्विस बैंक यू.बी.एस. इंडिया की सी.ई.ओ. मनीषा ग्रिओरत्रा, ग्लोबल बैंक एच.एस.बी.सी. इंडिया की प्रमुख नैना लाल किदवई और कंप्यूटर फर्म एच.पी. इंडिया की एम.डी. नीलम धवन शामिल है।

पिछली सदी के आखिरी चरण में विश्व राजनीति में महिलाओं का अधिक बोलबाला रहा। भारत की इंदिरा गांधी, ब्रिटेन की मारग्रेट थैचर, श्रीलंका की श्रीमाओ भंडारनायके, पाकिस्तान की बेनजीर भुट्टो, बंगलादेश की शेख हसीना, बेगम खालिदा, म्यांमार की आंग सू की जैसी कई महिलाओं ने विश्व राजनीति में अपनी मजबूत उपस्थिति दर्ज करवाई।

मौजूदा समय में भारतीय राजनीति में अनेक महिलाएं अपने दमखम और प्रतिभा का प्रभाव डाल रही हैं। देश के सबसे बड़े दल की अध्यक्ष के रूप में सोनिया गांधी, रेलमंत्री ममता बनर्जी, लोकसभा अध्यक्ष मीरा कुमार, मुख्यमंत्री जयललिता, मायावती, वसुंधरा राजे, शीला दीक्षित, सबसे कम उम्र की मंत्री अगाथा संगमा, सुषमा स्वराज, मौसम नूर, प्रियंका गांधी, राबड़ी देवी, उमा भारती, डॉ. ज्योति मिर्धा, डॉ. पुरंदेश्वरी, प्रिया दत्त, परनीत कौर, राणी नराह, विजया शांति, शताब्दी रे, श्रुति चौधरी, सारिका सिंह, सुप्रिया सुले, हरसिमरत कौर, अंबिका सोनी, वृंदा करात आदि हैं। इन सबके ऊपर भारत के सर्वोच्च पद पर पहली महिला राष्ट्रपति प्रतिभा पाटिल हैं।

बड़ी कंपनियों के डायरेक्टरों में महिलाओं का हिस्सा 10 फीसदी है। एशिया में यह अनुपात और भी कम है। इस मामले में नार्वे की स्थिति बेहतर है, क्योंकि वहां बोर्ड में महिलाओं के लिए 40 फीसदी कोर आरक्षित है। ई. एम.ए. पार्टनर्स इंटरनेशनल के सर्वेक्षण के अनुसार करीब 11 फीसदी भारतीय कंपनियों में महिला सी.ई.ओ. हैं। दूसरी ओर अमेरिका की फार्च्यून 500 कंपनियों की सूची में मात्र 3 प्रतिशत सी.ई.ओ. के पद ही महिलाओं के पास हैं। इस आधार पर देखा जाए तो भारत की स्थिति कहीं बेहतर है।

हौसले हों मजबूत, आंखों में कुछ कर दिखाने का हो सपना, तो हर मुश्किल काम को आसान बनाया जा सकता है। आज फोर्ब्स पत्रिका की फेहरिस्त हो या अन्य कोई सूची, महिलाओं के बिना इन सबका पूरा होना लगभग नामुमकिन सा है। विश्व के हर मंच पर भारतीय महिलाओं ने सफलता के परचम लहराए हैं, या यूं कहें कि आज रचा जा रहा इतिहास इनकी सफलता की गाथा बिना अधूरा है। दुनिया के सबसे बड़े लोकतांत्रिक देश भारत के सर्वोच्च पद पर राष्ट्रपति के रूप में प्रतिभा देवी सिंह पाटिल ने जब पिछले साल महिला राष्ट्रपति के रूप में शपथ ली तो पूरी दुनिया में महिला छा गईं। जब उन्होंने लड़ाकू सैनिक की ड्रेस और हेलमेट पहनकर सुखोई लड़ाकू विमान में उड़ान भरी तब उन्होने देश की महिलाओं की पहचान को नए पंख दिए।

रूस में बनी सुखोई-30 एम.के.आई. लड़ाकू विमान से 30 मिनट की उड़ान भरने वाली किसी भी देश की पहली महिला राष्ट्राध्यक्ष बनीं। जी-सूट पहनकर सह-पायलट की सीट पर बैठी 74 वर्षीय प्रतिभा जी ने किसी भी युद्ध विमान में 30 मिनट की यात्रा करने वाली सबसे उम्रदराज महिला का रिकॉर्ड भी अपने नाम कर लिया।

राजनयिक मोर्चे पर झंडे गाड़ने वाली निरूपमा राव को गत वर्ष देश का नया विदेश सचिव नियुक्त किया गया। 1973 बैच की आई.एफ.एस. अधिकारी राव चोखिला अय्यर के बाद विदेश सचिव का पद संभालने वाली दूसरी महिला हैं। चीन में राजदूत रह चुकी हैं। इसी फेहरिस्त में मीरा कुमार का भी नाम प्रमुखता से लिया जाता है जिन्हें लोकसभा का स्पीकर चुने जाने का सौभाग्य प्राप्त हुआ। वह देश के निचले सदन के स्पीकर पद पर पहुंचने वाली पहली महिला है। पूर्व राजनयिक और वकालत से जुड़ी मीरा कुमार पांच बार लोकसभा के लिए निर्वाचित हो चुकी हैं और 2004 से 2009 के दौरान सामाजिक न्याय और अधिकारिता मंत्री रही हैं। उन्होंने स्पेन, ब्रिटेन और मॉरीशस में भारतीय राजनयिक के तौर पर कार्य किया है।

पेप्सिको की मुख्य कार्याधिकारी भारतीय मूल की इंदिरा नूयी को अमेरिका की जानी-मानी पत्रिका 'फार्चून' ने अपनी सूची में लगातार चौथे वर्ष अमेरिका के कारोबार में सबसे ताकतवर महिला घोषित किया। फार्चून के अनुसार नूयी के कार्यकाल में पेप्सिको को लगातार मुनाफा हो रहा है। किरण मजूमदार शॉ एक ऐसी शख्सियत है जिन्होंने बिजनेस की दुनिया में अपना अलग मुकाम बनाया है। बायोकॉन कंपनी की अध्यक्ष और प्रबंध निदेशक किरण को 2004 में भारत की सबसे अमीर महिला घोषित किया गया था। छोटे पर्दे की महारानी के रूप में पहचानी जाने वाली एकता कपूर को एशिया वीक ने एशिया की सर्वाधिक प्रभावशाली पचास कम्युनिकेटर्स की सूची में शामिल किया। एकता का मानना है कि पैसे के पीछे मत भागो, काम के पीछे भागो। पैसा आपके पास खुद ही आ जाएगा।

टाइम्स ग्रुप कंपनी में टाइम्स ऑफ मनी की मैनेजर ब्रांड एंड कॉर्पोरेट कम्यूनिकेशन स्मिता चैलू ने कम उम्र में सफलता की सीढ़ियां चढ़ीं। वर्तमान में स्मिता चैलू वुल्स कंपनी में डायरेक्टर जनरल मैनेजर का पद संभाल रही हैं। प्रीथा रेड्डी ने जब अपोलो का प्रबंधन का काम संभाला था तो पूरा कारोबार महज 110 करोड़ का था जो अब 500 करोड़ के पार कर गया है। चंदा कोचर

ने 1984 में एक प्रबंधन प्रशिक्षु के रूप में आई.सी.आई.सी.आई. के साथ अपने करियर की शुरुआत की थी। इसके बाद चंदा ने मुड़कर नहीं देखा। अपनी तेज बुद्धि और दक्षता के बल पर आगे बढ़ती गई। दिसम्बर 2008 से आई.सी.आई.सी.आई. बैंक की मुख्य कार्यकारी अधिकारी (सी.ई.ओ.) एवं प्रबंध निदेशक (एम.डी.) है।

धन लक्ष्मी बैंक की मार्केटिंग कमान संभाल रही शेरन मेहरा किम्बले, क्लार्क, एच.एल.एल., लिंटास, आई.सी.आई.सी.आई, फाइजर जैसी नामी कंपनी में काम कर चुकी हैं। महिला होकर भी मार्केटिंग के क्षेत्र में नई ऊंचाइयों को छुआ है। पिछले साल ही लांच की गई एयरसेल सबसे कम समय में देश भर में छा जाने वाला टेलीकॉम ब्रांड बन गया है। इसका श्रेय जाता है एयरसेल कंपनी की कॉर्पोरेट कम्यूनिकेशन हेड शालिनी सेठी को। शर्मिला बैनर्जी अपनी कार्यकुशलता और बेहतरीन कार्य प्रणाली के लिए जानी जाती हैं। वह मशहूर कंपनी जे.एस.डब्ल्यू. में कॉर्पोरेट कम्यूनिकेटर की ग्रुप हेड हैं। प्रसिद्ध कपंनी मोर्गन स्टैनले में एच.आर. वाइस प्रेसीडेंट सोनाली मल्होत्रा ने विभिन्न कंपनियों में ह्यूमन रिसोर्सेस के लिए काम करते हुए नए-नए प्रयोग किए। ग्लोबल कंपनी विप्रो में बतौर सीनियर वाइस प्रेसीडेंट जैसे महत्त्वपूर्ण पद पर आसीन संगीत सिंह मल्टीनेशनल कंपनी में बड़े पद को पूरे आत्मविश्वास के साथ संभाल रही हैं। दीपाली गोयनका वर्तमान में वेल्सन रिटेल लिमिटेड की डायरेक्टर हैं। रूबी आर्या विमानन कंपनी किंगफिशर एयरलाइन्स की असिस्टेंट वाइस प्रेसीडेंट हैं। शिखा राय वर्तमान में कैनन कंपनी में कॉर्पोरेट कम्यूनिकेशन हेड के तौर पर सेवाएं दे रही हैं। हर्ष बीना एस. जावेरी वर्तमान में बॉल रोलर बेयरिंग की प्रेसीडेंट हैं साथ ही एसोसिएशन एंड वाइस चेयरमैन, वेस्टर्न रीजन एंड नेशनल एग्जीक्यूटिव कमेटी, मेम्बर ऑफ ऑटोमोटिव कंपोनेंट मैन्यूफैक्चर्स एसोसिएशन इन इंडिया भी है।

(राज एक्सप्रेस, नायिका, गृहशोभा, मधुरिमा, परिवार)

2

आत्मनिर्भरता ने बढ़ाया स्त्री का आत्मविश्वास

'आज देश की ज्यादातर महिलाएं अपने अधिकारों और कर्त्तव्यों के प्रति जागरूक होकर एक बेहतर समाज के निर्माण में अपना योगदान बखूबी दे रही हैं।' - सुनीता नारायण, निदेशिका-(सी.एस.ई.)

पुराने समय में यह कहा जाता था कि पुरुष पैसा कमाना जानता है, जोड़ना नहीं। तोल-मोल कर पैसे खर्च करने और एक-एक पैसा जोड़कर गृहस्थी चलाने की कला सिर्फ स्त्रियों को ही आती है। आज के संदर्भ में देखा जाए तो अब कहा जा सकता है कि स्त्री सिर्फ सोच-समझकर खर्च करना ही नहीं बल्कि कमाना भी जानती है। आज के शहरी मध्यवर्गीय भारतीय परिवारों का फील गुड फैक्टर यह है कि परिवार में एक जगह दो लोगों की कमाई आने लगी है जिसकी वजह से उन्हें डिनर के लिए वीकेंड में बाहर जाने, शो विंडो पर हाथ रखते ही बच्चे को उसके मनपसंद का खिलौना दिलवाने, अपने लिए लेटेस्ट मॉडल का मोबाइल खरीदने जैसी छोटी-छोटी खुशियों के लिए मन मसोसकर नहीं रहना पड़ रहा है। जाहिर सी बात है, दो लोगों की आमदनी का मतलब है, दोगुनी सुख-सुविधाएं और ज्यादा आरामदायक जिंदगी।

आज परिवार में स्त्री की परंपरागत भूमिका बदल गई है और वह दोहरी जिम्मेवारियां निभा रही है। उसे नौकरी के साथ-साथ घर के कामकाज और बच्चों की देखभाल की जिम्मेदारियां भी पहले की ही तरह निभानी पड़ती हैं। आर्थिक रूप से आत्मनिर्भर होने के बावजूद परंपरागत जिम्मेदारियों के मामले में उसे कोई रियायत नहीं मिली है। आज की स्त्री तो समय के साथ चलना सीख गई है, लेकिन भारतीय पुरुष आज भी अपनी पारंपरिक मानसिकता से

बाहर नहीं निकल पाया है। उसे पत्नी से यही अपेक्षा होती है कि वह नौकरी के साथ-साथ आज भी पुराने जमाने की पत्नी की तरह घर के सारे काम खुद करे।

पारंपरिक भारतीय परिवारों में जब केवल पति कमाता था तो घर में उसी का सिक्का चलता था, लेकिन जब पत्नी भी आर्थिक रूप से आत्मनिर्भर हो गई तब परिवार में उसका भी आर्थिक योगदान महत्त्वपूर्ण हो गया। इससे उसके भीतर आत्मविश्वास का विकास हुआ है और अब वह अपनी मनपसंद चीजों के लिए पति से दबी जुबान में फरमाइश करने वाली परंपरागत पत्नी नहीं रह गई है, बल्कि वह अपने शौक और जरूरतों पर खुलकर खर्च करती है।

पति-पत्नी के आपसी रिश्ते पर आर्थिक मुद्दों का बहुत गहरा प्रभाव पड़ता है। परिवार में जो व्यक्ति आर्थिक रूप से अधिक सक्षम होता है, उसकी स्थिति ज्यादा मजबूत होती है। मनोवैज्ञानिक भाषा में इसे पॉवर रिलेशन कहा जाता है। पहले पति निर्विवाद रूप से परिवार का मुखिया होता था, पत्नी और बच्चे उसकी हर बात सिर झुकाकर मानते थे, लेकिन आज स्थिति बदल गई है। अपना आर्थिक सहयोग देकर पत्नी भी परिवार को चलाने में समान रूप से भागीदार हुई है। इससे परिवार और समाज में उसकी स्थिति सुदृढ़ हुई है। आज के बच्चों की नजरों में मां का सम्मान पहले से कहीं ज्यादा बढ़ गया है, क्योंकि आज की मां बच्चे के लिए खाना बनाने, उसका होमवर्क करवाने से लेकर उसके स्कूल की फीस जुटाने तक सारे काम खुद करती है। आर्थिक आजादी का यह मामला सिर्फ पैसा कमाने और मनपसंद ढंग से खर्च करने तक ही सीमित नहीं है, बल्कि इससे स्त्री का आत्मविश्वास बढ़ा है और अब वह स्वयं या अपने परिवार से जुड़े बड़े निर्णय खुद लेने का हौसला रखती है।

समाज चाहे कितना ही आधुनिक क्यों न हो जाए, लेकिन स्त्रियों के प्रति पुरुषों के दृष्टिकोण में अभी भी ज्यादा बदलाव नहीं आया है। यदि परिवार में पति-पत्नी दोनों ही बराबर कमाते हों तब भी अपने पुरुषवादी अहं के कारण पति यही मानता है कि मेरा परिवार मेरी मर्जी से चलना चाहिए। पुरुष के लिए उसका अहं बहुत अधिक मायने रखता है। पत्नी के नौकरी करने से परिवार के जीवन स्तर में होने वाला सुधार तो पति को पसंद है लेकिन उसे यह बात हर्गिज गंवारा नहीं कि करियर की सफलता की दौड़ में पत्नी उससे आगे निकल जाए या उससे अधिक पैसे कमाए। सच तो यह है कि आज भी आम

भारतीय परिवारों के लिए सुखद और संतुलित स्थिति वही है जिसमें पत्नी कमाए तो जरूर, लेकिन उसकी आय पति से कम हो।

दाम्पत्य जीवन के आर्थिक मुद्दों के संबंध में स्त्री और पुरुष का मनोविज्ञान अलग-अलग ढंग से काम करता है। भारतीय पुरुष व्यक्तिगत जरूरतों पर खर्च करना पसंद करते हैं और इसके बारे में पत्नी को बताना नहीं चाहते हैं। जबकि स्त्रियों का स्वभाव बहुत केयरिंग होता है इसलिए वे पति, बच्चों, रिश्तेदारों और दोस्तों पर खर्च करना ज्यादा पसंद करती हैं। साथ ही स्त्रियों में मोल-भाव करके सामान खरीदने, कम पैसे में घर का खर्च चलाने जैसे स्वाभाविक गुण जन्मजात रूप से पाए जाते हैं। स्त्री के मन में एक तरह की स्थायी असुरक्षा की भावना भी होती है। वह हमेशा परिवार की आकस्मिक जरूरतों के बारे में सोचती है और उनके लिए वह कुछ न कुछ बचाती भी है। वैसे भी, भारतीय स्त्रियों में पति से छिपाकर बचत करने की आदत बहुत पुरानी रही है।

सुपर वुमेन नहीं लाड़ली वुमेन

आज स्थितियां तेजी से बदल रही हैं। घर की बनावट में स्त्री को विशेषत: बहू को खासी अहमियत मिलने लगी है। उसे दकियानूसी परंपराओं, रीति-रिवाजों और पुरानी मान्यताओं से बाहर निकलने का मौका दिया गया है। समय बदला है तो लड़कियों के प्रति नजरिया भी बदला है। उन्हें एक इंसान की तरह देखा और स्वीकार किया जाने लगा है। यह माना जाने लगा है कि उसकी भी पसंद-नापसंद, रुचि-अरुचि हो सकती है। यदि वह अच्छी प्रोफेशनल है तो जरूरी नहीं है कि उसे पारंपरिक रूप से महिलाओं के हिस्से आई जिम्मेदारियों को उठाने में भी माहिर होना ही चाहिए। इससे पहले लड़कियों को ये सहूलियतें नहीं दी जाती थीं। शादी के लिए अच्छा खाना पका लेना या सिलाई-कढ़ाई कर लेने जैसी शर्तें आजकल शिथिल हो गई हैं।

आजकल शादी के लिए इतनी ही शर्त है कि लड़की पढ़ी-लिखी हो, कामकाजी हो। आधुनिकता, पहनावे, लाइफ स्टाइल पर उन्हें कोई आपत्ति नहीं है। समय तेजी से बदल रहा है, अब नारी की आर्थिक स्वतंत्रता केवल घर का ढांचा बरकरार रखने के लिए ही मायने नहीं रखती, वरन् पति और ससुराल वाले भी उसकी तरक्की-सफलता को अपना गौरव मानते हैं।

आज से एक दशक पहले भी स्त्री अपने पैरों पर खड़ी थी मगर, तब घर-बाहर की जिम्मेदारी उसी के सिर थी। पति या ससुराल पक्ष से सहयोग

न के बराबर था। आज स्थितियां तेजी से बदली हैं। पति की तरह उसे भी दफ्तर की जिम्मेदारियों को निभाने व समय देने का मौका दिया जा रहा है। घर-परिवार के अलावा उसका सर्कल, उसके सहकर्मी, उसका ओहदा भी सम्मानीय है। उसे अपने अनुसार जीने, पहनने-ओढ़ने की छूट है। समयानुसार अपने में परिवर्तन लाते जाना, नया ग्रहण करना और पुराना (जो अनुपयोगी हो) छोड़ते जाना ही बुद्धिमानी है। अप्रासंगिक, गैर जरूरी मान्यताएं छोड़ना, नई सोच, नई मान्यताओं को जीवन में स्थान देना ही सुखी जीवन का मूलमंत्र है। कल जो भी हुआ हो, आज बदलाव की सुहानी बयार चल पड़ी है जो सचमुच खुशगवार है, कुछ नएपन का इशारा कर रही है।

सफल महिलाओं के पीछे पुरुष

परिभाषाएं धीरे-धीरे बदल रही हैं... संकुचित सोच अब विस्तृत आसमान ढूंढ़ रही है... खुद को पीछे रखकर अपनी साथी को आगे बढ़ाने का उत्साह अब केवल महिलाओं तक ही सीमित नहीं। पुरुष भी साथ सहयोग और समर्पण से महिलाओं के विकास में नई भागीदारी तय कर रहे हैं। पुरातन काल में पुरुष प्रधान समाज में जब कोई पुरुष विशेष सफलता की सीढ़ियां पार करता था तो कहा जाता था कि 'हर सफल पुरुष के पीछे किसी महिला का हाथ होता है।' यह कहावत आज भी प्रचलित है। आज भी जब कोई पुरुष सफलता के सोपान पार करता है तो उसकी सफलता के लिए उक्त कहावत का उल्लेख अवश्य होता है।

इस कहावत के प्रयोग के पीछे महिला के द्वारा (जिसकी वजह से पुरुष सफल हुआ है) किए गए त्याग, बलिदान और साहस को नमन करने की कल्पना रही होगी। भले ही वह महिला उस समय पुरुष की माता, बहन, बेटी, पत्नी, प्रेमिका या मित्र रही हो। उक्त महिला के त्याग को दर्शाने का इससे अच्छा तरीका कोई हो भी नहीं सकता, लेकिन वर्तमान समय में महिलाओं द्वारा नित नई प्राप्त की जाने वाली सफलता को देखते हुए क्या यह नहीं कहा जा सकता कि 'हर सफल महिला के पीछे किसी पुरुष का भी हाथ होता है।'

अक्सर यह कहा जाता है कि जमाना बदल गया है। अब महिलाएं घर की चारदीवारी लांघकर प्रत्येक क्षेत्र में कार्य कर रही हैं, पर इसके पीछे इस महत्त्वपूर्ण तथ्य की ओर ध्यान आकर्षित करना आवश्यक है कि इस परिवेश में बदलाव का मुख्य कारण है पुरुषों की सोच में बदलाव, उनकी मानसिकता

में बदलाव। पुरुषों की मानसिकता नहीं बदली होती तो महिलाओं को घर से बाहर निकलकर कार्य करना मुश्किल ही नहीं नामुमकिन-सा होता। इस बदलते परिवेश में पुरुष ही हैं, जो महिलाओं का उत्साहवर्द्धन कर उन्हें आगे बढ़ा रहे हैं और उनके पीछे संबल बनकर खड़े हैं। आज के पुरुष सही मायने में प्रेम की परिभाषा जानकर उसे व्यवहार में लाते हैं। चाहे वह प्रेम पति के रूप में हो, भाई के रूप में हो या पिता के रूप में हो। आज के युग में वास्तव में घर की महिलाओं की प्रगति पर खुशियां मनाकर उनका हौसला बढ़ाया जाता है। आज पुरुष अपने 'अहम्' को त्यागकर सही मायने में महिलाओं को इज्जत एवं सम्मान की दृष्टि से देखते हैं। वर्तमान में किसी भी कार्य को करने के लिए किसी एक की (महिला या पुरुष) की सीमारेखा तय नहीं है। कहने का तात्पर्य है कि आज पुरुष भी घर के सभी कार्य महिलाओं की बराबरी से करने में नहीं हिचकिचाते एवं इसके पीछे अपना सही तर्क भी देते हैं कि यदि महिलाएं घर के बाहर कार्य कर आर्थिक सहायता कर सकती हैं तो हम घर में उनकी मदद क्यों नहीं कर सकते।

पुराने समय में रूढ़िवादी धारणा थी कि कितनी मुसीबतों का सामना क्यों न करना पड़े, हम अपनी बहन, बेटी या पत्नी की कमाई को हाथ नहीं लगाएंगे, क्योंकि ऐसा करने से उनके अहम् (मेल ईगो) को ठेस पहुंचती थी। कमाई वाले महत्त्वपूर्ण क्षेत्र में केवल पुरुषों का ही वर्चस्व एवं एकाधिकार था परंतु इस बदलते परिवेश में पुरुष अपनी पत्नी, बेटी या बहन द्वारा आर्थिक सहायता प्राप्त कर उनके अहम का सम्मान करते हैं और महिलाओं को अपनी विशिष्ट पहचान बनाने एवं शानदार व्यक्तित्व गढ़ने में उनकी मदद करते हैं। वर्तमान युग स्त्री-पुरुष की कार्यशैली के सीमित दायरे वाली मानसिकता को बाय-बाय कर चुका है और प्रत्येक कार्य दोनों में से कोई भी करे एवं किसी कार्य विशेष को करने पर कोई हीनभावना नहीं होने वाली मानसिकता का विकास हुआ है।

पुरुषों द्वारा महिलाओं के कार्यों में सहयोग करने की प्रवृत्ति में बढ़ोत्तरी हुई है। आज घर और बाहर की दोहरी जिम्मेदारी का निर्वाह बगैर उनके सहयोग के संभव नहीं है। आज महिलाओं की प्रगति पर उन्हें पीछे खींचने के बजाए उनका उत्साहवर्धन किया जाता है। पुरुष स्वयं से अधिक काबिल महिला की प्रगति को स्वीकार कर उनकी प्रगति में सहायक होते हैं। समर्पण, त्याग, बलिदान आज केवल महिलाओं द्वारा किए जाने वाले कार्य नहीं हैं। इस

बदलते युग में पुरुष भी महिलाओं की सफलता हेतु त्याग, बलिदान कर सच्चे प्रेम के प्रति समर्पण का भाव रखते हैं। परंपरावादी लोगों को यह प्रयोग जरूर खटक सकते हैं, लेकिन यह उतना ही सच है कि आज की नारी जीवन के हर क्षेत्र में सफलता के परचम फहरा रही है और नित नए सोपान पार कर रही है। आज महिलाएं धरती से लेकर अंतरिक्ष तक अपने जौहर दिखा रही है। आज की नारी वित्तीय, आर्थिक, भूगर्भीय, वैज्ञानिक, राजनीतिक, बैकिंग जैसे पुरुष प्रधान क्षेत्रों में भी अपनी श्रेष्ठता का लोहा मनवा रही है। हम आज के इस आधुनिक युग में पुरानी कहावत के साथ-साथ, जीवन के प्रत्येक क्षेत्र में महिलाओं द्वारा हासिल की जाने वाली सफलता को देखकर नई कहावत– हर सफल महिला के पीछे किसी पुरुष का हाथ भी होता है– कह सकते हैं।

आसमान की ओर नजर

समुद्र के गर्भ में छिपे सीप की कोख में पलते मोती की नैसर्गिक चमक, बंद कोपलों में खिलते फूल का मादक यौवन या फिर तपती धरती पर नीले नभ से गिरी बारिश की पहली बूंद की शीतलता... ये सभी सृजन के रूप हैं. .. प्रकृति ने यही वरदान स्त्री को भी दिया है। उसकी कोख से जन्मी बेटियां ही इस वरदान को पीढ़ी-दर-पीढ़ी आगे बढ़ाती हैं।

वह दौर बीत गया जब बेटियों के जन्म पर शोक छा जाता था। आज तो बेटियां वो पावन दुआएं हैं, जो हर क्षेत्र में अपनी सफलता के लिए आदर्श बन रही हैं। आज की नारी इन सभी पुराने अंधविश्वासों व रूढ़ियों पर विजय पाकर अपनी श्रेष्ठता का प्रतिपादन कर रही है।

(जागृति, समय जगत, स्वतंत्र मत, नायिका, परिवार)

3

बोल्ड भी, ब्यूटीफुल भी

'स्त्री का काम पुरुषों के बनाए विश्व की रक्षा करना नहीं, बल्कि समस्त गतिविधियों में नारी सुलभ तत्त्वों का समावेश कर मानवतावादी विश्व का निर्माण करना है।' - मारग्रेट थैचर

महिलाओं की दुनिया बड़ी तेजी से बदल रही है। यह असर खुलेपन का है और नारीवाद के बढ़ते प्रभाव का भी। महिलाएं सशक्त हुई हैं और जीवन के हर क्षेत्र में दखल दे रही हैं। बिस्तर से लेकर बिजनेस तक, घर से लेकर कैरियर तक - हर जगह वे अपनी स्वतंत्र पहचान बना रही हैं। वे लगातार उन क्षेत्रों में सफल हो रही हैं, जो कभी पुरुषों के योग्य माने जाते थे। प्रशासन-शासन से लेकर अंतरिक्ष की खोज तक वे महत्त्वपूर्ण सहयोगी के रूप में सामने आ रही हैं, पुरुष समाज भी उसकी महत्ता को धीरे-धीरे ही सही जेहन में जगह दे रहा है। लेकिन एक विसंगति भी साथ-साथ जन्म ले चुकी है। शिक्षा और सफलता बहुतों को वैज्ञानिकता, कलात्मकता या सृजन की तरफ नहीं उच्छृंखलता की ओर ले जा रही है। मदिरापान, क्लब एवं पब संस्कृति और अर्धनग्नता को ही सबलीकरण का मापदण्ड माना जा रहा है। आधुनिक यानी प्रगतिशीलता के क्या ये प्रतीक स्वीकार्य होने चाहिए? क्या इनके बिना नारी या पुरुष समाज को वैज्ञानिकता और ऊंचाइयों की सीढ़ी नहीं चढ़ा सकते?

छोटे पर्दे से लेकर बड़े पर्दे तक एवं अखबारों, पत्र-पत्रिकाओं सभी में नारी देह को प्रस्तुत किया जा रहा है। नारी नग्न-देह लिए उत्पाद की प्रचारक बन गई है। मसाज पार्लर, फ्रेंडशिप क्लब, सौंदर्य प्रतियोगिता और इण्टरनेट के जरिए स्त्री देह का बाजार चलाया जा रहा है। इसमें वह पुरुषों का साथ बराबर दे रही है। नारी देह का बाजारीकरण करके अपने ब्रांड बेचने का जो अंतहीन

सिलसिला शुरू हुआ है। उसका कुप्रभाव स्त्रियों के उत्पीड़न (छेड़छाड़, बलात्कार, अमानवीय कृत्य) के रूप में दिखाई पड़ रहा है।

अर्द्धनग्नता किस तरह पहचान बनी, इसे इस बात से समझा जा सकता है कि पहले सिनेमा की हीरोइन कभी कैबरे नहीं नाचती थी। आज यदि वह काम और किसी को मिला तो हीरोइन डरती है कि उसकी इमेज कहीं फीकी न पड़ जाए। देह प्रदर्शन की इस चाह ने स्त्रियों को दो जरूरतों में बांध दिया है। पहली जरूरत यह कि उसके पास पर्याप्त पैसा हो और दूसरी यह कि वह सदा आकर्षक और लुभावनी लगती रहे। आज अनेक आधुनिक महिलाओं का सपना होता है कि वह पार्टियों की रौनक बने। उसके पास कार तथा सुविधाएं हों जो जीवन का आनंद दे सकें। मीडिया व विज्ञापनों ने इसे खूब बढ़ावा दिया है।

योग्यता का पैमाना रूप और यौवन

विसंगति यह है कि वह सपने को अपना हक समझती है चाहे उसे पाने की उसमें योग्यता हो या न हो। जब योग्यता नहीं होती है तब वह रूप और यौवन को इस्तेमाल में लाने से नहीं हिचकती। जहां धन और सुविधाएं हैं उनका उपयोग योग्यता बढ़ाने में नहीं बल्कि आनंद उठाने और मौज मस्ती करने में लगाती है। यह वह दौर है जिसमें सब कुछ जायज है, यहां तक कि विवाहेत्तर संबंध भी। हालांकि खानदान की इज्जत का सवाल उठाया जाता है। ऐसे में कभी-कभी कटारा कांड भी हो जाते हैं।

महिलाएं संबंधों की नई परिभाषा गढ़ रही हैं। अपने और अपनी जरूरतों के बारे में नए ढंग से सोच रही हैं। परिवार को नया आकार दे रही हैं। ससुराल और मायके में बंटी भारतीय स्त्री की परंपरागत छवि को वे बदल रही हैं। शादी करना या न करना, मां बनना या न बनना, अकेले रहना या उनसे अलग रहना ये सारे फैसले वे खुद कर रही हैं। घर के भीतर फैसले की इस आजादी का स्वाद चख लेने के बाद वे उस छवि से बिल्कुल बाहर निकल कर जा रही है, जहां भारतीय स्त्री को पिता, पति और पुत्र के साथ जोड़कर देखा जाता था। जहां उसकी स्वतंत्रता की पहचान नहीं होती थी। अब यह बदली हुई औरत आजाद है और अपने हिसाब से सभी चीजों को देख रही है, उन्हें परिभाषित कर रही है।

एक समय महिलाएं सामाजिक हैसियत, सुरक्षा और बच्चे पैदा करने के लिए शादी करती थी, आज की स्त्री का मिजाज बदला हुआ है। वह अपने

शैक्षणिक और आर्थिक हैसियत के बल पर अपनी सामाजिक हैसियत कायम करती है। इन चीजों के लिए उसे किसी मर्द के साये को जरूरत नहीं। अगर, जरूरत है तो सिर्फ प्यार और साथी चाहिए। पर वह ऐसे पुरुषों को पसंद नहीं करती जो उसकी देह तक सिमटा रहे, उसके दिल और दिमाग को न समझ, उसके साथ साथी की तरह व्यवहार करने की बजाए दासी की तरह व्यवहार करें। उसे किसी पुरुष के चरणों में जगह नहीं चाहिए, वह बराबर का पार्टनर बनना चाहती है। 17 प्रतिशत महिलाएं सिर्फ इसलिए शादी नहीं करतीं, क्योंकि शादी उन्हें कैरियर की राह में बाधा नजर आती है।

कोई महिला तीस के उम्र में भी अकेली है तो यह यकीन न करें कि वह अनुभवहीन है। आज महानगरों से लेकर छोटे शहरों तक लिव-इन-रिलेशनशिप काफी तेजी से फल-फूल रहा है। ढेर सारी महिलाओं ने अपने पार्टनर के साथ 'विवाह जैसे रिश्ते' बना लिए हैं, लेकिन वे इस रिश्ते को नाम नहीं देना चाहती। शादी उनके लिए कोई मायने नहीं रखती, वह शादी की बजाए अपने करियर और अपने आप में सुख और संतुष्ट रहना चाहती है। वह नहीं चाहती शादी जैसे बंधन में बंधकर अपनी जिंदगी को एक पुरुष के पीछे-पीछे चलकर बिता दे।

ओढ़ी हुई जीवनशैली

जब कभी यहां-वहां घूमते-झूमते लड़के-लड़कियां कार दुर्घटना में किसी की जान ले लेते हैं तो दो-चार दिन हो-हल्ला मचता है और उन्मुक्तता फिर अबाध गति से चलने लगती है। कभी किसी जेसिका की जिद को समाप्त करने के लिए इतने सहज भाव से गोलियां दाग दी जाती हैं कि मानों कोई मामूली-सी बात हो। इतना ही नहीं धोखाधड़ी, हत्या, डकैती से लेकर सेक्स रैकेट तक तमाम गंभीर अपराधों में महिलाएं शामिल पाई जा रही हैं।

यह उन स्त्रियों के हिस्से में दुष्परिणाम आया, जो एक ओर तो उन्मुक्ता की दुनिया की लालसा में थी और दूसरी ओर अपने वजूद के लिए विद्रोह भी कर रही थी, यह भूलकर कि वजूद अपनी योग्यता व कुशल्ता से बनता है न कि शराब और सेक्स के प्रदर्शन से। स्त्रियां पुरुषों से बराबरी करने के लिए एक ओढ़ी हुई जीवन-शैली को अपना रही हैं जिसके कारण उनके अंदर एक अंतर्द्वन्द्व चलता रहता है कि क्या करें, क्या न करें? जिससे वे अपने मातृत्व

व पारिवारिक जिम्मेदारियों के निर्वाह से अलग हो जाती है। यहीं से शुरुआत होती है पारिवारिक कलह की। जहां एक ओर तो इन्हें बच्चों का मोह रहता है, तो दूसरी ओर वे सोचती हैं कि बच्चे उनकी स्वतंत्रता और प्रगति में अवरोधक हैं।

किस हद तक

आजकल की लड़कियां टी.वी. व फिल्म कल्चर से अत्यधिक प्रभावित हैं। घर में सुबह-दोपहर-शाम से देर रात तक टी.वी. की आवाज गूंजती सुनाई देती है। पर्दे पर रंग-बिरंगी पोशाकों में गहरी लिपिस्टिक, नकली पलकें, रंग-बिरंगे आई शैडो, रंगीन कांटैक्ट लैंस लगाकर, विग की रेशमी जुल्फें लहराती अंग प्रदर्शक टॉप जो कि नाभि दर्शाना भी है और कसी हुई जींस या मिनी स्कर्ट जिसमें जांघें दिखाने को स्लिट बनी होती है, पहने थिरकती-भटकती ये युवतियां। गुरूर में डूबी हिन्दी-इंग्लिश मिली खिचड़ी भाषा बोलती किशोरियां संस्कृति का मजाक उड़ाती नजर आती हैं। आत्मविश्वास के नाम पर कुछ अत्याधुनिक कहलाने का चाव रखती आधुनिकाएं अपनी हदें पार करती नैतिकता को पुरातन पंथी का नाम देती हैं। लड़कों के साथ देर रात तक घूमना, मौज-मस्ती के नाम पर पबों, डांस क्लबों की शोभा बढ़ाना यही उनका शगल बन गया है। पश्चिमी रहन-सहन की नकल करते वे यह बात भूल जाती हैं कि वहां के और यहां के समाज में मूलभूत अंतर है। वहां के पुरुषों को औरतों को कम कपड़ों में देखने की आदत होती है, इसलिए वे उन्हें पब्लिक प्लेस में देख उत्तेजित नहीं होते, लेकिन यहां ऐसा नहीं है। यही कारण है कि उनके साथ छेड़छाड़ और बलात्कार, सामूहिक बलात्कार की घटनाएं तेजी से बढ़ रही हैं। विशेषज्ञों का मानना है कि लड़कियां यदि शालीन कपड़े पहनें तो उनके प्रति अपराध काफी कम हो सकते हैं।

फैशन के नाम पर भड़काऊ ड्रैस पहनना अपने लिए मुसीबत को न्यौता देने जैसा ही है। सेक्स को लेकर भले ही उसमें कितनी ही स्वच्छता क्यों न हो, भारतीय नारी तो पारंपरिक वस्त्रों में ही सुंदर दिखाई देती है। यह ठीक है वक्त के साथ कदम मिलाकर चलना चाहिए वर्ना पिछड़ते देर नहीं लगती। शिक्षा ने युवतियों को आत्मसम्मान से रहना सिखाया है, उन्हें अपनी अस्मिता के प्रति सजग कर जीवन में कुछ कर गुजरने का जज्बा बढ़ाया है।

समाज को बदला

आज की महिलाओं ने अपने स्व को पहचाना है। कुछ समय तक महिलाओं की सोच बहुत सामाजिक हुआ करती थी। वे समाज का हिस्सा तो थीं पर उनकी पहचान किसी की पत्नी, बेटी या बहन की होती थी। उसका अपना 'स्व' अपने संदर्भ में स्पष्ट नहीं था। महिलाएं अपने 'स्व' को लेकर मुखरित नहीं थीं। दूसरों के सुख-दुःख के बारे में सोचने को तरजीह देती थीं। आज की महिलाएं अपने सुख से सुखी होती हैं। अपने दुःख से दुःखी होती हैं। आज की महिला के लिए उसके पति या पिता की नौकरी की तरह अपनी नौकरी भी मायने रखती है। महिलाओं ने अपने पांव को घर के बाहर रखना शुरू कर दिया है। बाहरी दुनिया में वह अपना पांव जमा रही है।

आज की आधुनिक महिलाओं में जो बदलाव आया है वह उसे ज्यादा सशक्त बना रहा है अब वह अपनी चीजें अपनी पसंद के आधार पर चुनती हैं। कपड़े, गहने जो भी चाहिए, खुद खरीदना पसंद करती हैं। आज की बेटियां यह उम्मीद करती हैं कि उसके पिता उसे अपने भाइयों की तरह तरजीह दें। उम्मीद रखती हैं कि समाज में जो स्थिति उनके भाइयों की है, वह उसकी भी रहे। अब वह पुरुष को अपने अंगरक्षक की तरह नहीं बल्कि एक दोस्त की तरह पसंद करती है। महिलाओं ने अपने प्रदर्शन से यह साबित कर दिया है कि पुरुष उसे अपने सहयोगी के रूप में देखें। घर, साहित्य, अर्थ, राजनीति, बिजनेस हर क्षेत्र में महिलाएं पुरुषों की बराबरी कर रही हैं।

वह चाहती है कि उसका पति उसकी भावनाओं की कद्र करे। सेक्स संबंध में भी उसका पति उसके साथ भावनात्मक रवैया रखे। वह कब सेक्स चाहती है, कब नहीं, इस बारे में उसका पति ध्यान दे। वह हमेशा प्यार और भावना की कद्र करे। उसका पति उस पर फैसला थोपे नहीं बल्कि एक साथ बैठकर फैसला करे। इस बारे में महिलाओं को पुरुषों का बराबर सहयोग मिल रहा है। पुरुष काफी हद तक अपने आप को स्त्री से संलग्न पा रहा है। अब वे भी ऐसी स्त्री पसंद कर रहे हैं जो हर मामले में समझदार और अंडरस्टैंडिंग हो। उसे छुईमुई-सी स्त्री बिल्कुल भी पसंद नहीं आ रही है। ऐसी स्त्री के प्रति उसका आकर्षण बढ़ रहा है जो बोल्ड भी हो और ब्यूटीफुल भी हो।

महिलाओं के बदले हुए रूप ने हमारे समाज को भी काफी हद तक बदला है। इसके बावजूद गृहस्थी और परिवार को संभालने के कामों को अनेक

लोगों द्वारा तुच्छ व निम्न प्रकृति का समझा जाता है। गृहस्थी में किए गए श्रम का मूल्यांकन नहीं किया जाता है, जिस वजह से महिलाओं की स्थिति कमजोर हो जाती है। पारिवारिक, सामाजिक और राष्ट्रीय विकास में घरेलू महिलाओं का योगदान भी काफी महत्त्वपूर्ण है। एक गृहणी को अपने परिवार के लिए सृजन, समर्पण और त्याग करने में सुख और खुशी मिलती है। घरेलू कार्यों को सरल व सहज तरीके से पूरा कर पाना कोई आसान काम नहीं है। एक गृहिणी अपने घर-परिवार के लिए क्या-क्या करती है। सुबह से देर रात तक उसका काम खत्म नहीं होता। परिवार के सदस्यों को इच्छित भोजन परोसकर घर को व्यवस्थित करके, बच्चों की पढ़ाई व देखभाल, पति व घर के सदस्यों की भावी आवश्यकताओं का अंदाजा निरंतर जारी रहता है, जिससे परिवार में सजीवता और निरंतरता का भाव सदैव बना रहे।

गृहिणी होने का गर्व

हम काम का प्रतिफल यानी उसकी कीमत लगाकर देखते हैं। इसी के चलते गृहिणी के कार्य को पर्याप्त महत्त्व नहीं दिया जाता है जबकि कई देशों में गृहिणी को भी वेतन मिलता है। मनोवैज्ञानिक रूप में उसके कार्य को सार्थक व उत्पादक नहीं मानकर हम गृहिणी में यह धारणा उत्पन्न कर देते हैं कि वह कमाऊ नहीं है और वह स्वयं भी इस भ्रामक धारणा को स्वीकार कर लेती है तथा अपने काम व भूमिका को घटिया मानकर, नौकरी पेशा होने की तरफ लालायित रहती है। आधुनिक सोच के भ्रम में पड़कर, गृहिणी के काम का अवमूल्यन किया जाता है और उसकी कोई स्वतंत्र पहचान नहीं है, यह बात गृहिणी के मन में हीनता पैदा कर देती है। जबकि वे कार्य, जो एक गृहिणी करती है बाहर से कराए जाएं, तो मूल्य चुकाने के उपरान्त भी वह पूर्णता प्राप्त नहीं होगी। परिवार तथा समाज के लिए उसके काम की कोई कीमत भले न हो, लेकिन उसका मोल करके देखा जाए तो संतुष्टि तो दूर की बात है, काम भी ढंग से नहीं होगा। गृहिणी के परिवार के प्रति सृजनात्मक मोह का कोई विकल्प हो ही नहीं सकता। कौन इतने मन से घर को संभालेगा।

आज के युग में भी महिलाओं का विशुद्ध रूप से गृहिणी होना महत्त्वपूर्ण व प्रासंगिक है। मां की भूमिका में वह कमाने वाले पिता से बेहतर है और संतान का पालन-पोषण कर एक अच्छे नागरिक का चरित्र निर्माण करती है। बेटी, बहन, पत्नी, मां, दादी व नानी के रूप में नियोजित व समयबद्ध तरीके

से सही पूर्वानुभवों के साथ घरेलू कार्य करती है। आय अर्जन न करने पर भी, घर के बजट पर नियंत्रण और क्रियान्वयन का अधिकार गृहिणी के पास ही होता है। एक गृहिणी की घरेलू प्रबंधक की विशेषताएं एक बालिका में अपनी माता से बचपन से प्रारंभ हो जाती है और यह असाधारण और उच्च स्तर की शिक्षा व अनन्य अनुभव एक पीढ़ी से दूसरी पीढ़ी तथा निरन्तर जारी रहता है। घर को बनाने वाली, परिवार के आर्थिक मामलों का प्रबंधन करने वाली, आत्मसंयम और पारिवारिक अनुशासन को कायम रखने वाली गृहिणियों में मितव्ययता तथा भविष्य की वित्तीय आवश्यकताओं को पूरा करने के लिए बचत करने की अनूठी कला होती है और न्यूनतम साधनों का अधिकतम उपयोग कैसे किया जाए, इनसे सीखा जा सकता है। पति, पुत्र अथवा परिवार के अन्य सदस्यों की सार्वजनिक जीवन में सफलता में पत्नी अथवा माता के रूप में एक गृहिणी का सर्वाधिक लगभग 18 घंटे कार्य करने के उपरांत भी परिवार को निष्क्रिय सदस्य के रूप में देखना विवेक शून्य और तर्कहीन सोच है। महिलाएं गृहिणी के रूप में अपनी पहचान छिपाएं नहीं, बल्कि स्वीकार करें और हाउस वाइफ बताने में गौरव का अनुभव करें, क्योंकि एक महिला की महत्त्वपूर्ण भूमिका गृहस्थ दायित्वों के कुशल निर्वाह में है, जिसे मूल्य देकर भी उस भावना, निष्ठा, आत्मत्याग, समर्पण और परिपूर्णता के साथ प्राप्त करना असंभव है। गृहिणी परिवार का निर्माण करती है तथा अच्छे परिवार से स्वच्छ समाज और सुदृढ़ राष्ट्र निर्माण होता है।

ब्यूटी विद ब्रेन

यूनिवर्सिटी ऑफ लीड्स के हालिया रिसर्च में यह साबित होता है कि सिर्फ पढ़ने में ही नहीं लड़कियां, लड़कों से कई गुना आगे हैं। रिसर्च के प्रमुख रॉबिन्सन हैरी के अनुसार एक अच्छी टीचर का सबसे बड़ा गुण होता है, रीजनिंग और एक्प्लेनेशन पॉवर। लड़कियां इन दोनों गुणों के कारण अपेक्षाकृत बेहतर तरीके से जवाब देकर छात्रों की जिज्ञासा शांत करती हैं। वे किसी भी विषय को इस तरह समझाती हैं कि सामने वाला बिना किसी परेशानी के उसे समझ जाए। हैरी का कहना है कि तर्क देकर विषय को समझाने में लड़कियां लड़कों से 63 प्रतिशत ज्यादा तेज होती हैं। उन्होंने कहा कि हमने रिसर्च में 600 से अधिक लड़के-लड़कियों को शामिल किया और उन्हें टीचिंग के कई टास्क दिए। इसमें लड़कियों ने बाजी मारी।

सबसे कम उम्र की प्रोफेसर

आलिया सबूर दुनिया की सबसे कम उम्र की प्रोफेसर हैं। आलिया कोरिया के कोंकुक यूनिवर्सिटी के डिपार्टमेंट ऑफ एडवांस टेक्नोलॉजी फ्यूजन में फिजिक्स पढ़ा रही है। उन्होंने गिनीज बुक ऑफ वर्ल्ड रिकॉर्ड्स में अपना नाम सबसे कम उम्र की प्रोफेसर के रूप में दर्ज कराया है। हैरत की बात यह है कि इस यूनिवर्सिटी में पढ़ने वाले सभी छात्रों से उनकी उम्र कम है। आलिया को फिजिक्स के फॉर्मूले और कॉन्सेप्ट्स ऐसे याद हैं, जैसे नर्सरी की कोई आसान-सी पोयम। आलिया ने 14 वर्ष की उम्र में अपनी बैचलर्स डिग्री पूरी की और 17 वर्ष की उम्र में ड्रैक्स्ल यूनिवर्सिटी से मटेरियल साइंस में मास्टर्स डिग्री पूरा किया था। वे अपनी पी.एच.डी. करने में जुटी हुई हैं।

जब अपने पापा को बताया कि वह प्रोफेसर बन गई है तो वे जोर से हँसे। मीडिया चैनल्स वाले जब उनका इंटरव्यू करने आए तो उन्हें यकीन हुआ। आलिया काफी खुश है वह कहती है, मुझे गर्व है, जिस उम्र में मेरे सभी दोस्त कॉलेज की प्रवेश परीक्षाएं दे रहे हैं, तो मैं उस उम्र में कॉलेज में पढ़ा रही हूँ।

सबसे कम उम्र की एच.ओ.डी.

चोई सुह यन (उम्र 20 वर्ष) दक्षिण कोरिया के एडवांस इंस्टीट्यूट ऑफ साइंस में डिपार्टमेंट ऑफ मैथमेटिक्स की हैड हैं। चोई ने इंटरनेशनल मैथमेटिक्स ओलंपियाड में लगातार तीन बार गोल्ड मेडल जीतकर वर्ल्ड रिकॉर्ड बनाया है। उसके डीन किमडॉन्ग सू का कहना है, उसकी उम्र नहीं बल्कि काबलियत को देखकर उसे इतनी बड़ी जिम्मेदारी सौंपी है।

चोई कहती है, "उम्र को लेकर कई बार मेरे सामने प्रश्न हुए हैं। मेरे साथी भी पहले मुझे अपने लीडर के तौर पर अपनाने में हिचके थे, लेकिन समय के साथ उन्होंने मुझे अपना बॉस मान लिया। वहीं छात्र-छात्राओं को लगता था कि मैं उन्हें पढ़ा नहीं सकती। धीरे-धीरे मैं उनमें भी लोकप्रिय हो गई। मुझे लगता है कि आत्मविश्वास से बड़ी कोई चीज नहीं है।

सबसे छोटी कैमिस्ट्री मास्टर

यूनिवर्सिटी ऑफ कैंब्रिज में पढ़ाने वाली मैरी कैथरीन को प्यार से लिटिल कैमिस्ट्री वंडर और मास्टर भी कहा जाता है। 19 वर्षीय मैरी ने 15 साल की

उम्र में बैचलर डिग्री पूरी करके सबको हैरत में डाल दिया था। मैरी दिन के 9 से 12 घंटे लैब में रिसर्च करते हुए बिताती हैं। वे कैमिस्ट्री ऑफ नेचर नामक एक किताब भी लिख चुकी हैं।

मैरी का कहना है, 'टीचिंग को बड़ा आसान प्रोफेशन समझा जाता है, लेकिन बच्चों तक कितना और कैसा ज्ञान पहुंचा है, इसका आंकलन नहीं होता।' इस कारण मैंने सोचा कि जिस उम्र में बच्चे टीचर्स से पढ़ते हैं मैं उसी उम्र में पढ़ाना शुरू कर दूं। मैं चाहती हूँ कि ऐसा काम करूं कि रसायन शास्त्र में मेरे योगदान को याद रखा जाए।

सबसे छोटी आर्ट्स प्रोफेसर

हैदी अनवर (18 वर्ष) न्यूयॉर्क यूनिवर्सिटी आर्ट्स डिपार्टमेंट की सबसे छोटी उम्र की प्राफेसर हैं। वे मीडिया साइंस डिपार्टमेंट की हैड भी हैं। हैदी टूरिज्म पर तीन किताबों पर अपना काम कर रही हैं। भारतीय मूल की हैदी जब 12 साल की थीं तब उनका परिवार अमेरिका में शिफ्ट हो गया था।

हैदी कहती है कि लोग मुझे किसी ब्यूटी कॉन्टेस्ट में हिस्सा लेने को कहते हैं, लेकिन मेरा मानना है कि लीक से हटकर काम करने वालों का ही नाम होता है। मैं कम उम्र में प्रोफेसर बन गई तो मेरे दोस्त मुझे ब्यूटी कम नॉलेज क्वीन कहते हैं। मुझे अच्छा लगता है, जब मुझसे बड़ी उम्र के लड़के मुझे मैम कहते हैं और रेस्पेक्ट करते हैं।

सबसे छोटी क्रिएटिव एक्सीलेंस टूरिज्म स्टडीज

बैंगलोर की रहने वाली 20 वर्षीया लानी मलेशिया की यूनिवर्सिटी में हेड ऑफ एनवायमेंटल एंड टूरिज्म स्टडीज डिपार्टमेंट की हेड हैं। यही नहीं भारतीय होने के बावजूद लानी मलेशिया टूरिज्म पर 6 किताबें लिखकर क्रिएटिव एक्सीलेंस इन टूरिज्म का अवॉर्ड भी जीत चुकी हैं। वह योग्य ट्रेनर भी है।

लानी बताती है कि मुझे प्रकृति से बेहद लगाव है, मैं स्टूडेंट्स को इसकी जानकारी विस्तार से देती हूं। भारत सबसे अधिक खूबसूरत देश है इसलिए मैं अगली किताब में भारत के बारे में ही लिख रही हूँ।

संयुक्त राष्ट्र महासभा में भाषण

भारत की युगरत्ना ने तीन अरब बच्चों की ओर से ग्लोबल क्लाइमेट पर संयुक्त राष्ट्र महासभा में भाषण देकर अनोखी उपलब्धि हासिल कर चुकी है। उसके भाषण को सुनने वालों में अमेरिका के राष्ट्रपति बराक ओबामा भी थे और संयुक्त राष्ट्र के महासचिव बान की मून भी। कई देशों के बड़े नेताओं के आगे उसका आत्मविश्वास देखते बन रहा था। अपने सधे शब्दों के जरिए उसने संयुक्त राष्ट्र संघ में मौजूद सारे प्रतिनिधियों पर काफी अच्छा प्रभाव छोड़ा। लखनऊ की रहने वाली नौंवी कक्षा की छात्रा युगरत्ना महज 13 साल की है, लेकिन उसके इरादों के आगे बड़े-बड़े पानी भरते हैं। पर्यावरण के क्षेत्र में उसकी जागरुकता की मिसाल दी जा सकती है।

स्क्रिप्स नेशनल स्पेलिंग बी प्रतियोगिता

अमेरिका की प्रसिद्ध स्क्रिप्स नेशनल स्पेलिंग बी प्रतियोगिता भारतीय मूल की काव्या शिवशंकर ने जीती। 13 साल की काव्या ने जो प्रतियोगिता जीती, उसमें 293 मेधावी बच्चे शरीक हुए थे। स्पेलिंग बी अमेरिका की एक प्रतिष्ठित प्रतियोगिता है, जिसमें प्रतिभागी को अंग्रेजी के शब्दों का उच्चारण करने को कहा जाता है।

एवरेस्ट का माथा चूमा

पुणे में रहने वाली 19 साल की कृष्णा पाटिल ने एवरेस्ट का माथा चूमा तो देश का सर फख्र से ऊंचा हो यगा। आठ सदस्यों वाले इस दल में शामिल कृष्णा ने अभियान की शुरुआत की और कई तरह के रोंगटे खड़े कर देने वाले मुकाम पर विजय हासिल करते हुए उसने एवरेस्ट पर फतह दर्ज करवाई।

(परिवार, पंजाब केसरी, स्वतंत्रमत, नाजिका)

4

बेहतर हैं महिलाएं

'मर्द को मनुष्य के रूप में परिभाषित किया जाता है और औरत को मादा के रूप में। जब भी वह मनुष्य की तरह बर्ताव करना चाहती है, उस पर मर्दों की नकल करने का आरोप लगाया जाता है।' – सिमोन द बोउवा

आमतौर पर कहा जाता है कि ब्रेन के मामले में पुरुष आगे होते हैं और ब्यूटी में महिलाएं, लेकिन यह सच नहीं है। महिलाएं अपनी सोच, समझ और होशियारी से दुनिया भर में अपनी अलग पहचान बना रही हैं। स्त्रियों में कई ऐसी खूबियां हैं जो पुरुषों में नहीं, तभी तो हर नारी को अपनी बेस्ट क्वालिटीज पर नाज़ है।

अच्छी बॉस

जिन कंपनियों की बॉस महिलाएं होती हैं, उन कंपनियों के स्टाफ उनसे बेहद खुश रहते हैं। कारण वे अच्छी मैनेजर होती हैं। पुरुष के मुकाबले वे ज्यादा अच्छी तरह कामकाज को मैनेज कर सकती हैं। अमेरिका में हुए अध्ययन बताते हैं, कई ऑफिसों में जहां पुरुष व स्त्री दोनों ही उच्च पदों पर हैं, उनमें रेटिंग किए जाने पर पता चला कि स्त्रियों को पुरुषों से ज्यादा रेट मिला, क्योंकि वे उनसे बेहतर बॉस साबित हुईं।

पढ़ाई में बेहतर

लड़कियां पढ़ाई के मामले में लड़कों से बेहतर होती हैं। एक अमेरिकी कंपनी ने स्टूडेंट मोनिटर के एक अध्ययन ने यह साबित कर दिखाया है कि लड़कों की अपेक्षा लड़कियां पढ़ाई में ज्यादा तेज होती हैं। वे पढ़ाई के प्रति बहुत गंभीर होती हैं। वे साल भर पढ़ाई करती हैं, वहीं लड़के ऐन वक्त पर

एग्जाम के समय रात भर जागकर पढ़ाई करते हैं। भारत में भी कई स्कूल व कॉलेजों के परिणामों पर गौर करने पर ये बात सामने आई है कि परीक्षा के नतीजों में लड़कों की अपेक्षा लड़कियाँ हाई ग्रेड प्राप्त करती हैं।

एक बार में कई काम

स्त्रियों की जिंदगी में नींद खुलने के साथ कामों का सिलसिला शुरू हो जाता है। फिर चाहे वह बच्चे को सुबह उठाकर तैयार करके स्कूल भेजना हो, पति का नाश्ता व टिफिन बनाना हो या फिर साफ-सफाई। साथ में किसी रिश्तेदार का फोन आ जाए तो वह भी हैंडल कर लेती है। उस पर यदि खुद वर्किंग है तो अपने काम भी निपटाकर समय पर ऑफिस पहुंच जाती है, लेकिन पुरुष एक बार में एक ही काम कर सकते हैं। इसका कारण है कि स्त्रियां अपने दिमाग के कई हिस्सों को प्रयोग में लाती हैं। यही वजह है कि स्ट्रोक होने पर वे पुरुषों की अपेक्षा जल्दी ठीक हो जाती हैं, क्योंकि जब दिमाग के एक हिस्से पर चोट लगती है तो उसका दूसरा हेल्दी पार्ट उतनी ही सक्रियता से काम करने लग जाता है।

भावनात्मक रिश्तों की चाह

पुरुष सबसे पहले लड़कियों की खूबसूरती से प्रभावित होते हैं, वहीं स्त्रियों के लिए पुरुषों की खूबसूरती से ज्यादा उनका बिहेवियर, इंटेलीजेंसी व सेंस ऑफ ह्यूमर मायने रखता है। शादी के बाद भी सेक्स से ज्यादा उनके लिए भावनात्मक रिश्ते की अहमियत होती है। जबकि पुरुष के लिए सेक्स ज्यादा मायने रखता है।

ज्यादा बोलती हैं

यह शाश्वत सत्य है कि पुरुष की अपेक्षा महिलाएं ज्यादा बोलती हैं। इसी कारण महिलाओं को बातूनी कहा जाता है। वैज्ञानिक दृष्टि से देखा जाए तो इसका कारण यह है कि स्त्रियों के दिमाग के दोनों ओर खास ब्रेन जोन होता है, जो उन्हें ज्यादा बोलने की कला में माहिर करता है।

नेतृत्व क्षमता

स्त्रियों में नेतृत्व क्षमता अधिक होती है। इसी तरह उनमें निर्णय लेने की क्षमता भी पुरुषों की तुलना में ज्यादा होती है। वे सूझ-बूझ से काम लेती हैं

और तुरंत निर्णय लेती हैं। कामकाजी स्त्रियां अपनी कंपनी के बारे में अधिक सोचती रहती हैं। इस संबंध में दिए गए अध्ययन बताते हैं कि आज के ग्लोबल- इंफोर्मेशन के युग में, जहां सफलता पाने के लिए टीमवर्क बहुत जरूरी है, ऐसे में कार्यकुशलता के गुण स्त्रियों में पुरुषों की अपेक्षा अधिक हैं।

तलाशी में माहिर

यदि घर में कोई चीज तलाशनी हो तो इस काम में स्त्रियां माहिर होती हैं। फिर वह पुरुषों के मोजे, रुमाल, चश्मा, फाइल या गाड़ी की चाबी की बात हो या फिर बिल व जरूरी कागजात। फ्रिज, कमरा, अलमारी जैसे जगहों पर कुछ ढूंढने के लिए उन्हें बिल्कुल मेहनत नहीं करनी पड़ती, बस एक नजर घुमाई और चीज तलाश की। उनका विजन यानी निरीक्षण करने की क्षमता पुरुषों की तुलना में कहीं ज्यादा अच्छी होती है।

ड्राइविंग एक्सपर्ट

स्त्रियां पुरुषों की तुलना में ज्यादा अच्छी ड्राइवर होती हैं। एक ट्रैफिक एनालिसिस से पता चला है कि स्त्रियों की अपेक्षा पुरुष ड्राइवर के कारण एक्सीडेंट में मारे जाने के ज्यादा अवसर होते हैं। इसका कारण है कि पुरुष रिस्क लेने में नहीं डरते। ज्यादा स्पीड में गाड़ी चलाना उनका शौक होता है, यहां तक कि गाड़ी चलाते समय वे मोबाइल का उपयोग भी ज्यादा करते हैं जिससे ड्राइविंग रिस्की हो जाती है।

जिम्मेदार

बात चाहे परिवार की हो या काम की, महिलाएं पुरुषों की तुलना में ज्यादा जिम्मेदार होती हैं और वह किसी की जिम्मेदारी को बखूबी संभालती हैं इसलिए ईश्वर ने नारी को यह ताकत दी है कि वह अपने हर रिश्ते को सहेजकर रख सके। वे एक साथ कई रिश्तों को जैसे मायके, ससुराल और यहां तक कि दोस्तों के रिश्तों को भी सहेजकर रख सकती हैं, जबकि रिश्तेदारी निभाने के मामले में पुरुष पीछे होते हैं। इसका कारण है कि पुरुष आत्मकेन्द्रित होते हैं, जो अपने परिवार व कामकाज के प्रति पूर्ण जिम्मेदार नहीं रह पाते।

सहनशीलता

पुरुषों की तुलना में स्त्रियां ज्यादा सहनशील होती हैं। पुरुष व्यक्त नहीं करते, लेकिन वे परेशानियों से घबरा जाते हैं और अपना धैर्य खो बैठते हैं, जबकि स्त्रियां हर तरह के दुःख को बर्दाश्त करने की शक्ति रखती हैं। इसके अलावा स्त्रियां भावनात्मक रूप से मजबूत होती हैं। पुरुष जहां विपरीत परिस्थितियों में जल्दी टूट जाते हैं, वहीं स्त्रियों में हालात से लड़ने की ताकत होती है। वे कुछ समय के लिए कमजोर जरूर पड़ती हैं, लेकिन तुरंत ही अपने आपको नए संघर्ष के लिए तैयार कर लेती हैं इसीलिए कहा जाता है कि पुरुष स्त्री के बगैर नहीं रह सकता, लेकिन स्त्रियां पुरुष के बगैर अपनी जिंदगी काट सकती हैं।

व्यवस्थित

घर हो या ऑफिस, पुरुष लापरवाह होते हैं। तौलिया बिस्तर पर छोड़ देना, जूते, मोजे कहीं तो टाई कहीं और रख देना पुरुषों की आदत होती है। उनकी अपेक्षा स्त्रियां ज्यादा व्यवस्थित होती हैं। वह हर चीज को व्यवस्थित व संभाल कर रखना पसंद करती है।

साफ-सफाई पसंद

बहुत कम पुरुष होते हैं जो साफ-सफाई का ख़्याल रखते हैं। खाना खाने के पहले हाथ धोने पर पुरुष ज्यादा ध्यान नहीं देते। ज्यादातर पुरुष बिना हाथ धोए खाना आरंभ कर देते हैं। जबकि स्त्रियां हाइजीन का बहुत ध्यान रखती हैं। वे हर थोड़ी-थोड़ी देर में हाथ धोती हैं। इसी तरह पुरुष गंदे बेडशीट, टॉवेल आदि पर भी ध्यान नहीं देते।

बीमारी के दौरान

बीमारी चाहे कोई भी क्यों न हो, किसी भी तरह की क्यों न हो। महिलाएं पुरुषों की तुलना में उसका सामना ज्यादा साहस के साथ करती हैं। इसके अलावा बीमारियों से लड़ने की शक्ति पुरुषों की तुलना में महिलाओं में अधिक होती है। बीमार की सेवा व देखभाल पर भी महिलाएं अधिक ध्यान देती हैं। जबकि पुरुष अपने बूढ़े माता-पिता पर उतना ध्यान नहीं देते जितना कि उसकी पत्नी अपने सास-सुसर की देखभाल व सेवा में लगी रहती है।

शॉपिंग और बचत

स्त्रियों को अधिक खर्च करने वाली बताया जाता है जबकि सच बात तो यह है कि स्त्रियां पुरुषों की तुलना में बार्गेनिंग करने में ज्यादा स्मार्ट होती हैं। बिना मोल-भाव किए महिलाएं कोई भी सामान खरीदना पसंद नहीं करती। इसके अलावा महिलाएं बचत के मामले में भी पुरुषों से ज्यादा स्मार्ट होती हैं। उनके हाथ में कम से कम पैसा दिया जाए तो भी वे उसमें से कुछ न कुछ बचत कर ही लेती हैं। वहीं पुरुष बहुत ज्यादा खर्चीले और कम बचत करने वाले होते हैं।

इंटरनेट और ई-मेल

पुरुषों की अपेक्षा महिलाएं इंटरनेट और ई-मेल के दौरान ज्यादा सजग रहती हैं। उन्हें बखूबी पता रहता है कि नेट पर क्या करना है। वे पुरुषों की अपेक्षा सर्फिंग के लिए कम समय देती हैं और ज्यादा काम कर लेती हैं। जहां पुरुष अपना समय मैटर पढ़ने, सॉफ्टवेयर डाउनलोड करने में लगे रहते हैं, वहीं महिलाएं उद्देश्यपूर्ण काम करने पर विश्वास रखती हैं। इसके अलावा महिलाओं के लिखे मेल पुरुषों की अपेक्षा अधिक विनम्र और शालीन होते हैं। वे सौंपे गए कार्य को कुशलता से कर लेती हैं, साथ ही जिन्हें मेल करती हैं, उनसे एक नाता जोड़ लेती हैं जो पुरुष नहीं कर पाते हैं।

बात-व्यवहार में अव्वल

एक अध्ययन में इस बात का खुलासा हुआ है कि महिलाएं पुरुषों की तुलना में कहीं अधिक व्यावहारिक और प्रभावी भाषा शैली की होती हैं। इसके अलावा महिलाएं टेलीफोन और मोबाइल पर लंबी बातचीत या हर बात पर बहस करने में समक्ष होती हैं। यही कारण है कि आजकल कॉल सेंटर में इनकी मांग दिनोंदिन बढ़ती जा रही है। महिलाओं के दिमाग के हिस्से में 11 फीसदी अधिक न्यूरॉन होते हैं, जिसके कारण वह अपना प्रेजेंट माइंड काफी अच्छा रख पाती हैं।

शेयर बाजार में आगे

कनाडा की एक शोधकर्त्ता सांद्रा विटेलसोन का कहना है कि शेयर बाजार का मामला मर्दों का है। इस बात को सब कहेंगे, लेकिन इस क्षेत्र में महिलाएं

पुरुषों से कहीं अधिक समझदार हैं। ये बात सही है कि वे जोखिम कम उठाती हैं, सट्टेबाजी कम करती हैं, लेकिन जितना काम करती हैं काफी नाप तौल कर करती हैं। महिलाओं के गुणों की बात करें तो सिर्फ शेयर ही नहीं, रंगों को पहचानने के मामले में भी वे पुरुषों से आगे हैं और इसकी वजह वैज्ञानिक मानी जाती है। वास्तव में होता यह है कि रंगों को पहचानने में एक्स क्रोमोसोम की जरूरत होती है, जो महिलाओं में दो और पुरुषों में सिर्फ एक होता है। अगर, वह एकलौता क्रोमोसोम चूक जाए, फिर पुरुष को सावन का अंधा समझिए। महिलाएं पुरुषों की तुलना में फैशन और खरीददारी में भी कहीं आगे हैं।

कई शोधों में इस बात का खुलासा हुआ है कि महिलाएं पुरुषों के मुकाबले अधिक जीती हैं। अमेरिका में किए गए एक शोध के अनुसार, महिलाएं पुरुषों की औसत उम्र से 15 वर्ष अधिक जीती हैं। बोस्टन विश्वविद्यालय में किए गए एक शोध में पता चला है कि सौ साल से अधिक उम्र तक जीने वालों में 85 प्रतिशत महिलाएं परिवार वालों को बिना कोई परेशान किए लंबी उम्र तक जीती हैं।

घर और बाहर दोनों मोर्चों पर मजबूत

पहले जहां अधिकांश महिलाओं को आर्थिक और पारिवारिक संबल की जरूरत होती थी वहीं अब हमारे बीच कुछ ऐसी महिलाएं हैं, जो खुद सहारा बनी हैं। मजबूत हैं, दृढ़ निश्चयी हैं। परिवार को विपरीत परिस्थितियों से निकालने का जज्बा और कुव्वत उनमें है। उनमें आत्मनिर्भरता ही नहीं बल्कि परिवार और पति को संबल देने का जज्बा है। वे दिलेर हैं, चुनौतियां स्वीकारती हैं और संघर्ष करती हैं। वे हालात से टूटती नहीं बल्कि टूटे हुए परिवार और पति को हौसला देती हैं। ऐसी ही कई खूबियों की मालकिन है अल्फा वुमेन। अल्फा वुमेन महिला के एक नए किरदार का रूप है, जो महिला की बदलती भूमिका और बोल्डनेस को दर्शाता है। अल्फा वुमेन घर और बाहर दोनों मोर्चों पर मजबूती से डटी हुई है। वह सही मायने में होम मेकर है।

अल्फा वुमेन में स्ट्रगल करने की भी अच्छी क्षमता है। वह चुनौतियों से घबराती नहीं बल्कि आत्मविश्वास के साथ जोखिमपूर्ण कामों को अंजाम देती है। वह उन महिलाओं से अलग हटकर है जिन्हें कुछ भी करने के लिए सहारे की जरूरत पड़ती है वो भी एक पुरुष की। घर और परिवार दोनों का महत्त्व

समझने वाली और दोनों किरदार को बेहतर तरीके से अंजाम देने वाली अल्फा वुमेन आर्थिक रूप से भी मजबूत होती है। घर-परिवार की प्राथमिकताओं पर भी वह अपनी नजर रखती है। अनेक महिला ऐसी हैं जिनके पति मल्टीनेशनल कंपनी में कार्यरत हैं। उन्हें अच्छी तनख्वाह मिल रही है। इसके बावजूद खुद जॉब कर रही हैं। उनके अनुसार इससे बहुत फर्क पड़ता है कि समर्थ होने के बाद भी आप असमर्थ बने रहो। जॉब करने से सारा शिड्यूल भी टाइमली पूरा होता है।

भारत में कितनी अल्फा वुमेन हैं इसका कोई आंकड़ा नहीं है। ब्यूरो ऑफ लेबर स्टैटिक्स के अनुसार 22 प्रतिशत अमरीकन महिलाएं अपने पति से ज्यादा कमाती हैं। वे वाकई में अल्फा वुमेन हैं। जीवन संगिनी के रूप में अल्फा वुमेन को तरजीह दी जाने लगी है। आज के पुरुष यह कहते हुए नजर आते हैं, आज के आधुनिक समय में कौन अल्फा वुमेन को नापसंद करेगा। एक अल्फा वुमेन अल्फा मॉम की भूमिका भी बखूबी निभा सकती है। मिशिगन यूनिवर्सिटी के प्रोफेसर आर. रामास्वामी का कहना है, विश्वभर में महिलाओं और पुरुषों की परिभाषा ही बदल गई है। पहले के समय में पुरुष समाज के अनुसार चलते थे और पत्नी के रूप में सुंदर और सेहतमंद महिला का चयन करते थे, जो सही ढंग से बच्चों का पालन-पोषण कर सके। आज वे चाहते हैं अल्फा वुमेन, जो घर से बाहर निकलकर हर चुनौती का सामना करने को तैयार रहे। उसके लिए एक सफल महिला से बढ़कर भला क्या हो सकता है। अल्फा वुमेन की सफलताएं ही उन्हें आकर्षक बना देती हैं। ऐसे में पुरुष उनकी उम्र, सुंदरता आदि की परवाह नहीं करते। वे केवल अल्फा वुमेन की सफलता और पद को महत्त्व देते हैं। स्थिति यह है कि अगर कोई महिला किसी तरह कोई कठिन या दिलचस्प काम नहीं करती, उन्हें कोई नहीं पूछता।

एक अल्फा वुमेन यह जानती है कि सफलता के लिए जरूरी है कि पति-पत्नी दोनों घर के कामों में एक-दूसरे का हाथ बंटाएं। वह यह जानती है कि न महिला की जगह सिर्फ रसोई में है और न ही पुरुषों का महत्त्व उनसे कम है। सही मायने में जो अल्फा वुमेन होती है वह हमेशा यही सोचती है कि उसका पति घर की जिम्मेदारियों को समझे और उसकी परवाह करे। आज के समय में महिलाओं में आर्थिक रूप से सशक्त बनने की जो होड़ लगी है उसके पीछे एक बड़ा कारण यह है कि इसके बिना जिंदगी की गाड़ी रफ्तार

नहीं पकड़ती। अल्फा वुमेन हमेशा यह सोचती है कि वह अपने परिवार को किस तरह से बढ़िया पोजीशन पर लेकर आए।

ज्यादा अनुशासित कुड़ियां

बोस्टन यूनिवर्सिटी के हालिया शोध में यह बात सामने आई है कि लड़कों से ज्यादा लड़कियों की जीवनशैली अधिक अनुशासित होती है। इस शोध के लीड प्रोफेसर नीथर मार्कवेल ने यूनिवर्सिटी में पढ़ रहे 300 लड़के-लड़कियों के समूह को लिया और उनकी डेली लाइफ स्टाइल और रूटीन की स्टडी की। इसके निष्कर्ष में यह पाया गया कि चाहे वर्क प्रेशर कितना भी ज्यादा क्यों न हो, लड़कियां लड़कों की तुलना में बेहतर तरीके से अपना डेली रूटीन फॉलो करती हैं। इसके पीछे कई कारण जिम्मेदार हैं।

पर्सनल लाइफ में चाहे जितनी भी टेंशन और प्रॉब्लम क्यों न आ जाए, लड़कियां उनसे घबराने की बजाए उनका साहस के साथ सामना करती हैं। वह भी कुछ इस तरह से कि उनकी जीवनशैली प्रभावित न हो। वहीं लड़के परेशानियों का सामना करते तो पूरे हौसले के साथ हैं, लेकिन इसके चलते उनका डेली रूटीन गड़बड़ा जाता है। लड़कियों की मानसिकता होती है कि वे प्रोफेशल व पर्सनल दोनों ही लाइफ में विजेता रहें इसलिए वे काम के बोझ का बहाना बनाकर अपना डेली रूटीन बिगाड़ती नहीं हैं। वहीं लड़के दोनों में से एक ही लाइफ में परफेक्शन साबित कर पाते हैं और वे प्रोफेशनल लेवल पर कामयाब हैं तो उनकी लाइफ अव्यवस्थित व उथल-पुथल भरी रहती है।

लड़कियों का दिमाग मैनेजमेंट के काम में लड़कों से बेहतर होता है, इसलिए वे हर काम के साथ अपनी दिनचर्या को भी सुचारु रूप से संचालित करने में विश्वास रखती हैं, जैसे काम का लोड कितना भी ज्यादा हो लड़कियों का ड्रेसअप, लंच ऑवर व फैमिली टाइम में कोई फर्क नहीं पड़ता। वे हर व्यस्तता में बेहतर जीवन जीने में भरोसा रखती हैं। लड़कियां एक समय में कई काम कर सकती हैं जैसे अगर वे घर पर कंप्यूटर पर काम करने बैठ रही हैं तो जब तक सिस्टम स्टार्ट होगा वे अपने रूम की सफाई कर लेंगी। यही नहीं काम से ब्रेक मिलते ही वे अपने परिवार के साथ समय बिताने लगती हैं। वहीं अगर लड़कों पर वर्क प्रेशर बढ़ जाए तो इसका पता उनका अस्त-व्यस्त रूम देखकर चल जाता है।

12 वर्षीय अंबिका के लिए डेली सोप में काम करना और पढ़ाई मैनेज करना आसान नहीं था, लेकिन अंबिका ने इसे संभव कर दिखाया। अंबिका कहती है कि शुरुआत में मुझे बहुत स्ट्रेस होता था लेकिन धीरे-धीरे मैंने अपने रूटीन को मैनेज करना सीख लिया। शूटिंग के दौरान जैसे ही खाली समय मिलता है, मैं तुरंत पढ़ने लगती हूँ। इसके साथ-साथ मैं अपने खाने-पीने का भी पूरा ध्यान रखती हूँ। अनुशासन की वजह से ही मैंने इस सक्सेस को कायम रखा है।

इंडियन ओपन ग्रैंड प्रिक्स गोल्ड, सिंगापुर ओपन सुपर सीरिज और इंडोनेशिया ओपन सुपर सीरिज जीतकर हैट्रिक बनाने वाली साइना नेहवाल आज विश्व बैडमिंटन चैंपियनशिप रैंकिंग में तीसरे स्थान पर है। यही नहीं वे भारत की प्रथम महिला खिलाड़ी है जिसने वर्ल्ड जूनियर बैडमिंटन प्रतियोगिता जीती है। साइना इसका पूरा श्रेय अपनी अनुशासित जीवनशैली को देती हैं। वे कहती हैं कि, 'स्पोर्ट्स को कैरियर के तौर पर चुनना एक बहुत टफ डिसीजन था, लेकिन मैंने जबर्दस्त टाइम टेबल और मैनेजमेंट के दम पर ही कामयाबी हासिल कर ही ली है। आज मुझे सैकड़ों ब्रांड्स एंडॉर्स कर रही है, तब भी मैं अपने रूटीन को फॉलो करना नहीं भूलती। चाहे प्रैक्टिस सेशन हो या लेट नाइट पार्टी, मैं कभी सुबह देर से नहीं उठती। इसके साथ ही मैं अपने परिवार के लिए भी समय निकालती हूँ। मेरा मानना है कि आज के दौर में वही शख्स कामयाब है, जिसकी लाइफ स्टाइल अनुशासित है।

परोपकार की परियां

लंदन यूनिवर्सिटी के प्रोफेसर साइमन द्वारा किए गए शोध में यह बात सामने आई है, यंग गर्ल्स समाज सेवा के काम में सबसे आगे हैं। शोध में यूनिवर्सिटी के 1200 लड़के-लड़कियों के ग्रुप को लिया गया था और इन्हें सोशल प्रोजेक्ट दिए गए। जब इन प्रोजेक्ट्स का आकलन किया गया तो लड़कियों ने लड़कों को कोसों पीछे छोड़ दिया। यही नहीं, इस शोध में यह बात भी सामने आई है कि दुनियाभर में जितने भी समाजसेवी संगठन संचालित हो रहे हैं उनमें 63 प्रतिशत लड़कियां शामिल हैं।

इस तथ्य के पीछे चार वजहें

स्वभाव से भावुक

लड़कियों के शरीर में एस्ट्रोजन हार्मोन की वजह से वे हर मसले पर लड़कों से ज्यादा भावुक होती हैं। उनका मन बहुत मार्मिक होता है। यही वजह है कि वे समाज में लोगों को दु:खों से जूझते देखती हैं, तो वे उनकी सेवा करने से अपने आपको रोक नहीं पातीं।

नहीं भूलतीं दूसरों का दर्द

आमतौर पर यह देखा गया है कि लड़कियां अगर किसी व्यक्ति का दु:ख देख लेती हैं, तो उसे तब तक नहीं भूल पातीं, जब तक उस शख्स की मदद न कर दें। वहीं इसके उलट लड़के काफी प्रैक्टिकल होते हैं और अपने जीवन से जुड़ी परेशानियों के बारे में प्राथमिकता से सोचते हैं।

नहीं हिचकती

समाजसेवा को अपने करियर के रूप में चुनना कोई आसान बात नहीं है इसलिए लड़के अक्सर समाज सेवा में करियर बनाने में हिचकते हैं। वहीं लड़कियां इस तरह के फैसलों को लेने में काफी आगे होती हैं इसलिए वे समाज सेवा को चुनती हैं।

बड़ा सामाजिक दायरा

लड़कों के लिए उनका सामाजिक दायरा होता है– मौजमस्ती की दुनिया। उन्हें सिर्फ उन्हीं बातों की परवाह होती है जो उनके जीवन से संबंधित हों। लड़कियों के सामाजिक दायरे में हर वो शख्स शामिल होता है, जिसे देख उन्हें लगता है कि इसे मदद की जरूरत है।

नामी हस्तियां जो समाज सेवा में आगे

जेसिका बैंडन

टोरंटो की रहने वाली 16 वर्षीया जेसिका बैंडन 'एंपावर्ड फीमेल' नामक सामाजिक संगठन चलाती हैं। जेसिका के काम को देखते हुए यूनिसेफ ने उन्हें

फीमेल हैल्पिंग आइकन भी बताया है। अब तक 185 लड़कियों को साक्षर बना चुकी हैं। वे कहती हैं कि मुझे पढ़ाने का शौक है इसलिए मैंने समाजसेवा के जरिए लोगों को शिक्षित करने का निर्णय लिया है।

जैमी नूवेन

जैमी नूवेन 'एक्शन एड' के साथ काम कर रही है। हैती में आए भूकंप के दौरान जैमी का काम इतना प्रभावी था कि उन्हें एक्शन एड ने सोशल वर्क फॉर हैती का ब्रांड एंबेसडर बना दिया। 18 वर्षीय जैमी का कहना है कि वो अपने जीवन में दूसरों के लिए इतना काम करें कि उसके जाने के बाद लोग उन्हें प्यार से याद करें।

केसी कर्टिस

20 वर्षीय केसी कर्टिस 'रैडियस' नामक संस्था संचालित कर रही हैं, जिसके जरिए वे ऐसे ड्रग एडिक्ट लोगों की मदद करती हैं जो नशा मुक्ति के लिए इलाज का खर्चा नहीं उठा सकते। वह कहती हैं, 'जीवन में गलती सभी करते हैं, लेकिन समाज सेवा के जरिए मैं किसी की मदद कर सकती हूँ एक बेहतर जीवन बनाने में, तो मुझे पीछे नहीं हटना चाहिए।'

एंजेलिना जोली

हैती फाउंडेशन के लिए जोली ने हाल ही में 150 करोड़ रुपए का डोनेशन दिया और वहां के लोगों की मदद कर रही हैं। जब भी उन्हें समय मिलता है वह हैती पहुंच जाती हैं। जोली का कहना है उनके बीच रहकर उनकी मदद कर उसे सुख मिलता है।

मेनका गांधी

लंबे समय से वह मूक जानवरों के खिलाफ होने वाले जुल्म के खिलाफ लड़ रही है। मेनका गांधी भारत की प्रथम सोशल वर्कर हैं, जिन्होंने जानवरों के हक के लिए मुहिम छेड़ी है।

पलक मुछाल

इंदौर की 15 वर्षीय पलक मुछाल 4 वर्ष की उम्र से गा रही हैं। वे अपने शोज़ के जरिए जितना भी पैसा कमाती हैं, वो सारा बच्चों के हार्ट ऑपरेशन

के लिए दान करती हैं। हाल ही में पलक ने अपने बैंगलुरू में आयोजित शो के जरिए 75 लाख रुपए कमाए और अपने 'सेविंग लिटिल हार्ट्स मिशन' के जरिए 142 बच्चों का ऑपरेशन करवाया। नागपुर में भी पलक ने सेक्स वर्कर के बच्चों के लिए एक खास संस्था बनाई है। पलक ने 'ए मेरे वतन कॉन्सर्ट' के जरिए गुजरात के भूकंप पीड़ितों के लिए भी 7 लाख रुपए की राशि एकत्रित करके उनकी मदद की। वे कहती हैं कि जब तक जिंदा हूँ मैं गाती रहूंगी और गरीबों की सेवा करती रहूंगी।

बॉलीवुड की हस्तियां

प्रिटी जिंटा 'नन्ही कली' नामक संस्था के जरिए गरीब लड़कियों को मुफ्त शिक्षा दिलवा रही हैं। सुष्मिता सेन अनाथ बच्चों को मदद करने वाली संस्थाओं के साथ लगातार काम कर रही हैं। कैटरीना बींग ह्यूमन संस्था के लिए मुफ्त शोज करके गरीबों के लिए लाखों रुपए की मदद कर रही हैं। एश्वर्या राय बच्चन गरीब लड़कियों को स्वावलंबी बनाने के लिए ब्यूटी ट्रेनिंग स्कूलों का संचालन कर रही हैं और उन्हें प्रेरणा भी दे रही हैं। बाराबंकी में गरीब लड़कियों की पढ़ाई के लिए कॉलेज शुरू कर रही हैं।

(सखी-सहेली, आर-16, रीडर्स डाइजेस्ट)

5
नॉटी वुमेन की दुनिया

'यदि मैंने सारे नियमों का पालन किया होता, तो मैं कुछ भी नहीं हासिल कर सकी होती।' – मर्लिन मुनरो

हर जमाने में नारीवाद का अर्थ स्त्रियों द्वारा अपने अधिकारों के लिए लड़ना रहा है। आज भी नारीवाद इसीलिए है कि स्त्रियां अपने प्रति किए जा रहे अन्याय को नकारें व अपने हक के लिए आवाज उठाएं, जो कि बिल्कुल उचित भी है। नारीवाद आज भी है, मगर उसका स्वरूप बदला है। पिछले जमाने में नारीवाद का मतलब पुरुषों से चिढ़, शादी से दूरी, बनाव-श्रृंगार से परहेज आदि होता था। आज की नारीवाद सोच ने लड़कियों के लिए अपने आपको पुनः आविष्कृत किया है। इस दौर की महिलाओं का नारीवाद किसी राजनीतिक विचारधारा पर नहीं खड़ा बल्कि रोजमर्रा के अनुभवों पर खड़ा है। आज की नारीवादी सोच न विवाह के खिलाफ है और न ही बाह्य सुंदरता के। वे विवाह करेंगी, मगर अपनी आकांक्षाओं का गला नहीं घोटेंगी। वे बनेंगी-संवरेंगी मगर सिर्फ पति की खुशी के लिए नहीं अपने लिए भी। उसके पीछे कारण व्यावसायिक भी हो सकता है और पर्सनल भी। खूबसूरती के बने-बनाए ढर्रे को मानें, यह जरूरी नहीं। वस्त्र भी वे मनचाहे पहनेंगी। वे पुरुषों से चिढ़ने के बजाए स्त्रियों से मेलजोल रखने पर खास जोर देती हैं और स्त्रियों के समूह बनाती हैं। नारीवादी लेखिका एली लेवन्सन ने इन्हीं तथ्यों की ओर इंगित करते हुए एक पुस्तक लिखी है और नए जमाने के नारीवाद को 'नॉटी-नारीवाद' का नाम दिया है।

विशेषज्ञों का कहना है कि 2000 से 2009 (शून्य को नॉट भी कहते हैं, अतः इस दशक को नॉटी कहा गया है) की महिलाओं के लिए नारीवाद के विचार ने एक नया मोड़ ले लिया है। आज महिलाएं नारी शक्ति के इस्तेमाल

से इतर यह जान गई हैं कि वे अलग हैं और इसके बावजूद उन्हें समानता चाहिए। ये जीवन के प्रत्येक आयाम के व्यावहारिक चुनाव पर विश्वास रखती हैं और अपने नारीत्व को भी आत्मसात करती हैं। एली लेवन्सन द्वारा लिखी गई पुस्तक 'द नॉटी गर्ल्स गाइड टू फेमिनिज्म' में बड़ी नवीनता के साथ बताया गया है। आज की महिलाएं जानती हैं कि किसी को जानने के लिए उसके कपड़ों को या रंग को ही देखना काफी नहीं है, बल्कि उसका व्यक्तित्व और व्यवहार भी काफी महत्त्वपूर्ण होते हैं। वहीं से यह भी तय होता है कि आप क्या पहनते हैं। उनके लिए नारीवाद का अर्थ व्यावहारिक चुनाव से है, जैसे कि वे हील पहनें या कि सपाट चप्पल पर अंतिम चुनाव उन्हीं का होगा।

पिछले कुछ दशकों में महिलाएं अपने पति या प्रेमी की जिंदगियों में इतनी मशगूल हो गई हैं कि वे अपनी महिला मित्रों को तो मानों भूल ही गई हैं। लेवन्सन कहती हैं कि मुझे याद है कि कॉलेज के वक्त लड़कियों को कोई ब्वॉयफ्रेंड मिल जाता था या फिर उनकी शादी हो जाती थी तो उनके पुरुष मित्र या पति ही सब कुछ हो जाया करते थे। सौभाग्य से 'नॉटी' की महिलाओं ने महिलाओं की आपस की ताकत और एकता को महसूस करना शुरू किया है। आखिरकार यही एक ऐसी दोस्ती है जिसमें दिखावा नहीं करना होता है। सुंदर बनना होता, अपने आपको बुद्धिमान भी जताना नहीं पड़ता, जैसी आप हैं आप वैसी ही स्वीकारी जाती हैं। महिलाएं आपस में खरीददारी के लिए, बाहर खाना खाने इत्यादि के लिए भी जाती हैं। महिला मित्रों की दोस्ती बढ़े और कम से कम हफ्ते में एक बार वे आपस में जरूर मिलें यह काफी आरामदायक होता है। इसमें तनावमुक्त भी होते हैं और कई मुद्दों पर लंबी बात करने के बाद यह महसूस होता है कि उन मुद्दों पर समझ व संदर्भ सही है या अपनी राय कायम रहना चाहिए और यही नॉटी नारीवाद का सार तत्त्व भी है।

नॉटी लड़कियां श्रेष्ठता के खिलाफ नहीं हैं। बिना किसी भेदभाव के नौकरी अच्छे उम्मीदवार को ही मिलनी चाहिए चाहे वो लड़का हो या लड़की, लेकिन फिर भी हमें भेदभाव के खिलाफ बोलते रहना चाहिए। नॉटी नारीवाद बाह्य सुंदरता की आकांक्षा के साथ भी सही बैठता है। अगर, मेकअप करना चाहते हैं या फिर आकर्षक कपड़े पहनना चाहते हैं तो इसकी कोई मनाही नहीं है। नॉटी नारीवाद इस बात की भी इजाजत देता है कि आप चाहे जैसे कपड़े पहनें, लेकिन इससे खूबसूरती के बने बनाए ढर्रे के लिए कोई जगह नहीं है और यह पहनावा व्यक्तित्व से ऊपर भी नहीं होना चाहिए। नॉटी नारीवाद का

अर्थ फैशन की दौड़ नहीं है बल्कि ऐसी महिला की प्रस्तुति है जिससे दुनिया उसे उसके गुणों से पहचाने।

परंपरागत रूप से नारीवाद और विवाह को एक साथ नहीं देखा जाता है, लेकिन आज विवाह करना नारीवाद के खिलाफ नहीं। आप सोचें कि इस लंबी जिंदगी को किसी और के साथ साझा करके और खूबसूरत बनाया जा सकता है। अगर, महिलाएं उनको दी गई उनकी ऐतिहासिक भूमिकाएं जैसे बीवी व मां बनना नहीं भी निभातीं तो भी इस नारीवाद को कोई आपत्ति नहीं है। नॉटी नारीवाद के तहत यह अवसर भी है कि आप विवाह का फैसला न करके अकेली जिंदगी जी सकती हैं और चाहें तो एकल मां भी बन सकती हैं।

ब्लॉग वुमेन

गपशप कर फुर्सत का वक्त बिताने वाली हिन्दुस्तानी महिलाएं अब साइबर दुनिया में अपनी धमाकेदार उपस्थिति दर्ज करा रही हैं। ब्लॉग (चिट्ठा) लेखन तेजी से महिलाओं की दिलचस्पी का विषय बनता जा रहा है। हिन्दी ब्लॉग जगत में वे साहित्य से लेकर सम-सामायिक विषयों पर सार्थक लेखन कर रही हैं। ऐसी ही सफल हिन्दुस्तानी महिलाओं के ब्लॉग के बारे में जानें-

ब्लॉग कुछ मेरी कलम से

रंजू भाटिया ने अपने ब्लॉग 'कुछ मेरी कलम से' की शुरुआत अक्टूबर 2006 में कविता लेखन के शौक को विस्तार देने के लिए किया था। अब इस पर वे सामयिक लेखन, कहानी और यात्रा विवरण भी नियमित रूप से लिखती हैं। इस ब्लॉग से हाल ही में उन्होंने काव्य संग्रह के रूप में अपनी पहली पुस्तक 'साया' प्रकाशित की और इसका विमोचन भी उन्होंने ब्लॉग पर किया। उनका कहना है, ब्लॉग लेखन शुरू में कुछ मुश्किल लगा था, लेकिन अब तो वे लगभग 15 ब्लॉग लिखती हैं। समय का सही तरह बंटवारा कर वे इसके लिए वक्त निकाल लेती हैं। 2007 में 'तरकश डॉट कॉम' वेबसाइट की ओर से चिट्ठाकारों के लिए आयोजित प्रतियोगिता की स्वर्ण कमल विजेता हैं।

ब्लॉग जीवन ऊर्जा

डॉ. गरिमा तिवारी के ब्लॉग 'जीवन ऊर्जा' का ध्येय है- लोगों की बीमारियों को दूर करना। रेकी के लिए स्वर्ण पदक जीत चुकीं डॉ. गरिमा ने

इस ब्लॉग को अकेले शुरू किया था और अब इसमें चार अन्य लेखक जुड़ चुके हैं। जैसे कि कोई पाठक किसी बीमारी से जुड़ी मेल यहां भेजता है, उसका उपचार तुरंत ब्लॉग पर प्रकाशित कर दिया जाता है। व्यस्त दिनचर्या के बीच वक्त तो मुश्किल से मिलता है, पर फिर भी ब्लॉगिंग के लिए समय निकाल ही लेती हूँ। उनका महिलाओं से कहना है कि सही वक्त की प्रतीक्षा करने की बजाए वक्त की समीक्षा कर उसका उपयोग कीजिए, बस आप जो चाहेंगी, वह आपका ही होगा।

ब्लॉग लहरें

भारतीय जन संचार संस्थान से विज्ञापन और जनसंपर्क में पी.जी. डिप्लोमा कर चुकीं पूजा उपाध्याय ब्लॉग को आत्म अभिव्यक्ति का सशक्त माध्यम मानती हैं। वे 2005 से ब्लॉगिंग में सक्रिय हैं। उनके ब्लॉग 'लहरें' पर वे नियमित सक्रिय रहती हैं। फुर्सत का वक्त निकालने के बारे में उनका कहना है कि ऑफिस से आकर रात को अक्सर जो वक्त मिलता है, उसे ये ब्लॉग के लिए सुरक्षित रखती हैं। उनका मानना है कि स्त्री का चीजों को देखने का नजरिया पुरुषों से अलग होता है इसलिए यह नजरिया ज्यादा से ज्यादा लोगों तक पहुंचाना चाहिए और ब्लॉग इसका बेहतरीन माध्यम है।

ब्लॉग - स्त्री विमर्श

डॉ. कविता वाचक्नवी अपने व्यस्त समय में से फुर्सत कर करीब 12 ब्लॉग संचालित करती हैं, जिनमें भारतीय संस्कृति, इतिहास, विविध भारतीय भाषाओं का साहित्य, सामाजिक प्रश्नों, विविध विद्याओं और दार्शनिक मुद्दों के अलावा बच्चों, महिलाओं और बुजुर्गों से जुड़ी प्रविष्टियां होती हैं। अनेक अंतर्राष्ट्रीय संस्थाओं से जुड़ी डॉ. कविता ने हिन्दी ब्लॉगिंग के क्षेत्र में 26 जुलाई, 2007 को कदम रखा था। वे ब्लॉगिंग को भावी पीढ़ियों के लिए इंटरनेट पर गुणवत्ता वाली सामग्री मुहैया कराने का साधन मानती हैं और नियमित लेखन के लिए नींद और भूख के साथ भी समझौता कर लेती हैं। वे चाहती हैं कि महिलाएं बौद्धिक रूप से अधिक समर्थ बनें और अपनी ऊर्जा का सकारात्मक इस्तेमाल करें।

ब्लॉग - व्योम के पार

संयुक्त अरब अमीरात के अलएन शहर में रहने वाली अल्पना वर्मा का हिन्दी साहित्य प्रेम उनके ब्लॉग 'व्योम के पार' से साफ झलकता है। राजस्थान के वनस्थली विद्यापीठ से शिक्षा ग्रहण कर चुकी अल्पना संयुक्त अरब अमीरात में अक्सर हिन्दी कवि सम्मेलनों और मुशायरों में शिरकत करती हैं। वे अलएन शहर में भारतीय सामाजिक केन्द्र में महिला फॉरम की अध्यक्ष भी रह चुकी हैं। ब्लॉग लेखन में सितंबर 2007 से हैं और उनके ब्लॉग पर उनकी ही आवाज में नगमें भी सुने जा सकते हैं। ब्लॉगिंग के लिए वक्त वे उस दौरान निकालती हैं, जब पति ऑफिस और बच्चे स्कूल चले जाते हैं। उनका कहना है कि महिलाओं को घर-परिवार के काम में से अपने लिए दिन में एक घंटा जरूर निकालना चाहिए, जिससे अपनी अभिव्यक्ति को रूप दे सकें और उनकी प्रतिभा निखरती जाए।

ब्लॉग - नारी

रचना महिलाओं से जुड़े विषयों पर केंद्रित 'नारी ब्लॉग' की पुरोधा है। अब इस पर 21 महिला लेखक सामूहिक रूप से लिखती हैं। इंटरनेशनल मार्केटिंग में एम.बी.ए. कर चुकी रचना इसके अलावा विभिन्न विषयों पर छह अन्य ब्लॉग भी संचालित करती हैं। वे करीब नौ साल से इंटरनेट से जुड़ी हैं और वर्ष 2006 से हिन्दी और अंग्रेजी में ब्लॉगिंग कर रही हैं। व्यवसाय के बीच ब्लॉगिंग के लिए फुर्सत निकालने के विषय में उनका कहना है कि वक्त निकाला नहीं जाता, बल्कि उसे सही तरीके से बांटा जाता है। तकनीक की जानकारी हो, तो कम समय में ज्यादा काम हो जाता है। उनका मानना है कि ब्लॉग हमें देश-विदेश, स्त्री-पुरुष और बड़े-छोटे के भेद से मुक्त कराता है।

महिलाएं भी कराएंगी कर्मकांड

काशी में अब महिलाएं भी कर्मकांड कराएंगी। स्नातक और परास्नातक कक्षाओं की छात्राएं बाकायदा इसका प्रशिक्षण प्राप्त कर रहो हैं। नारी को कर्मकांड में पारंगत बनाने का अभियान, भविष्य में और भी बड़े स्तर पर चलाया जाएगा। युवतियों को कर्मकांड के क्षेत्र में लाने का बीड़ा डॉ. उपेन्द्र विनायक सहस्त्रबुद्धे ने उठाया है। डॉ. सहस्त्रबुद्धे ने वाराणसी के अग्रसेन कन्या

पी.जी. कॉलेज के छात्रावास में रहने वाली छात्राओं को एक महीने के कर्मकांड का प्रशिक्षण देकर उन्हें पारंगत कर दिया है। खास बात यह है कि इस प्रशिक्षण के बाद स्त्री इसे स्वरोजगार के रूप में अपना सकती है। कलश पूजन, षोड्षोपचार पूजन, पंचोपचार पूजन आदि के साथ छात्राओं को सामान्य पूजन की समस्त विधि का प्रशिक्षण दिया गया है। कर्मकांड के साथ छात्राओं ने पंचांग देखना सीखा। ज्योतिष ज्ञान, हस्तरेख विद्या और अन्य विद्याओं को भी सीखने का मन छात्राओं ने बना रखा है।

अग्रसेन कन्या कॉलेज के प्राचार्य डॉ. कृष्णा निगम के अनुसार पुरुष समाज से बराबरी की बात तो की जाती है, पर कई ऐसे क्षेत्र हैं जहां पर महिलाओं की मौजूदगी नहीं है। इसी बात को ध्यान में रखते हुए कर्मकांड का प्रशिक्षण छात्राओं को दिलाए जाने का निर्णय लिया गया।

(राज एक्सप्रेस, स्वतंत्र मत, सितारा)